우주의 오아시스
지구

EAARTH
by Bill McKibben

Copyright ⓒ 2010 by Bill McKibben
All rights reserved.
Korean translation copyright ⓒ 2013 by Gimm-Young Publishers, Inc.
This Korean edition was published by arrangement with Henry Holt and Company,
LLC., New York through KCC(Korea Copyright Center Inc.), Seoul.

우주의 오아시스, 지구

지은이_ 빌 매키번
옮긴이_ 김승진

1판 1쇄 인쇄_ 2013. 1. 23.
1판 1쇄 발행_ 2013. 1. 29.

발행처_ 김영사
발행인_ 박은주

등록번호_ 제406-2003-036호
등록일자_ 1979. 5. 17.

경기도 파주시 문발동 출판단지 515-1 우편번호 413-756
마케팅부 031)955-3100, 편집부 031)955-3250, 팩시밀리 031)955-3111

이 책의 한국어판 저작권은 KCC(Korea Copyright Center Inc.)를 통해
저작권자와 독점 계약한 김영사에 있습니다. 저작권법에 의해 한국 내에서
보호를 받는 저작물이므로 무단 전재와 무단 복제를 금합니다.

값은 뒤표지에 있습니다.
ISBN 978-89-349-6145-1 03300

독자의견 전화_ 031)955-3200
홈페이지_ http://www.gimmyoung.com
이메일_ bestbook@gimmyoung.com

좋은 독자가 좋은 책을 만듭니다.
김영사는 독자 여러분의 의견에 항상 귀 기울이고 있습니다.

eaarth

기후변화와 환경의 역습으로 위기에 빠진 지구의 풍경

우주의 오아시스
지구

빌 매키번

김승진 옮김

BILL McKIBBEN

김영사

이 책의 원서명인 'Eaarth'는 한때는 우주의 멋진 오아시스로 아름답고 시원하고 푸른 행성이었으나, 지금은 너무 덥고, 너무 춥고, 너무 습하게 변해버린 지구를 새로운 행성으로 표현하기 위해 저자 빌 매키번이 만든 단어이다. 험한 이 행성에서 살아남기 위해 우리가 해야 할 일은 무엇인가?

필 아로니아뉴, 윌 베이츠, 켈리 블린,
메이 부비, 제이미 헨, 제레미 오스본,
존 워노, 그리고 '350.org'와 함께 하는
수많은 사람들에게 이 책을 바칩니다.

우리에게 다른 대안은 없다

아름다운 봄날 오후, 나는 그린산맥 줄기를 따라 흐르는 계곡의 상류에 앉아서 이 서문을 쓰고 있다. 이곳은 버몬트 주 산간마을 립톤에 있는 우리 집에서 1.5킬로미터 정도 떨어진 곳이다. 계곡물이 졸졸 흐르는 고요한 산골의 모습이 눈앞에 보이지만, 불과 몇 발짝 떨어진 곳에는 홍수가 숲을 할퀴고 지나간 재앙의 흔적이 남아 있다. 지난여름에 엄청나게 많은 나무와 돌과 흙이 홍수에 휩쓸려 마을 중심지를 덮치고 지나갔다. 그날 오후가 채 지나기 전에 마을로 진입하는 유일한 포장도로가 물에 잠겼고 그 위로는 다리들만 겨우 보였다. 주지사는 헬기를 동원해 현장 진입을 시도했다.

20년 전인 1989년에 나는 일반 독자를 대상으로 지구온난화(당시에는 '온실효과'라고 불렀다) 문제를 다룬 첫 책을 썼다. 그 책《자연의 종말(*The End of Nature*)》은 대체로 철학적인 주장을 담고 있었다. 기후변화가 미치는 실질적인 영향들이 눈에 드러나기에는 너무 이른 시기였지만, 기후변화에 대해 **감을 잡기**에는 충분했다. 그 책에도 내가 집 근처 계곡 주위를 걸어 다니며 본 광경에 대한 이야기가 나온다(《자연의 종말》 본문 내용 중 가장 많이 인용되는 부분일 것이다). 그때의 장소는 여기서 100킬로미터쯤 떨어진 뉴욕 주 애디론댁산맥의 계곡이었다. 인간이 기후를 변화시키기 시작했다는 것을 감으로나마 아는 상태로 그 계곡을 보면서, 나는 그곳을 흐르는 물의 의미가 달라졌음을, 이제 계곡물은 전보다 작은 의미만을 갖게 되었음을 깨달았다.

"비가 독립적이고 신비로운 존재로 여겨졌던 세상은 사라졌고, 비가 인간 활동의 부분집합인 세계가 되었다…… 비는 이제 야생동물이 아니라 가축이 되었다."

그때 느꼈던 슬픔이 지금은 현실적인 공포로 바뀌었다. 오늘 그린산맥 계곡 주위를 걸으면서는 재앙을 굳이 상상할 필요가 없다. 상상하지 않아도 파괴의 증거가 너무나 명백하게 보이니 말이다.

지구온난화는 1980년대 말에 우리가 생각했던 것보다 훨씬 빠르게 물의 순환체계를 극적으로 바꾸어놓았다. 21세기를 특징지을 가장 중요한 사실 하나를 꼽으라면 '온난한 대기는 차가운 대기보다 습기를 더 많이 머금는다'는 사실일 것이다. 이는 건조한 지역들에서는 수증기가 증발해서 가뭄이 심해진다는 의미다. 그리고 일단 대기가 습기를 머금으면 그 습기는 다시 아래로 내려와야 한다. 버몬트 주와 같은 습한 지역에서는 홍수와 범람이 더 많아진다는 의미다.

지난 세기에 미국(하와이, 알래스카 제외)의 총 강수량은 7퍼센트가량 늘었고,[1] 이 어마어마한 변화는 가속화되고 있다. 더 안 좋은 사실은, 강우가 점점 더 폭우의 형태로 온다는 점이다.[2] 미국의 총 강수량이 7퍼센트 증가하는 동안 폭우로 내린 강수량은 20퍼센트 증가했다. 얌전히 내리는 비가 아니라 막대한 피해를 일으키는 거센 폭풍이 증가하는 것이다. 지구 전역에서 홍수 피해는 연간 5퍼센트씩 늘고 있다.[3] 자료에 따르면 미국 동부지역에서도 하루에 십수 센티미터씩 퍼붓는 극단적인 폭우로 하천이 범람하는 사례가 크게 늘었다.[4] 1960년대, 70년대, 80년대에 버몬트 주에서는 홍수 비상사태가 각각 세 번, 두 번, 세 번 벌어졌다. 그런데 90년대에는 열 번이나 있었고, 2000년대의 첫 10년에도 열 번이 발생했다.

2008년 여름, 버몬트 주에 있는 우리 마을은 사상 최대의 폭풍우라고 할 만한 것을 6주 간격으로 두 번이나 겪었다. 더 심각했던 것은 두 번째 폭우였는데, 8월 6일 오전 세 시간 동안 가파른 산기슭에 15센티미터나 되는 폭우가 쏟아졌다. 이 숲은 가벼운 정도의 벌목을 제외하면 대체로 인간에 의해 손상되지 않은 천연림이다. 하지만 이 날의 비는 숲이 흡수하기에는 너무 많은 물을 쏟아놓았다. 나는 최근에 내 이웃이자 강 연구가인 에이미 셸던과 함께 산속의 계곡을 따라 걸으면서 그 8월의 아침을 떠올려보았다. 셸던은 어느 곳을 보더니 손가락으로 딱 소리를 내면서 이렇게 말했다. "개울물이 저렇게 폭력적으로 변했던 거예요. 불과 몇 분 사이에 말이에요." 1년이 지난 뒤였는데도 폭우의 흔적은 계속 남아 있었다. 개울 바닥이 난폭하게 파헤쳐져 기반암이 드러났고, 배수로가 사라졌으며, 쓰러진 나무들이 켜켜이 쌓여 있었다.

인구가 겨우 500명 남짓인 우리 마을은 아직도 피해가 모두 복구되지 못했다. 우리는 도로와 배수로 복구 비용 중 우리 마을 할당분을 마련하기 위해 40만 달러의 채권을 발행했다(총 비용은 수백만 달러인데 대부분 주 정부와 연방정부가 지불했다). 지금은 마을 중심을 가로지르는 하천을 따라 200미터 길이의 사석을 쌓기 위해 돈을 더 내고 있다. 이렇게 하면 집 몇 채를 몇 년 동안은 지킬 수 있겠지만, 물의 흐름이 빨라져 하류 쪽에 더 큰 침식을 야기하게 될지 모른다.

하천의 경사와 지질에 따라 개울 폭이 얼마나 될 것인지를 추정하는 복잡한 방정식이 있다. 셸던은 강둑 옆의 바위 위에 앉아서 내게 그 방정식을 보여주었다. 이 방정식은 기존의 자료를 토대로 해당 하천을 수학적으로 재정의한 뒤 그 하천 규모의 상한을 계산한다. 이 수치를 토대로 어디에 벽을 지어야 하고 어디를 그냥 두어도 될지 등을 파악해 미래에 대비하는 계획을 세울 수도 있을 것이다. 하지만 이전에 겪어본 어느 경우보다도 더 심하고 더 빠르게 비가 내린다면 이런 계획은 소용이 없다. 지금 벌어지고 있는 일이 바로 이런 것이다. 비가 더 심하게 오고 더 빠르게 증발하고 있다. 해수면이 올라오고 빙하가 녹고 있다. 그것도 전에 예상했던 것보다 더 빠르게 녹고 있다.

이 책의 첫 번째 주장은 간단하다. 지구온난화는 더 이상 철학적인 위협이 아니다. 더 이상 미래에 올 위협도 아니다. **아니, 더 이상 위협이 아니다.** 이것은 현실이다. 우리는 지구를 바꾸어버렸다. 그것도 아주 거대하고 근본적인 방식으로 바꾸어버렸다. 열악한 지역들에서는 이러한 변화들이 훨씬, 훨씬 더 극명하게 나타난다. 그런 곳에서는 기후변화가 이미 수천 명의 삶을 날마다 뒤흔들고 있다. 2009년에 옥스팜(Oxfam)은 〈과학의 고통을 겪는 사람들〉이라는 보고서에서 이렇게 언급했다.

"전 세계 지도자들이 온실가스 방출을 최대한 엄격하게 억제하기로 동의한다 해도, 수억 명의 사람들은 여전히 매우 암울한 미래를 겪게 될 전망이다. 그리고 그들 대부분은 세계에서 가장 가난한 사람들이다."[5]

따라서 이 책은 전작보다 덜 철학적이다. 우리는 우리가 만들어낸 세계를 파악해야 하고 거기서 어떻게 살아갈 것인지를 빨리 알아내야만 한다. 도처에서 다가오고 있는 변화들에 단순히 제방만 계속해서 쌓는 식으로 대처할 수는 없다. 사회와 문명의 핵심을 보호하려면 반드시 버려야 할 이념과 삶의 방식이 무엇인지 알아내야 한다. 여기에 비현실적이거나 넘겨짚는 내용은 전혀 없어야 한다. 그렇기에 이 책은 매우 불편하고, 날카롭고, 직접적일 것이다.

우리가 일구어야 할 세상에는 안락함과 아름다움이 없으리라는 말이 아니다. 현실은 항상 아름다움과 함께 오며 어떤 경우에는 현실이 환상보다 아름답다. 그리고 이 책은 그런 아름다움이 어디에 있는지를 이야기하는 것으로 마무리될 것이다. 하지만 희망은 현실적이어야 한다. 기후변화를 예측한 과학자들의 말이 틀린 것으로 판명나기를 기대해서는 안 된다. 버락 오바마 대통령이 어떻게든 모든 문제를 싹 고칠 것이라고 기대해서도 안 된다. 물론 대통령이 도움을 줄 수는 있겠지만, 그가 줄 수 있는 도움은 그가 현실을 어디까지 받아들이는지, 이미 지구는 우리가 원하는 상태가 아니라는 것을 그가 어디까지 인정하는지에 달려 있다. 현실을 직시하는 성숙은 희망의 반대가 아니다. 성숙은 희망을 가능케 하는 것이다.

그런 종류의 성숙이 필요하다는 사실을 우리는 2009년 말에 뼈저리게 깨달았다(이 책의 원고를 퇴고하고 있던 때였다). 그때 많은 사람들이 '코펜하겐 기후변화회의'가 기후변화 관련 논의에서 전환점이 되어줄 것이라고 크게 기대했다. 하지만 이 회의가 보여준 것은 안 좋은 쪽으로의 전환점이었다. 부유하고 강력한 국가들이 기후 위기에 대해 적극적인 조치를 취하지 않겠다는 점을 분명히 드러낸 것이다. 그들은 가난하고 취약한 나라들을 눈앞에 두고서도 외면한 채, 아무 구체적인 목표나 시간 계획이 없는 면피용 협정을 내놓는 데에 그쳤다. 희망이 깨지는 것을 보는 건 절대로 유쾌한 일이 아니다. 오바마 대통령이 워싱턴으로 돌아간 후 이른 아침 시간에 한 무리의 젊은 운동가들이 코펜하겐 회의가 열린 컨퍼런스센터 밖의 지하철역에 모여들었다. 그들은 이렇게 외쳤다.

"당신이 결정하는 것은 우리의 미래다."

내가 정말로 두려워하는 게 한 가지 있다면, 이 책에서 묘사한 현실(우리 주위에서 갈수록 분명해져만 가는 현실)을 보고 지레 포기하는 사람들이 생길지 모른다는 점이다. 우리에게 필요한 일은 그 반대다. 우리는 더 많이 참여해야 한다. 어떤 참여는 지역적인 참여일 것이다. 기후변화가 야기한 결과들에 더 잘 견딜 수 있는 지역경제와 공동체를 일구는 일처럼 말이다. 또 어떤 참여는 전 지구적인 참여일 것이다. 기후변화가 완전히 걷잡을 수 없는 수준이 되는 것을 막기 위해 적극적인 조치를 취하고, 가장 큰 위험에 처한 사람들(이들은 정작 기후 문제를 일으키는 데는 영향을 가장 적게 미친 사람들이다)을 보호하는 일처럼 말이다.

나는 지난 20년간 이러한 싸움에 참여해 왔고, 최근에는 '350.org'를 운영하고 있다. '350.org'는 실질적이고 적극적인 행동에 힘을 싣기 위해 활동하는 풀뿌리 글로벌 운동이다. 우리의 목적이 지구를 몇십 년 전의 상태로 되돌리는 것이라면 우리는 이미 싸움에서 졌다. 그 지구는 더 이상 우리가 사는 지구가 아니다. 그렇지 않다고 우겨보는 것은 아무 의미가 없다.

하지만 상황이 '얼마나' 악화될 것인가에 대한 싸움에서는 아직 패배하지 않았다. 이제까지 우리는 지구의 기온을 약 1도 올렸다. 그리고 이 1도가 1장에서 서술할 막대한 변화를 야기했다. 이 변화는 사라지지 않을 것이다. 하지만 우리가 계속해서 대기 중에 더 많은 탄소를 쏟아낸다면 기온은 계속 오를 것이고, 그러다가는 **어떤 종류의 적응도** 불가능해지는 지점을 지나게 될 것이다.

나는 이 싸움을 같이 해나가는 가장 가까운 동지들, '350.org'의 동지들에게 이 책을 바치기로 했다. 그리고 계속 싸울 것이라는 맹세도 함께 바친다. 우리에게 다른 대안은 없다.

차
례

새로운 세계

하강하는 지구

BILL McKIBBEN

새로운 세계

eaarth

우리가 어느 행성에 살고 있다고 상상해보자. 흔히들 당연하게 떠올리는 안락한 지구가 아니라 진짜로 우리가 살고 있는 행성을 얘기하는 것이다. 남극과 북극이 녹고, 숲이 사라지며, 해수면이 올라오고, 바닷물의 부식성이 높아지고, 강풍에 할퀴고, 폭풍우로 맹포화를 맞고, 열기로 뜨거워지는 행성에 살고 있다고 상상해보자. 그러니까 사람이 살기에 너무나 척박한 곳에 말이다.

이런 상상을 하기는 쉽지 않다. 인간의 문명이 존재해온 1만 년 동안 인류는 달콤하고도 달콤한 곳에 살았다. 기온은 거의 변동이 없었다. 세계적으로 평균을 내면 섭씨 14.4도에서 15.6도 사이의 좁은 범위에서 움직였을 뿐이다. 이 기온은 빙상들이 대륙 중앙에서부터 멀리 밀려나서 땅이 곡식을 기르는 데 적합해질 수 있을 정도로 충분히 높은 기온이다. 동시에, 산꼭대기에 얼음이 계속 존재하면서 아래쪽 평원과 계곡에 연중 식수와 관개용수를 공급할 수 있을 정도로 충분히 낮은 기온이다. 풍부한 다양성을 지닌 지구, 맞춘 듯이 인간 생활에 적합해 보이는 지구를 위한 '딱 맞는' 기온이었던 것이다.

그리고 인류 문명의 모든 측면이 이 특정한 세계를 반영한다. 인류는 잔

잔하고 평평하게 유지되는 해안선 옆에, 아니면 병균을 옮기는 모기들이 월동을 할 수 없을 정도로 고도가 높은 곳에 거대 도시들을 지었다. 또 기온과 강우량이 예측 가능하다는 점을 최대한 활용하는 방식으로 농업을 개량했고, 그 결과 인구가 크게 증가할 수 있었다. 쌀과 밀과 옥수수도 다른 상태의 지구를 상상하지 못할 것이다. 물론 때때로 허리케인, 가뭄, 한파 등 정상 상태를 거칠게 벗어난 일탈이 벌어지기도 한다. 하지만 이런 상황을 표현하는 단어 자체가 그것이 드문 현상이었음을 나타낸다. "변덕스런 폭풍우"라든지 "교란"이라든지 하는 표현에서 보듯이 말이다.

1968년 12월에 우리는 최초로 이 안정적이고 안전한 세상을 한눈에 볼 수 있게 되었다. 아폴로 8호가 달 주위를 공전하고 있었고 우주비행사들은 향후의 우주선이 임무 수행을 위해 착륙할 만한 곳을 찾기 위해 바삐 사진을 찍고 있었다. 네 번째로 공전할 때, 사령관 프랭크 보먼은 우주선을 달에서 바깥쪽으로 돌리기로 결정하고 항해 기준점을 찾기 위해 창의 방향을 지평선을 향해 약간 틀었다. 그런데 항해 기준점 대신 난데없이 보먼의 눈에 들어온 것은 지구가 떠오르는 광경이었다. "세상에! 여기 지구가 뜨고 있다." 우주비행사 빌 앤더스가 얼른 카메라를 집어 사진을 찍었고, 이는 앞으로도 독보적으로 남을 상징적인 사진이 되었다.

나중에 '지구돋이(Earthrise)'라고 불리게 되는 이 사진을 보면, 파랗고 하얀 소용돌이 무늬가 있는 구체가 생명 없이 척박한 달의 한쪽 구석과 대조를 이루면서 광대한 우주를 배경으로 떠 있다.[1] 나중에 보먼은 "내 인생에서 가장 아름답고 가장 마음을 사로잡은 광경"이었다며 "그 광경을 보니 강렬한 향수가, 고향에 가고 싶은 마음이 솟아올랐다"고 회상했다. "그것은 우주에서 색을 가진 유일한 것이었다. 다른 것은 모두 흑백이었다. 하지만 지구는 그렇지 않았다."[2] 아폴로 8호에 함께 탑승한 우주비행사 짐

로벨은 더 간단하게 표현했다. 지구가 갑자기 "거대한 오아시스"처럼 눈앞에 나타났다고 말이다.

하지만 우리는 더 이상 그 지구 위에 살고 있지 않다. 그때 이후로 40년 동안 지구는 아주 근본적으로 달라졌다. 그래서 인류가 그렇게 오랫동안 번성할 수 있었던 달콤한 장소에서 이미 우리를 몰아내기 시작했다. 지구는 날마다 오아시스와는 점점 더 멀어지고, 점점 더 사막이 되어간다. 세상은 끝나지 않았지만 우리가 아는 세상은 끝났다. 우리가 깨닫지 못하고 있다 해도 그 사실은 변하지 않는다. 사람들은 여전히 자신이 옛 지구에 살고 있으며 주변에서 보이는 기후 교란들은 예전처럼 무작위적이고 변덕스런 현상일 뿐이라고 생각한다.

하지만 사실은 그렇지 않다. 이곳은 다른 장소다. 다른 행성이다. 그래서 새 이름을 붙여야 한다. '지구우(Eaarth)', 아니면 몬데, 티에레, 어어드, OKKYЧИBaTЬ 등등…… 뭐라고 붙이든 말이다. 이 행성은 아직 우리에게 꽤 익숙한 모습을 하고 있기는 하다. 여전히 태양을 도는 세 번째 행성이고 4분의 3이 물이며 중력도 계속 작용한다. 여전히 어느 정도 지구와 **비슷하긴** 하다. 하지만 인류가 알아왔던 유일한 장소를 우리가 근본적으로 바꾸어버렸다는 사실을 계속 상기시키기에 충분할 만큼 이상한 곳이기도 하다.

물론 원래 지구는 계속 변하며 가끔은 그 변화가 아주 험하게 벌어지기도 한다. 운석이 지구에 충돌했다든지 한 차례의 빙하기가 끝나는 중이라든지 하는 시기처럼 말이다. 그런데 지금 우리가 처한 상황이 바로 그러한 드문 경우 중 하나다. 인류 역사에 기록된 어느 것보다도 훨씬 광범위하고 근본적인 변화가 시작된 것이다. 이는 지층이나 빙하에 기록된 지질학적 거대 위험들에 필적할 만한 상황이다.

빙하가 보이지 않는 북극

우주에서 찍은 우아한 지구 사진에서 아름다운 줄무늬와 땡땡이 무늬를 만들고 있던 구름을 생각해보자. 이제까지 인간은 화석연료를 태워서 지구의 기온을 섭씨로 거의 1도가량 올렸다. 2008년 12월의 미 항공우주국 연구에 따르면, 기온이 섭씨 1도 오를 때 대양 위의 뇌운이 45퍼센트나 증가할 수 있다. 이 거대한 새 부리 같은 구름은 해수면 위로 8킬로미터나 치솟기도 하며, 폭풍우와 우박을 동반하는 엄청난 위력의 '슈퍼셀(super-cell)'을 형성한다.[3] 실제로 전 세계 강우량은 10년에 1.5퍼센트씩 증가하고 있다.[4]

그리고 육지 위를 강타하는 큰 폭풍은 이제 번개를 더 많이 내리친다. 기후과학자 아만다 스타우트에 따르면, 섭씨로 1도 오를 때마다 번개가 6퍼센트가량 많아진다. 2008년 6월의 어느 날에는 하루 동안에 내리친 번개로 캘리포니아 주에서만 1,700여 건의 화재가 일어났다. 이는 캘리포니아 주 최고 기록으로, 대략 100만 에이커가 불에 탔다. 이런 화재가 일어나는 곳은 옛 지구가 아니라 새 지구다. 미 토지관리국의 켄 프레더릭은 "우리는 거대 화재의 시대에 살고 있다"고 말했다.[5] 이때의 연기와 불길은 우주에서도 목격될 정도였는데, 지금도 인터넷에 접속해보면 우주왕복선 엔데버 호가 산타바바라의 언덕 위를 지나가면서 찍은 화염 장면의 동영상을 볼 수 있다.

지구 끝에 있는 하얀 빙하도 생각해보자. 북극 빙하는 지난 20년간 기온이 오르면서 서서히 녹았다. 하지만 2007년 여름에 해빙이 갑자기 가속화됐다. 북극의 긴 밤이 시작되던 9월 무렵에는 기록적으로 적은 양의 빙하가 남아 있었다. 북극 빙하는 원래 겨울에는 1,500만 제곱킬로미터가량이 되고 여름에는 기온이 높아져서 700만 제곱킬로미터가량으로 줄어든다. 그런데 2007년 여름에는 추가로 285제곱킬로미터가 더 줄어들었다. 영국 면적 열두 배만큼이 추가로 줄어든 것이다. 남은 빙하 면적 415만 제곱킬로미터는 위성이 관찰하기 시작한 첫해인 1997년에 비해 43퍼센트나 작았다.[6] 2008년과 2009년 여름에도 이런 대규모 해빙이 반복되었다. 그래서 2008년에는 인류 역사상 최초로 북서 항로와 북동 항로가 열렸다. 새 항로로 항해한 첫 상업용 화물선 카밀라 데스가네스 호는 항해 중에 빙하 덩어리와 충돌하는 문제가 생길 경우를 대비해 빙하 분쇄기를 대기시킨 상태로 항해를 했다. 하지만 선장은 나중에 "한 덩어리의 얼음도 보지 못했다"고 보고했다.[7]

  이는 어쩌다 한 번 목격되는 변화가 아니다. 지구가 아예 달라지고 있다는 걸 보여주는 변화다. 2008년 12월에 미국 빙설자료센터 과학자들은 북극 빙하가 계속 녹으면서 대양에 열이 축적되고 있다고 보고했다. 그 열이 대기로 다시 방출되면 기온이 오른다. 이 '북극 증폭효과'가 금세기 중에 북극 내륙 안으로 1,500킬로미터까지 파고 들어올지 모른다. 2009년 8월에 과학자들은 북극을 치는 번개가 20배나 증가했으며 이 때문에 최초로 툰드라 지대에서 화재가 관찰됐다고 보고했다.[8] 빙설자료센터의 마크 세레즈는 새로운 자료들이 "북극 빙하가 회복 불능으로 사라지는 추세라는 견해를 뒷받침한다"고 말했다.[9] 10년이나 20년 후의 여름에 지구 사진을 찍는 우주선은 북극에서 빙하가 아니라 대양을 보게 되리라는 말이다.

  그린란드에 빙하가 남아 있긴 하겠지만 훨씬 적은 양일 것이다. 2003년에서 2008년 사이에 이곳의 빙하는 1조 톤이 넘게 녹았는데, 면적으로 따지면 맨해튼의 열 배 정도에 해당한다. 오하이오주립대학 지리학 교수인

제이슨 박스는 이렇게 말했다. "이제 그린란드의 얼음이 계속 녹는 데는 더 이상의 기온 상승이 필요하지 않을 지경입니다. 우리가 기억하는 커다란 빙하를 유지할 수 있는 마지막 지점을 아마도 지난 것 같습니다."[10] 북극은 그렇다 치고, 우주선 카메라가 남극을 바라본다면 무엇이 보일까? 2008년 마지막 날에 〈이코노미스트〉는 남극 반도의 기온이 지구상의 어느 곳보다도 빠르게 상승하고 있으며 서남극에서는 10년 전에 비해 75퍼센트나 빠르게 빙하가 사라지고 있다고 보도했다.[11]

이러한 통계 수치들의 행진에 따분해하지 말기 바란다(이런 통계 자료는 아직도 많다). 이 수치들은 어마어마하고 소름끼치는 충격으로 받아들여져야 한다. 충적세(沖積世, 1만 년 전에 시작되어 현재에 이르는, 지질시대 최후의 시대)가 흔들리고 있으며, 인류가 알아온 유일한 세계가 갑자기 비틀거리고 있다. 나는 지금 '적절한 조치를 취하지 않을 경우 앞으로 벌어질 일'에 대해 이야기하는 것이 아니다. '미래의 위협'에 대해 경고하는 것도 아니다. 더 많은 번개, 더 많은 폭풍, 더 적은 빙하…… 모두 다 **오늘날** 벌어지고 있는 일들이다. 지구 표면의 주요 특징 중 아무것이라도 떠올려보라. 그게 무엇이든 어마어마하게 변했을 것이다.

한 가지 예로, 최근 열대지방을 연구한 미국 정부의 한 연구팀은 표준기상학적 정의를 기준으로 할 때 1980년 이래 열대지방이 북위와 남위로 2도 이상 확장됐다고 밝혔다. "지구 표면 중 추가로 2,200만 제곱킬로미터의 면적이 열대기후가 되었다." 열대지방이 확장되면 남반구와 북반구 모두에서 건조한 아열대지방도 아래 위로 밀려난다. 이는 건조해진 새 기후에서 살게 된 "수백만 명의 사람들이 심각한 위험에 처했다는 의미"이다. 예를 들면, 호주에서는 필요한 비를 충분히 공급해주던 서풍이 남쪽으로 밀려 내려가면서 비를 육지가 아니라 바다에 뿌리게 될 것으로 보인다.[12]

실제로 2008년 초 무렵에 호주는 절반이 가뭄 상태였는데, 기상 캐스터들은 이를 새로운 정상 상태라고 칭했다.

호주 상하수도협회 회장은 기자들에게 이렇게 말했다. "과거와 같은 강우량 유입은 다시 돌아오지 않을 것입니다. 우리는 '가뭄'이라는 단어를 되도록 사용하지 않으려 하고, 이것이 새로운 현실이라고 말하려 합니다."[13] 가뭄이라는 단어가 언젠가는 **끝날** 상황이라는 의미를 내포하기 때문에 그 말을 사용하지 않으려 한다는 것이었다. 2007년에 호주 정부는 예전 같으면 25년에 한 번쯤 닥쳤을 '이례적으로 더운 해'가 이제 '1, 2년에 한 번씩' 올 것이라고 경고했다.[14] 2009년에는 가뭄으로 촉발된 산불이 대규모로 번지면서 호주인 수백 명의 목숨을 앗아갔다. 4층 건물 높이의 불길이 "가속도를 내는 기관차처럼 땅으로 질주했다"고 언론은 보도했다. 호주 총리는 최악의 불길이 지나간 현장을 방문하고서 이렇게 말했다. "지옥, 그리고 지옥의 불길이 빅토리아 주의 선량한 시민들에게 닥쳐왔습니다."[15]

그런 지옥은 호주에만 찾아온 것이 아니다. 2008년 말경에 미국의 수문학자들은 미국 남서부에서 가뭄이 "항시적인 상태"가 될 것으로 예상했다.[16] 후버 댐 뒤의 콜로라도 강을 받치는 미드 호가 2021년까지 말라버릴 가능성이 50퍼센트나 된다는 계산이 나왔다[17](남부 네바다 상수도공사의 책임자가 말했듯이, 이런 일이 생기면 미국 서부에 걸친 세계에서 다섯 번째로 큰 경제권에 수량 공급이 중단된다).[18] 하지만 피해는 지금도 이미 벌어지고 있다. 연구자들은 날씨가 건조하고 뜨거워지면서 밀, 옥수수, 보리 수확이 1년에 4,000만 톤가량 줄어든 것으로 추산했다.[19] 게다가 건조한 날씨는 계속 퍼지는 중이다. 2009년 초에는 가뭄이 주요 밀 생산지인 중국 북부를 강타했다. 비가 100일이나 내리지 않았는데 이는 지난 반세기간 발생한 가뭄의 최고

기록이었다.[20] 인도, 브라질 남부, 아르헨티나에서도 비슷한 소식을 들을 수 있었다. 이를테면 아르헨티나에서는 2009년에 밀 생산이 최근 20년 만에 최저치를 기록했다.[21] 또 지구 전역에서 강물이 말라가는 현상도 목격된다. 전 세계 주요 하천 925개에 대해 1948년부터 2004년 사이의 유량을 조사한 2009년의 한 연구에 따르면, 유량이 줄어들고 있는 강이 늘어나고 있는 강의 두 배였다. 이 연구의 분석 대상이었던 기간 동안 태평양으로 방출된 담수의 양은 6퍼센트가량 감소했다. 이 감소량은 미시시피 강의 연간 유량에 해당한다.[22]

빙하 덕분에 살아온 사람들

평원을 떠나서 이제 높은 정상으로 올라가보자. 저명한 빙하학자인 로니 톰슨은 2008년에 티베트 빙하에서 빙하코어를 채취했는데, 이상한 것을 발견했다. 아니, 발견되어야 할 것을 이상하게도 발견하지 못했다. 보통 빙하코어에는 1960년대 핵 실험에서 나온 방사성 입자층이 있어야 하는데, 그게 사라지고 없었던 것이다. 빙하는 이 기간의 역사만큼 녹았고, 그 역사의 흔적도 사라졌다. 또 네팔에서 진행된 한 연구에 따르면, 히말라야산맥에서 화씨로 연간 0.1도씩 기온이 상승하는 것으로 밝혀졌다.[23] 1만 년 동안 기온이 거의 달라지지 않았던 곳에서 **10년마다 화씨 1도씩** 기온이 오른다는 이야기다. 2035년까지 히말라야의 빙하가 녹아 없어질지 모른다는 오래된 주장은 신빙성이 없는 것으로 여겨져왔지만, 이 지역의 거대한 빙상은 이미 빠르게 쪼그라들고 있다.

에베레스트 산 아래에서 찍은 사진들을 보면, 1921년 맬러리 탐험대가 첫 사진을 찍은 이래 자유의 여신상만 한 약 90미터 높이의 얼음이 녹아 버렸다.[24] 아직 빙하가 남아 있긴 하지만 눈에 띄게 더워진 기후는 이미 사람들을 당황스럽게 만들고 있다. 히말라야 기슭에 많이 자라는 진달래가 일부 지역에서 원래보다 45일이나 앞서 만개하는 바람에 봄꽃 축제가 엉망이 되었고, "지역 예술가들 사이에서 혼란을 야기했다".[25] 비슷한 종류의 당황스러움은 산을 타는 사람들에게도 남의 일이 아니다. 경험이 많은 고산지대 안내인 한 명은 오랫동안 다니던 산의 일부 지역을 이제 더 이상 오르지 않는다고 했다. "말 그대로 접착제처럼 산들을 하나로 붙들어주던 빙하가 녹아서" 위험해졌기 때문이라는 것이다.[26]

히말라야만 그런 것이 아니다. 2009년 봄에 볼리비아에 도착한 연구자들은 1만 8,000년 된 차칼타야 빙하가 "정확히는 알 수 없는 올해 초의 어느 슬픈 시점에 완전히 녹아 사라져버렸다"는 사실을 발견했다. 한때는 세계에서 가장 높은 스키 코스였던 곳에 이제는 바위와 진흙만이 있을 뿐이다.[27] 하지만 정말 중요한 것은 스키 코스가 없어진 것이 아니다. 이 빙하들은 대륙 전체에 물을 대는 저수지 역할을 해왔다. 빙하가 안정적으로 하류에 물을 공급해준 덕분에 수십억 명의 사람들이 정착해 살 수 있었다. 스크립스 해양연구소의 기후과학자 팀 바네트는 이렇게 말했다.

"빙하가 사라지면 그들도 사라집니다. 그럼 리마 같은 곳은 어떻게 될까요? 중국 북서부에서는 3억 명의 사람들이 빙하에서 흘러오는 물에 의존합니다. 다음 차례의 빙하기가 오기 전에는 이를 대신할 만한 것이 없습니다."[28]

이런 설명들을 읽다보니 몇 년 전에 티베트의 작은 산간 마을에 갔던 때가 떠올랐다. 티베트 기준으로 보더라도 오지라 할 만한 곳이었다. 키가 크고 여윈 젊은이가 강둑을 따라 1.5킬로미터쯤 위로 나를 안내했다. 계곡 위로 우뚝 솟은 거대한 빙하를 보여주기 위해서였다. 그런데 얼음벽의 한가운데에 아파트 건물만 한 검은 바위가 툭 튀어나와 있었다. 젊은이는 그 바위가 나타난 것이 불과 1년 전이며, 이제는 어두운 표면이 태양열을 흡수하면서 바위의 드러난 부분이 날마다 커지고 있다고 말했다. 이곳은 가장 가까운 학교에서 150킬로미터쯤 떨어져 있는 곳으로, 텔레비전이 없는 것은 물론이거니와 마을 사람 중 글을 아는 사람도 없었다. 호기심에 나는 젊은이에게 물어봤다. "그게 왜 녹고 있나요?"

어떤 대답을 기대하고 물었던 것이었는지는 나도 모르겠다. 분노한 신의 응징이라는 대답이라도 나올 줄 알았던가? 그런데 그는 얼간이 행성에서 온 외계인이라도 보듯이 나를 바라보며 대답했다.

"지구온난화 때문이지요. 공장이 너무 많은 것이 문제고요."

이곳 사람들은 빙하가 녹는 원인을 아무 혼란 없이 명확하게 알고 있었다. 우리는 그의 오두막으로 걸어 돌아와서 악수를 했다. 그러고서 나는 랜드크루저 자동차에 올랐고 비행기를 타러 공항으로 향했다. 이하 생략.

대양에 대해서도 생각해보자. 지구를 4분의 3이나 덮고 있지만 우리는 평소에 대양에 대해 잘 생각해보지 않는다. 대양이 달라졌는가? 1995년부터 2008년 사이, 열대 대서양에서 111건의 허리케인이 형성됐다. 그 이전의 13년간에 비해 75퍼센트 정도 증가한 것이다. 허리케인은 더 강력하고 이상해지기까지 했다. 미 대기과학연구소의 한 연구원은 이렇게 말했다. "예전에는 폭풍우가 일단 땅에 상륙한 다음에는 금방 사라져 없어졌지요. 그런데 이제는 더 오래 살아남아요."

2008년 여름에 기상학자들은 "열대성 폭풍 페이가 기록적으로 네 번이나 플로리다 주를 오르락내리락 하는 것을 경악하며 지켜보았다". 페이는 그러고 나서야 사라졌다. 허리케인 구스타브는 160킬로미터나 내륙인 배

턴루지(루이지애나 주)까지 강풍을 몰고 가서, 연안에서 이곳으로 피신해온 사람들을 기겁하게 했다.[29] 지난 5년 사이에 5등급 허리케인이 가장 이르게 형성되는 일이 발생했고(2005년 에밀리), 열대성 폭풍이 1월에 발생하는 경우가 최초로 나타났으며(2006년 제타), 남대서양 최초로 열대성 저기압이 생겼고(2004년 카타리나), 스페인에 최초로 열대성 폭풍이 상륙했다(2005년 빈스). 2008년은 7월의 베르타부터 11월의 팔로마까지 대서양에서 5개월 동안 굵직한 허리케인이 매달 발생한 유일한 해였다.

다른 지역들은 어떤가? 한 연구에 따르면, 대양의 기온이 상승하면서 기존에는 평균 세 번이었던 방글라데시의 폭풍주의보가 이제는 1년에 12번 이상 내려진다. 2006년에는 방글라데시에 태풍이 연달아 닥치면서 이 나라의 3분의 2가 물에 잠겼고, 1년 뒤에는 사이클론 시드르가 3,000명의 목숨을 앗아갔다.[30] 또한 2009년 여름에는 거대한 태풍들이 줄줄이 태평양을 가로질러 갔다. 켓사나는 마닐라와 베트남에 기록적인 폭우를 쏟아 부었고, 모라꼿은 타이완의 일부 지역에 3미터가량의 강우를 퍼부었다. 이를 다 합한다면? 〈뉴욕타임스〉는 지난 30년 사이에 20세기의 첫 세 분기를 다 합한 것의 네 배나 되는 날씨 관련 재앙이 발생했다고 보도했다.[31]

하지만 허리케인과 그것이 주는 피해는 잠시 접어두자. 지금은 바닷물이 어떻게 변하고 있는지만 살펴보도록 하자. 바닷물 성분의 화학적 특성은 인류 문명이 존재한 기간보다 훨씬 오랫동안 내내 안정적이었다. 우리는, 대양은 너무나 광대하니까 화학적 성분이 당연히 안정적일 것이라 여겨왔다. 대기 중에 급증한 이산화탄소의 일부를 대양이 흡수하면서 산성화되고 있다는 사실을 발견하기 시작했을 때(불과 1, 2년 전의 일이다) 해양학자들조차 충격을 받았다. 시카고대학 생물학자인 티모시 우튼은 예상되었던 것보다 열 배나 빠르게 산성도가 증가하고 있다는 사실을 발견하고는[32] 이렇게 말했다. "열린 대양은 pH를 안정적으로 유지하기에 충분할 정도로 완충 기능이 있다는 것이 그간 일반적인 견해였습니다. 그런데 대양의 pH가 변동성을 보였다는 점은 놀라운 일이 아닐 수 없습니다."

이미 대양의 pH는 8.2에서 8.1로 내려왔다. 이는 사소한 변화가 아니라 누구라도 리트머스 종이를 대면 바로 알 수 있을 정도의 변화다. 과학자들은 금세기 말이면 pH가 7.8이 될 것으로 보고 있다.[33] 우리가 그간 너무나 많은 탄소를 배출해서, 바다는 그러한 탄소 방출이 없었더라면 계속 유지되었을 수치보다 무려 30퍼센트나 더욱 산성이 되었다. 영국왕립학회는 이를 "본질적으로 되돌릴 수 없는" 과정이라고 표현했다.[34] 대양은 이미 80만 년 만에 가장 산성화되었고, 이런 추세대로 2050년이 되면 그 이전 2,000만 년을 통틀어 가장 부식성이 높은 상태가 될 것이다. 그런 환경에서는 패류가 단단한 껍질을 만들 수 없다(이해가 잘 안 된다면, DDT와 새의 알 껍질을 생각해보라). 2009년 여름 무렵, 이미 태평양의 굴 업계는 어린 굴 사망률이 80퍼센트라고 보고했다. 대양 깊은 곳에서 올라오는 물이 어린 굴을 죽일 정도로 부식성이 있기 때문이었다.[35]

2009년 봄에 열린 한 컨퍼런스에서 미국의 연구자 낸시 놀턴은 섬뜩할 만큼 담담한 어조로 이렇게 말했다. "산호초는 2100년이면 더 이상 물리적으로 존재하지 않게 될 것입니다. 혹은 2050년에 그렇게 될지도 모르고요."[36] 또 하와이대학 해양지질학 교수인 리처드 지비는 이렇게 말했다. "우리는 생태계에 막대한 부담을 지웠습니다. 우리가 저지른 일은 언어도단입니다."[37] 이 말들은 아주 객관적이고 과학적인 근거에서 나온 말이다.

과연 '손주들'만의 위협일까?

인간이 지구를 근본적으로 바꾸어버릴 수 있다는 개념은 최근에야 등장한 생각이다. 한 세기 전에 스웨덴 과학자 스반테 아레니우스가 "우리가 석탄 광산을 공기 중에 뿜어내고 있다"고 조심스레 논의를 꺼내면서 이 때문에 점차적으로 기온이 올라갈 것이라고 예측했지만, 사람들은 별로 관심을 기울이지 않았다. 과학자들이 대기 중 이산화탄소 양을 측정이나마 하기 시작한 것은 1950년대가 되어서였다. 하와이 마우나로아의 작은 연구실에서 측정이 시작됐는데, 연구자들은 실제로 대기 중 이산화탄소가 서서히 증가하고 있음을 발견했다. 하지만 그것이 의미하는 바를 파악할 수 있을 정도로 전산 능력이 향상된 것은 1980년 초가 되어서였다. 이때 몇몇 연구팀이 조사를 하기 시작했는데, 그때도 이들을 제외하고는 아무도 이런 개념에 대해 알지 못했다.

미 항공우주국의 과학자 제임스 핸슨이 1988년 6월 의회에서 온난화가 시작되고 있음이 거의 확실하다고 증언했을 때에서야 좀 더 많은 사람들이 이에 대해 알게 됐다. 하지만 이를 알고 우려하는 사람들도 대부분 이 문제를 미래의 위협으로만 간주했다. 1992년 유엔 환경개발회의에서 채택된 리우 선언은 기후변화를 언급도 하지 않았다. "환경을 보호하기 위해 각 국가는 자신의 역량에 맞게 광범위한 예방적 조치를 취해야 할 것"이라는 온건한 권고를 했을 뿐이다. 사람들은 지구온난화를 미래 시제로 이야기했다. 온난화와 관련해 쓰이는 단어는 언제나 **위협**이었다. 아주 최근까지도 마찬가지였다. 2008년 미국 대선 당시 뉴햄프셔대학에서 지구온난화 관련 정책공약을 발표하면서 버락 오바마 후보도 역시나 익숙한 타령을 했다. "미래 세대를 지구적 재앙으로부터 구하는 것은 우리 세대

eaarth 우주의 오아시스, 지구

의 일입니다."

오바마와 경쟁한 공화당의 존 매케인 후보 역시 한두 달 뒤에 이렇게 말했다. "미국과 세계의 다른 나라들은 향후 몇 년간 온실가스 방출을 크게 줄이는 일에 진지하게 나서야 합니다. 그렇지 않으면 손주들에게 훨씬 줄어든 세상을 남겨주게 될 것입니다."[38]

여유 시간이 생기면 구글에서 '지구온난화'와 '손주들'이라는 단어로 검색 한번 해보기 바란다. 지구온난화에 대해, 58만 5,000건 정도의 본질적으로 동일한, 그리고 온건한 반응들을 볼 수 있을 것이다. 그중 일부는 다음과 같다.

"나는 손주들의 눈을 보면서 이렇게 말할 수는 없다. 미안하구나. 나는⋯⋯ 이 일에 대해 아무것도 할 수 없단다." (2008년 의회에서 테드 케네디)

"우리의 손주들이 자기 자녀의 손을 잡고 만년설 덮인 높은 산을 바라보거나 멋진 칼빙 빙하를 바라보는 흥분을 가질 수 있을까?" (미국 내셔널프레스클럽에서 바버라 박서)

"나는 캘리포니아 주가 지구온난화와 싸우는 일에서 넘버원이 되게 하고 싶다. 이는 우리가 아이들과 손주들에게 빚지고 있는 일이다." (새로운 에너지 법안에 서명하면서 아놀드 슈워제네거)

"우리는 우리 손에 미래를 갖고 있다. 우리가 옳은 일을 하지 못해서 왜 자기네들이 그 결과를 겪게 만들었는지 손주들이 묻는 일이 생기지 않도록, 우리는 함께 나서야 한다." (유엔에서 슈워제네거)

"지난달에 나는 세계 최초로 저탄소 연료 기준을 만드는 행정 명령에 서명했다. 이로써 캘리포니아 주의 차량들은 탄소를 덜 방출하고 우리의 아이들과 손주들에게 더 건강한 미래를 가져다줄 것이다." (중국의 신화통신에 캘리포니아 주의 새 연비 관련법에 대해 설명하는 슈워제네거의 이메일 중에서)

"100년이나 200년 후에 우리의 손주들이나 증손주들이 지구온난화 때문에 복구할 수 없을 정도로 손상된 지구에 살게 되어서 '앞세대들은…… 어떻게 이런 일이 생기게 둔 거야?'라고 묻게 된다면, 우리는 부끄러워해야 한다." (조 리버만)

"손주들을 진심으로 걱정한다면 우리는 당장 무언가를 해야 한다." (데이비드 아텐버러)

"필요한 조치를 취함으로써 일리노이 주는 기후변화에 미치는 영향을 최소화하는 데에 일조할 수 있고 우리 아이들과 손주들이 기회가 가득한 건강한 세상을 물려받도록 할 수 있을 것이다." (일리노이 주 기후변화 자문그룹을 언급하면서 전 일리노이 주지사 로드 블라고예비치)

"분명히 말하는데, 우리 손주들은 지구온난화를 예측한 사람들을 비웃을 것이다. 그때쯤이면, 주님이 아직 재림하시지 않았다면, 우리는 기후한랭화 속에 살고 있을 것이다. 나는 그런 것을 한순간도 믿지 않는다. 그 모든 논의가, 미국의 자유로운 기업 시스템을 흔들고 우리 경제의 안정성을 파괴하기 위해 만들어진 것이다." (고인이 된 제리 폴웰 목사)

"나는 우리의 손주들에 대해 충분히 걱정하지 않는 지도자들에게 기업인들이 영향을 미칠 수 있다고 생각한다." (버진 에어웨이 회장 리처드 브랜슨)

"우리는 경제의 속도를 늦추고 온실가스 방출을 줄여야 한다. 우리 손주들을 위해 지구를 구해야 하기 때문이다." (콜로라도 주에서 아내에 대한 지지연설을 하던 빌 클린턴)

그럼 여기서, 영화 평론가 로저 에버트가 앨 고어의 〈불편한 진실(*An Inconvenient Truth*)〉 영화평에 쓴 말을 빌려 일반적인 감수성을 요약해보자. "당신 자신을 위해서라도 이 영화를 봐야 한다. 안 그러면 당신의 손주에게 왜 당신이 이 영화를 안 봤는지 설명해야 하는 상황에 봉착할 것이다."

꽤 멀리 떨어진 후손들이 처한 위협이, 다시 말해 미래 세대를 위험에 빠뜨리지 않기 위해 우리 세대가 예방적인 조치를 취해야 할 일이, 어쩌다가 갑자기 '지금' 북극 빙하가 녹아 없어지고 열대지방이 확장되고 대양이 산성화되는 일로 바뀌었는가? 어쩌다가 시간이 거꾸로 가서 '100년이나 200년 후'가 '어제'가 되었는가?

한 가지 답은 지구온난화가 너무나 거대한 변화라는 데서 찾을 수 있다. 전에는 당최 이런 현상을 본 적이 없었기 때문에 상황이 어떻게 진행되어갈지에 대해 알 수가 없었던 것이다. 20년 전에 우리는 다음의 두 가지 사실을 알고 있었다. 첫째, 기후가 안정적이던 지난 1만 년 동안 대기 중 이산화탄소 수치는 대략 275ppm이었다. 둘째, 산업혁명이 시작된 이래로 인류는 대기 중 이산화탄소 양을 꾸준히 증가시켜왔으며, 현재는 연간 2ppm 이상씩 증가시키고 있다. 하지만 빨간 선이 어딘지를 아는 사람은 아무도 없었다. 건드리면 폭탄이 작동하는 지점(이를테면 북극 빙하를 모두 녹이게 되는 지점)이 어딘지를 미리 알기란 불가능했던 것이다.

거의 10년 동안 사람들이 흔히 기준으로 삼은 수치는 550ppm이었다. 한계점이 550ppm이라고 알려준 데이터가 있어서가 아니라, 다만 550ppm이 지난 1만 년 동안 지속된 수치의 두 배여서 상대적으로 조잡한 당시의 컴퓨터 기술을 가지고도 여러 가지 분석을 할 수 있었기 때문이다. 그래서 이산화탄소 수치가 550ppm이 될 경우 해수면에, 삼림 구성에, 펭귄 산란에, 기타 등등에 어떤 영향을 미칠지를 연구한 논문들이 줄줄이 나왔다. 그러다 보니 우리는 모르는 사이에 그 숫자를 위험의 실제 기준으로 여기게 되었다. 그리고 21세기 중반까지는 550ppm에 도달하지 않을 것으로 여겨졌으므로, 우리에게 약간의 여지가 있는 것 같아 보였다.

이는 정치인들이 좋아하는 점진적인 해결책, 그리고 정치적인 시간 프레임과 잘 맞아떨어졌다. 이산화탄소 수치가 두 배가 되는 시기는 현재 권력을 잡고 있는 누구라도(기업이건 정부이건) 임기가 끝난 다음이다. 그때는 그들의 **손주들**이 그 자리에 앉아 있을 시기다. 2004년까지도 저널리스트 폴 로버츠는 《석유의 종말(*The End of Oil*)》에서 다음과 같이 언급했다. "대부분의 기후 모델에 따르면 수치가 550ppm을 넘으면 '위험한 수준'의 온난화와 피해가 발생하기 시작할 것이며, 특히 취약한 저지대 국가들, 즉 이미 가뭄을 겪고 있는 국가들에서 더욱 심각할 것으로 예측된다."

최악의 시나리오보다 더한 현실

하지만 그 무렵 어떤 의구심이 자라나기 시작했다. 거대한 규모의 남극

얼음이 대양으로 쪼개져 들어가는 등의 이상한 현상들은 과학자들을 우려시키기에 충분했다. 폴 로버츠의 말을 빌리면 "그래서 과학자들은 (550ppm보다는) 450ppm에서 이산화탄소 수치가 안정되는 편을 바라게 되었다." 그 정도에서 수치가 안정되면 "해안지역에서 약간의 토지 손실, 종다양성에서 약간의 손실, 그리고 약간의 사막화 등 '온난화의 경미한 결과'를 감수하는 선에서, 장기적이고 심각한 악영향들은 피할 수 있을 것"이라고 여겨졌다. 그런데 450ppm도 현 수준보다 15퍼센트나 높은 것이기 때문에 "우리에게 약간의 숨 쉴 여지가 있는" 것처럼 보였다.[39]

그랬으면 좋았겠지만, 우리는 첫 선거구 개표만 보고 선거 결과를 보도하는 논평가나 마찬가지였다. 2005년에 진짜 악영향들이 말 그대로 범람하기 시작한 것이다. 이런 현상들은 550ppm이든 450ppm이든 간에 예전에 잡은 기준치가 너무 낙관적이었음을 드러냈다. 2005년에 닥친 것과 같은 허리케인들은 보험지급액의 기록을 세웠고, 열대지방이 빠르게 확장되면서 "21세기 말까지 확장될 것으로 예측된 면적만큼이 20세기 말의 10~20년 동안에 이미 확장됐다"는 보고가 발표되었다.[40]

그뿐 아니라 북극과 남극의 빙하가 "예정되었던 것보다 50년이나 먼저" 녹아내렸다. 이런 상황에서 우리에게 숨 쉴 여지는 전혀 없어 보였다. '예정되었던 것보다 빠르게'라는 구절은 기사 제목에 흔히 쓰이는 상투어가 되었다. "예정되었던 것보다 빠르게 북극 빙하가 녹고 있다"(〈크리스천 사이언스 모니터〉에서 한 과학자가 다음과 같이 말한 것을 인용함. '(그린란드의 해빙이) 예정되었던 것보다 100년은 빨리 진행되고 있다'), "예정되었던 것보다 훨씬 빠르게 닥친 건조한 미래"(〈오스트랠리언〉), "예정되었던 것보다 빠르게 해안에 나타난, 산성화된 바닷물"(〈시애틀 타임스〉) 등등. 마치 지구온난화가 초대장을 정확하게 읽지 않아서 6시에 오지 않고 4시에 왔다는 말로 들린다. 하지만 실은 '예정'이 틀린 것이었다. 틀릴 만도 했다. 앞에서도 말했듯이 지구온난화는 거대한 변화였다. 25년 전에는 지구가 더워지고 있다는 사실조차 아는 사람이 거의 없었다. 얼마나 빨리 더워지고 있는지를 아는 것은 고사하고 말이다.

2007년 여름에 북극 빙하가 대거 녹으면서 사람들은 미몽에서 조금씩 깨어나기 시작했다. 2007년 9월 마지막 주에 북극에서 기록적으로 적은 양의 빙하가 관찰됐다. 12월 중순에 저명한 기후학자 제임스 핸슨은 샌프란시스코에서 열린 미국 지구물리학회에서 슬라이드 예닐곱 장을 보여주면서 짧은 강연을 했다. 당시에는 그 내용이 보도되지 않았지만, 과학 역사상 가장 중요한 강연 중 하나로 꼽힐 만하다. 핸슨은 최근 몇 년간 입수한 실제 데이터(해빙 자료 등), 그리고 고대 기후에 대한 방대한 자료, 이 두 가지를 살펴보았다. 고대 기후 자료는 아주 먼 과거에 이산화탄소 수치가 오르고 내림에 따라 어떤 일이 발생했었는지를 보기 위한 것이었다. 핸슨은 두 가지의 추세선으로 미루어볼 때 안전한 수치는 많이 잡아도 350ppm이라고 말했다.

핸슨이 이 숫자를 말한 날, 나는 더 이상 내가 태어났을 때의 지구나 아니면 그와 비슷한 지구에 우리가 살 수 없으리라는 사실을 깨달았다. 이미 350ppm을 넘어도 한참 넘었으니 말이다. 지구는 대기 중에 이산화탄소를 거의 390ppm이나 가지고 있다. 이미 너무 높다. 손주들 운운은 그만하자. 이건 우리 **부모님**의 문제였다.

우리가 아주 성의껏 나선다면, 그리고 아주 운이 좋다면 차차 350ppm 아래로 되돌아갈 수 있다. 이 책에서는 이 과업이 왜 그렇게 힘든 일인지, 그리고 힘들더라도 우리가 시도해볼 수 있는 방법들은 무엇인지에 대해 알아볼 것이다. 우리가 더 이상 쏟아내지 않는다면 지구는 초과된 이산화탄소를 천천히 흡수할 수 있다. 이 싸움에 나는 인생을 걸고 있다. 최악의 재앙을 피하는 것은 여전히 가능하기 때문이다.

하지만 최악을 피한다 해도 여전히 땅과 바다에 엄청난 피해들이 발생할 것이다. 2009년 9월 〈네이처〉에 실린 한 논문은 "350ppm을 넘을 경우 신생대 제4기의 환경에서 형성되어 온, 생명을 지원하는 생태계가 위험에 처하고 현 인간 사회의 존립에 심각한 도전이 될 것"이라고 언급했다.[41] 한 달 뒤, 〈사이언스〉는 지구가 탄소를 이 정도로 많이 가지고 있었던 가장 최근 시기인 1,400만~1,000만 년 전의 환경을 알려주는 새로운 증거를 내놓았는데, 그때 해수면은 현재보다 25~40미터, 기온은 섭씨 3~6도 더 높았다.[42] 또 2009년 7월에 런던동물학회는 "현재 과학계에서 산호초가 장기적으로 생명을 유지할 수 없게 되는 수준이라고 알려져 있는 수치는 360ppm"이라고 밝혔다.[43]

이는 우리가 예전의 지구, 다시 말해 인류가 그 위에서 문명을 발달시켜온 그 지구로 돌아가지 못할 것이라는 얘기다. 우리는 매일 저녁마다 스테이크를 먹다가 콜레스테롤 수치가 300까지 치솟고 심장병에 걸리게 된 사람과 마찬가지다. 이제 그는 리피토 정을 먹고 러닝머신에서 운동을 하지만, 심장의 절반은 이미 죽은 조직이다. 또 우리는 40년간 담배를 피우다가 뇌졸중이 온 사람과도 같다. 이제 그는 담배를 끊었지만 몸의 왼쪽은 이미 마비되어 버렸다.

2009년 1월 26일, 취임한 지 일주일도 안 돼서 버락 오바마 대통령은 자동차 연료 효율성을 획기적으로 높이기 위한 과감한 조치들을 발표했다. 또 지구온난화에 대한 국제회의에서 적극적으로 협상에 나설 특사도 새로 임명했다. 이를 두고 한 환경운동가는 "캘리포니아 주에서부터 메인 주에서까지 환영 받을 만한 일"이라며 환호했다. 오바마는 "워싱턴이

질질 끌던 날은 끝났다"고 공언했다.[44] 이날은 지구온난화 논의가 수면에 떠오른 지난 20년 동안 환경 뉴스와 관련해 가장 상서로운 날이었을 것이다.

그런데 같은 날 오후, 미 해양대기청은 "지표 온도, 강우량, 해수면의 변화는 이산화탄소 방출이 완전히 멈춘 후로 1,000년이 넘게 지나도 되돌릴 수 없을 것"이라는 해양물리학 연구 결과를 발표했다. 이 연구의 저자인 수전 솔로몬은 그날 밤 라디오 인터뷰에서 이렇게 말했다. "이산화탄소 방출을 멈추면 100년이나 200년 안에 기후가 정상으로 돌아갈 것이라고 흔히들 생각해왔습니다. 하지만 이 연구 결과는 그렇지 않다는 점을 보여줍니다."[45] 누구도 우리를 위해 북극을 얼려주거나 대양의 pH를 원상태로 되돌려주지 않을 것이다. 그리고 지구온난화가 진행되는 추세로 볼 때, 오늘 오후부터 모두가 태양열 에너지로 바꾸고 자전거를 타게 된다 해도 우리는 많은 면에서 되돌아올 수 없는 한계 지점을 넘게 될 것이다.

게다가 우리 모두가 당장 태양열 에너지로 바꾸고 자전거를 타는 일이 생길 것 같지도 않다. 과학자들은 북극이 녹아내리는 속도를 과소평가하기만 한 게 아니다. 우리의 마음이 녹는 속도는 과대평가했다. 2007년에 '기후변화에 관한 정부 간 패널(IPCC)'은, 에너지 효율성을 높이기 위해 가능한 모든 일을 하는 경우부터 거의 아무 일도 하지 않는 경우까지 다양한 '미래 방출 경로' 시나리오를 분석했다. 그런데 지난 10년간 미국이 에너지 사용 방식을 거의 바꾸지 않은데다 아시아 경제권이 급성장하면서, 탄소 방출량은 IPCC 모델 중 '암울한 시나리오들보다도 훨씬 위로' 올라왔다.

2008년 여름, 영국 엑세터대학에서 열린 학술회의에서 케빈 앤더슨은 "획기적으로 감소했어야 마땅할 굴뚝, 자동차 배기관, 비행기 등에서 나오는 연기의 양이 오히려 치솟고 있는 것"을 여러 장의 슬라이드와 그래프로 계속해서 보여주었다. 앤더슨은 부유한 국가들이 "10년 안에 획기적인 방출 저감(低減)"을 받아들인다 해도 650ppm을 넘지 않게 막는 것이 "가능할 법하지 않아 보인다"고 결론 내렸다. 650ppm이 넘으면 지구 평균기온이 화씨로 7도(섭씨 약 4도)가량 오른다. 이제까지 오른 기온이 화씨 1.5도라는 것을 생각해보라.

앤더슨은 이렇게 말했다. "학자로서는, 내 연구가 매우 잘 진행된 연구이며 믿을 만한 결론이라는 이야기를 듣고 싶었다. 하지만 한 인간으로서는, 누군가가 내 연구의 실수를 지적하면서 연구 결과가 완전히 틀렸다고 말해줬으면 싶었다." 하지만 이날 학술회의를 취재한 〈가디언〉의 데이비드 애덤의 보도에 따르면 아무도 그렇게 말해주지 못했다. "영국 기후 과학계의 저명한 학자들은 (앤더슨이 2000년 이래로 탄소 방출이 이전에 예상했던 것보다 훨씬 빠르게 증가하고 있음을 보여주는 동안) 놀라서 할 말을 잃은 채 침묵 속에 앉아 있었다." 애덤은 학술회의에 모인 연구자들, 정치인들, 활동가들을 대상으로 작은 여론조사를 실시했다. "저녁식사 자리에서 그들에게 어느 쪽이 미래에 더 있을 법한 수치라고 생각하는지 물어보았는데, 650ppm을 꼽은 사람이 450ppm을 꼽은 사람보다 많았다."[46]

2009년의 불경기로 일시적이나마 이산화탄소 방출의 상승세가 주춤거리긴 했다. 이를테면 미국의 이산화탄소 방출이 2009년에 거의 5퍼센트 떨어질 것으로 예측됐다.[47] 좋은 소식이다. 다만 충분히 좋지가 않아서 문제다. 각국 정부가 어느 정도나 적극적으로 나설 용의가 있는지에 대해 감을 잡고 싶다면 다음을 생각해보라. 2009년에 13개 최대 방출국이 2050년까지 탄소를 50퍼센트 저감하겠다는 "원대한" 목표에 합의하기 위해 위싱턴에 모였다. 하지만 이 모임은 '신경쓸 것 없어'나 다름없는 결론으로 끝

났다.[48]

2009년 12월의 코펜하겐 기후변화회의를 두고 많은 사람들은 세계가 "역사적인 한 걸음을 내딛는" 계기가 될 것이라고 기대했다. 하지만 이 회의는 1급 재앙으로 끝나고 말았다. 물론 거대한 록 콘서트와 열기 있는 저항의 행진이 있었고, 회담에 압력을 넣기 위해 전 세계에서 온 2만 명의 환경운동가들이 있었다. 그리고 세계 대부분의 나라들(가난한 나라들과 저지대 도서국가들)은 의미 없는 협상이 이뤄지는 것에 대해 강력하게 저항했다. 이 국가들은 부유한 나라들이 방출을 급격히 줄이지 않으면 자신들은 생존 자체가 위기에 처한다는 사실을 매우 심각하게 생각하고 있었다. 세계의 국가 중 절반 이상이 350ppm이라는 강한 목표에 승인했다. 협상 기간 중이던 일요일에는 코펜하겐 중심지에 있는 대성당에서, 그리고 이어서 전 세계의 수천 개 성당과 교회에서 종이 350번 울렸다.

하지만 바로 다음날, 유엔은 비정부기구들을 회담장에서 배제하기 시작했다. 나중에 누출되어 언론에 보도된 내부문서에 따르면, 유엔도 이 회담이 반은 엉터리라는 사실을 알고 있었다. 회담에서 제안된 합의 내용은 각국 대표단이 공식적으로 말하는 수준보다 훨씬 빠르게 기온을 상승시킬 것이기 때문이었다(내 이름이 앞에 휘갈겨 쓰여 있었지만, 내가 누출하지는 않았다). 회담 기간이 끝나갈 때쯤 오바마 대통령이 "교착 국면을 타개"하고 "지도력을 보이기 위해" 코펜하겐에 도착했다. 하지만 그가 한 일이라곤 미국이 늘 하던 말을 되풀이한 것뿐이었다. 2020년까지 미국의 탄소 방출을 1990년 대비 4퍼센트 아래로 감축하겠다는 약속 말이다. 이 미약한 수치는, 오바마 대통령의 측근들이 더 과감한 조치는 의회에서 통과시키기가 어렵다는 핑계를 대며 내놓은 목표다. 체면을 구길 것을 염려해서 오바마 대통령은 중국과 협상해 '코펜하겐 협정'을 내놓았지만, 방출량에 대한 구체적인 시간 계획이나 목표치는 빠져 있었다. 그러고서 오바마 대통령은 워싱턴을 강타한 눈 폭풍 문제를 다루기 위해 돌아갔다. 다음날 사실상전 세계의 모든 신문이 회의가 파국으로 끝났다고 보도했다. 영국 〈인디펜던트〉의 조스 가먼은 이렇게 언급했다. "코펜하겐 회의의 결과에 대해, 오명 속에 길이 남게 될 역사적 실패라고 묘사하는 것은 과장이 아니다."

하지만 늘 그렇듯이 핵심을 알기 위해 굳이 말이 필요치는 않다. 숫자가말해주니 말이다. 코펜하겐 회의가 열리기 몇 달 전에, MIT와 몇몇 곳의 컴퓨터 전문가들이 '기후 인터랙티브'라는 그룹을 꾸리고, 기후 위기의 해결책으로 제안된 조치들이 100년 후 가져올 결과를 보여줄 수 있는 소프트웨어를 만들었다. 이 소프트웨어로 분석해본 결과, 코펜하겐 회의에서 나온 많은 정부들의 모든 약속이 다 지켜진다 해도 세계는 2100년에 **725ppm**이 넘는 이산화탄소를 갖게 될 것으로 나타났다. 과학자들이 안전한 최대치라고 말하는 350ppm의 두 배도 넘는 수치이다. "조건부로 제시된 조치들과 논쟁 중인 법안들, 비공식적인 정부 언급 등까지" 다 포함해도, 그러니까 말도 안 되게 낙관적인 시나리오를 그린다 해도, 2100년에 세계는 600ppm의 이산화탄소를 갖게 될 것으로 보인다. 우리가 지옥까지는 아니라 해도 지옥과 매우 비슷한 기온의 장소에서 살게 되리라는 말이다.

막을 수 없는 연쇄작용

이제까지 살펴본 내용으로 보자면, 온실가스가 급증하고 그에 따라 지구의 기온도 급등하게 만드는 원인이 우리 인간이었다. 그런데 이것이 달라지기 시작했다. 인간 활동이 유발한 열이 그 이후에 자체적으로 끔찍한 연쇄작용을 일으키기 시작한 것이다. 어떤 것들은 비교적 쉽게 눈에 띈다. 이를테면 북극의 빙하가 녹으면 태양광선을 반사해주던 흰 얼음 거울이 태양광선을 흡수하는 푸른 대양으로 바뀐다. 하지만 어떤 것들은 눈에 덜 띄지만 규모가 더 크다. 지구 전역에 숨어 있는 부비트랩이 대기를 데우려고 준비 중인 것이다.

예를 들면, 얼어 있는 툰드라 지대 아래와 바다 밑의 차가운 '클라스레이트(Clathrate)' 결정 속에 어마어마한 양의 메탄(천연가스)이 갇혀 있다. 메탄은 이산화탄소와 마찬가지로 열을 가두는 기체이기 때문에 메탄이 대기 중으로 탈출해 나오기 시작하면 온난화를 한층 더 가속시키게 된다. 그런데 그런 일이 지금 일어나고 있는 것으로 보인다. '예정된 것보다 훨씬 앞서서' 말이다. 2007년에 대기 중 메탄 수치가 급증하기 시작했다. 과학자들은 이 메탄이 어디서 오는 것인지를 확실히 알지는 못했지만, 툰드라와 대양의 메탄이 본격적으로 녹아서 나오기 시작했을지 모른다고 우려했다.

2008년 여름, 러시아 연구선 야콥 스미니트스키가 라프테프 해에서 러시아 북쪽 해안을 항해했는데, 여기 승선한 과학자들은 메탄 거품이 수면으로 올라오고 있는 곳을 발견했다. 메탄 수치가 정상보다 100배나 되는 곳도 있었다. "어제 우리는 메탄이 다량 방출되면서 바닷물에 녹지 않고 거품으로 해수면에 올라오는 곳을 최초로 발견했다"고 한 과학자가 〈인디펜던트〉에 이메일로 알려왔다. "이 메탄 굴뚝들은 음향측심기와 지진 장비에 기록됐다."[49] 이 연구팀을 이끈 페어뱅크스 알래스카대학 이고르 세밀레토프는 시베리아 동부의 기온이 지난 10년간 화씨로 10도(섭씨로 약 6도) 이상 증가했다고 지적했다. 그 때문에 영구동토대가 녹고 이 지역의 강에서 바다로 흘러 들어가는 물도 더 따뜻해져서 바다 밑에서 메탄 분자들을 가두고 있는 차가운 결정들이 녹고 있을지 모른다는 것이었다.

또한 영구동토대가 녹으면서 육지에서도 메탄이 방출되고 있다. 러시아 과학아카데미의 나탈리아 샤코바는 "레나 강 삼각주 상공에서 헬기로 측정한 결과 1,800미터 상공에서까지도 정상보다 높은 메탄 수치가 측정됐다"고 밝혔다.[50] 게다가 과학자들은 최근 몇 년 사이 북단의 연못과 습지들이 한겨울에도 얼지 않았다고 보고한 바 있다. 지하에서 너무 많은 메탄이 거품을 일으키며 나오고 있기 때문이었다. 한 연구원은 "지하수에 탄산음료 캔 뚜껑이 열려 있는 것 같아 보인다"고 묘사했다.[51]

무서운 일이다. 자동차 배기관에서 뿜어져 나오는 탄소보다 더 무섭다. 메탄은 우리가 직접적으로 방출하는 것이 아니기 때문이다. 우리는 석탄과 천연가스와 석유를 때서 1차적으로 탄소를 방출했고 그 탄소가 기온을 올려서 연쇄작용을 촉발했다. 우리에게 1차적인 책임이 있긴 하지만, 우리는 그것을 멈출 수 없다. 이 연쇄작용은 그 자체로 생명을 가진 것처럼 진행된다. 최근의 한 추정치에 따르면 영구동토대는 1조 6,000억 톤의 탄소를 가두고 있다. 그런데 금세기에 1,000억 톤이 방출될지 모른다. 이중 대부분이 메탄의 형태로 방출될 것으로 보이는데, 이 정도의 메탄은 현재 수준의 이산화탄소 방출이 270년 동안 일으킬 수 있는 만큼의 온난화 효과를 낸다. 2009년 봄에 플로리다대학의 테드 슈르는 "시한폭탄이 느린 화면으로 재생되는 것 같다"고 말했다. 그리고 어떤 수준 이상에서는 "우리가 온실가스 방출을 제로로 줄인 뒤에도 연쇄작용이 계속될 것"이라고 덧붙였다.[52]

메탄 방출이 본격적으로 시작된 것인지, 또 정확한 위험 기준점이 어딘지 등은 아직 확실히 알려져 있지 않다. 하지만 문제는 이런 연쇄 고리를 촉발할 요인이 수십 개나 더 있다는 점이다. 예를 들어 토탄을 생각해보자. 토탄 지대는 지구의 육지 표면적의 2퍼센트를 차지하며 주로 북단의 고위도 지역에 있다. 늪지, 습지, 젖은 땅 삼림지대와 같은 습한 지역으로, 이곳에는 한창 분해되고 있는 식물들이 가득하다. 수천 년 뒤에 석탄이 될 것을 배양하는 곳이라고 보면 된다. 토탄 지대는 젖어 있기 때문에 안정적이다. 식물들이 매우매우 느리게 분해되어서 탄소를 모아두는 저장소의 역할을 완벽하게 한다. 아마도 대기 중에 있는 탄소의 절반에 해당하는 정도는 족히 담고 있을 것이다.

하지만 이곳에 기온이 높아져서 습기가 증발한다고 생각해보자. 지하수면이 상승하기 시작하고 이 모든 습기가 마르게 된다. 그러면서 썩어가는 식물 속에 있던 탄소들이 더 빠르게 분해되어 대기 중으로 쏟아져 나온다. 2008년의 한 연구에 따르면, 실제로 "금세기에 예상되는 온난화에 토탄 지대가 빠르게 반응해서, 화학 변화를 일으키기 쉬운 토양 유기물질 속의 탄소가 건기 동안에 대기로 방출"될 것으로 보인다. 얼마나 많이? 토탄 습지가 보유한 탄소의 양은 세계적으로 화석연료를 65년간 태우는 것에 맞먹으며, 금세기에 예상되는 온난화는 그 탄소의 40~86퍼센트를 방출시키기에 충분할 정도로 토탄 지대에서 습기를 증발시킬 수 있다.[53] 전 세계 인구만큼을 어디선가 새로 불러와서 그들더러 우리가 했던 것만큼 빠르게 석탄과 석유와 천연가스를 태우라고 하는 격이다.

그런데다가 우리는 탄소를 대기 중에 내뿜어내는 연쇄 고리를 촉발시키는 동시에, 자연계가 대기 중에서 탄소를 격리해낼 수 있는 능력을 약화시키고 있다. 지난 200년만 빼고 인류 문명이 존재한 기간 내내 대기 중 이산화탄소 수치는 안정적으로 유지됐다. 화산 폭발로 이산화탄소가 방출되는 속도만큼 빠르게 식물과 플랑크톤이 대기 중에서 이산화탄소를 다시 흡수했기 때문이다. 하지만 이제 자동차와 공장들이 수많은 미니 화산 역할을 하면서 식물이 흡수할 수 있는 정도보다 빠르게 탄소를 내놓고 있다.

게다가 지구가 더워지면서 식물들이 전보다 탄소를 덜 흡수하게 되었다. 2008년에 한 연구팀은 인위적으로 기온을 조절할 수 있도록 초원의 일부분을 잘라내어 연구실에 이식했다. 총 4년간의 실험에서 두 곳은 내내 정상적인 기온을 유지하고, 두 곳은 두 번째 해에 기온을 4도 올려 비정상적으로 더운 해를 만들었다. 후자의 두 곳에서는 비정상적으로 더운 해뿐 아니라 그 다음 해까지도 정상 기온에 노출된 곳에서보다 풀이 탄소를 3분의 2나 덜 흡수했다.[54]

바다에서도 이런 일이 일어나고 있는지 모른다. 2009년 1월에 과학자들은 "동해의 빠르게 온난화되는 지역들에서 바다가 흡수하는 탄소량이 갑작스럽게 격감했다"고 경고했다.[55] 배에 물이 들어와서 당장 배를 구해야 하는데, 양동이에는 구멍이 뻥뻥 뚫려 있고 그 구멍들이 점점 커지고 있다고 생각해보라. "50년 전에는 대기 중으로 방출되는 이산화탄소 1톤당 600킬로그램을 자연계가 흡수했다. 현재는 겨우 559킬로그램밖에 흡수하지 못하며 이 수치는 줄어들고 있다."[56] 정말 큰 구멍들이다.

식량 위기부터 시작되다

이제까지는 온난화의 영향보다는 원인에 대해서 주로 이야기했다. 이러한 새로운 현실들이 어떻게 펼쳐질지, 어떻게 그것이 상승 작용을 일으키며 막대한 결과를 낳을지도 차차로 살펴볼 것이다. 하지만 우선 가장 기본적인 내용을 짚고 넘어가자. 우리는 지금껏 알아온 유일한 세계의 가장 기본적인 역학을 바꿔버리고 있다.

인간에게 가장 중요한 질문을 하나 꼽으라면 '무엇을 먹을 것인가'일 것이다. 아니, 인류 역사의 상당 기간 동안 '무엇이든 간에, 먹을 것을 어떻게 구할 것인가'가 가장 중요한 질문이었다. 2008년 12월 폴란드에서 열린 국제회의에서 IPCC 공동의장 중 한 명인 마틴 패리는 이런 말로 강연을 시작했다.

"2008년의 식량 위기는 이제까지 기후변화가 일으킨 결과 중 가장 큰 것입니다. 이 식량 위기는, 부분적으로는 기후변화에 대처하는 방법으로 바이오연료를 촉진한 단견에서, 또 부분적으로는 호주 서부의 가뭄에서 비롯됐는데, 현지 과학자들은 호주 서부의 가뭄도 기후변화가 야기한 것으로 보고 있습니다."

그 결과, 2008년에 4,000만 명의 사람들이 추가적으로 '기아 위험'에 속하면서 기아 인구는 총 9억 6,300만 명이 되었다. 이는 전 세계 인구의 6분의 1이다.[57] 기후변화가 1년만에 캘리포니아 주 인구보다도 많은 4,000만 명의 사람들을 추가적으로 굶주리게 만든 것이다. '앞으로 이런 일이 일어날지도 모른다'는 이야기가 아니다. 이런 일은 이미 일어났다. 그리고 2009년에 기아 인구는 10억 명이 넘었다.[58]

2009년 1월에 한 연구팀이 분석한 23개의 기후변화 모델을 보면 미래를 짐작해볼 수 있다. 이 연구팀은 현재 우리가 알고 있는 밀과 옥수수의 특성을 바탕으로, 금세기 말에 예상되는 새 기온에서 이 작물들이 어떻게 될지를 분석했다. 연구에 따르면, 너무 더운 날이 일상적으로 계속되어 옥수수가 훨씬 덜 활발하게 자랄 것으로 예측됐다. 또 밀 수확은 20퍼센트에서 40퍼센트까지도 감소할 수 있었다. 인구는 지금보다 30억 명이나 늘어날 전망인데도 말이다. 그리고 기후 때문에 식량 산출이 감소하는 현상은 벌써 벌어지기 시작했다. 2003년에 프랑스에 혹서가 닥쳤을 때(이런 혹서가 앞으로 몇십 년 후에는 새로운 정상 상태가 될 것으로 보인다) 3만 명이 더위로 숨졌을 뿐 아니라 옥수수, 과일, 밀 생산도 각각 3분의 1, 4분의 1, 5분의 1씩 줄었다. 더 북쪽으로 이주하면 되지 않겠느냐는 해맑은 생각은 말이 안 되는 것으로 판명되고 있다. 워싱턴대학의 데이비드 바티스티는 이렇게 지적했다.

"북단으로 계속 이동할 수는 없습니다. 곧 경작이 가능하지 않은 툰드라 지대에 도달하게 될 테니까요. 모든 징후가 동일한 방향을 가리키고 있을 때, 이 경우에는 모든 징후가 나쁜 방향을 가리키고 있을 때, 우리는 앞으로 벌어질 일을 알고 있다고 봐야 합니다. 앞으로 벌어질 일은, 추가로 수억 명의 사람들이 예전에는 식량을 발견할 수 있었던 곳에서 더 이상 그럴 수 없게 되어 먹을 것을 찾아 헤매게 될 것입니다."[59]

최근에 미 국무부 과학기술자문 니나 페도로프는, 국무부가 진행한 분석 결과에 따르면 향후 10~20년 이내에 한꺼번에 10억 명에게 영향을 미칠 수 있는 심각한 기아가 올 것으로 예상된다고 밝혔다. 2009년 봄에 영국 정부 과학기술자문 존 베딩턴도 2030년경이면 식량 부족과 물 부족의 "퍼펙트 스톰(perfect storm)"이 올 수 있다고 말했다.[60] 또 최근에 식량과 관련한 몇몇 추산치를 계산한 스탠포드대학의 로자먼드 네일러는 이렇게 말했다.

"내가 가장 놀란 것은, 과거의 사례들은 모두 그해 안에 식량 문제를 해결할 방법이 있었다는 점이에요. 사람들은 항상 다른 어딘가에서 식량을 찾을 수 있었지요. 하지만 미래에는 눈을 돌릴 다른 곳이 없을 것입니다."[61]

이보다 더 기본적인 문제가 어디 있겠는가?

어쩌면 더 기본적인 문제가 있을 수도 있다. 지구에는 인간만 살고 있는 것이 아니기 때문이다. 강연을 해보면 으스스한 차분함을 풍기며 이렇게 말하는 청중들이 있다. "그래요, 인간은 자살을 하고 있는 것인지도 몰라요. 하지만 지구는 살아남을 거잖아요." 태양이 폭발하기 전까지는 어떤 면에서 맞는 말이기도 하다. 하지만 우리가 알아온 지구와는 전혀 딴판의 지구일 것이다. 인간은 아주 열심히 지구를 바꾸어버렸다. 생물 작동을 방해하고, 다양성을 없애고, 우리와 함께 이 지구에 태어난 다른 모든 종류의 생명에 영향을 미치면서 말이다.

우리는 창세기를 거꾸로 돌리고 있다. 하나씩 만들어내는 게 아니라 하나씩 없애고 있는 것이다. 예를 들어 북극 빙하를 녹이면 그 지역의 식물성 플랑크톤을 교란시키게 되는데, 식물성 플랑크톤은 "해양 생명이 의존하고 있는 먹이그물에서 기초를 이루는 중요한 영양물질이다".[62] 또 2008년의 한 연구에 따르면, 남극의 큰 펭귄 서식지 중 4분의 3이 곧 사라질지도 모른다.[63] 나는 그런 서식지 중 한 곳에 가본 적이 있는데, 짝짓기를 하는 수십만 마리의 암수 펭귄이 소리를 질러대고 어린 펭귄들이 먹을 것을 달라고 소리치고 있었다. 내가 본 풍경 중 가장 놀라운 생식력의 사례였다. 수 킬로미터 떨어진 곳에서도 냄새를 맡을 수 있었다. 이 펭귄들은 우리가 알아온 세계의 엄청난 풍부함을 단적으로 보여준다. 그리고 펭귄들이 사라지는 것은 우리가 지금 만들고 있는 세상의 특징을 단적으로 보여준다.

이는 아주 근본적인 변화다. 최근 한 연구팀은 기온이 올라가면서 모든 동물 종의 크기가 작아지고 있다고 보고했다. 몸집이 큰 동물은 부피 대비 표면적의 비율이 낮아서 열기를 잘 보존하기 때문에 추운 기후에서 잘 견

딘다. 반면 몸집이 작은 종들은 열기를 더 빨리 방출할 수 있다. 국제자연보호연맹의 생물학자 웬디 포덴은 이렇게 설명했다. "추워질 때는 몸집이 커지는 것이 합리적입니다. 하지만 세상이 더워지면서 동물 종의 몸집이 축소되고 있습니다."[64] 2009년 7월에 연구자들은 스코틀랜드에서 자라는 양들의 몸집이 기온이 오르면서 20년 동안 1년에 81그램씩 줄어들었다는 사실을 발견했다. 붉은날개갈매기와 일부 갑각류도 마찬가지다. "미래에는 분재 같은 미니 양을 갖게 될지도 모르겠다." 런던 임페리얼 칼리지의 한 생물학자는 이렇게 말했다.[65]

그리고 지구는 더워질수록 더 단순해진다. 2008년에 연구자들은 이렇게 밝혔다. "페루에서 나미비아까지, 흑해에서 일본까지…… 방대한 해파리 떼가 창궐해서 해변이 폐쇄되고, 물고기 알과 어린 물고기가 잡아먹히거나 물고기와 해파리가 먹이를 놓고 경쟁하게 되면서 물고기 수가 줄고 있다." 동해에서는 5억 마리의 노무라입깃해파리(각각 지름이 2미터도 넘는다) 때문에 어획용 그물이 막히고 있다. 베링 해의 어느 지역은 해파리가 너무 많아서 '끈끈이 둑'이라는 이름이 붙었을 정도다. 한 연구자는 이렇게 설명했다. "해파리는 더운 물에서 더 빠르게 자라고 많이 번식합니다."[66]

인간도 그렇듯이, 물고기와 고래도 모든 면에서 빠르게 변화하는 세상에서 살아가고 있다. 한 예로, 해수가 산성을 띠게 되면서 소리를 덜 흡수하게 되어 대양이 시끄러워지고 있다. 이 때문에 고래와 물고기들이 (시끄러운 와중에서 자신들끼리의 커뮤니케이션에 집중하느라) 배가 오는 소리를 듣지 못하게 된다. 한 과학자는 "이것이 칵테일파티 효과"라고 설명했다.[67] 한편 2009년 10월에는 과학자들이 세계 전역의 바다에서 "최근 몇십 년 동안 해수 온도가 상승하면서 콧물 같은 거대 점액물질이 형성되기 시작했다"고 보고했다. 이 '점액 방울' 중 일부는 길이가 200킬로미터나 되기도 하는데, 대장균을 많이 갖고 있으며 동물들을 덫처럼 붙잡고 아가미를 덮어 씌워서 질식시키는 경우도 많다.[68]

다시 강조하지만, 인류 문명이 진화해온 그 지구는 더 이상 존재하지 않는다. 그 문명을 생성한 안정성은 사라져버렸고 거대한 변화들이 시작되었다(내가 가장 많이 인용하는 암울한 기사 제목은 2009년 5월의 〈USA투데이〉 기사다. 미국기상학회의 새 연구를 보도하는 이 기사의 제목은 다음과 같았다. "지구온난화는 전에 예상되었던 것보다 두 배나 나쁠 수 있다"[69]). **어쩌면,** 우리가 운이 좋고 열심히 나선다면, **어떤 종류의** 문명은 겨우 유지할 수 있을 만큼 지구를 지킬 수 있을지도 모른다. 하지만 그 지구 역시 예전과 같은 지구는 아닐 것이다. 따라서 그 문명도 전과 동일한 문명은 아닐 것이다. 우리가 알던 지구, 우리가 알아온 유일한 지구는 사라졌다.

이제 거대 유전은 없다

그 안정적인 지구가 **인류 문명**을 허용했다면, 또 다른 것이 **현대 문명**을 만들었다. 바로 화석연료이다. 우리 대부분이 살고 있는 세상인 현대 문명은 18세기 초에 갑자기 값싼 화석연료를 사용할 수 있게 되면서 생겨났다. 과장된 설명 아니냐고? 석유 1배럴은 인간이 손으로 하는 노동 2만 5,000시간만큼의 에너지와 맞먹는다. 석유 1배럴이 인간 노동력 10년어치보다도 많은 것이다. 평균적인 미국인은 1년에 25배럴을 사용하니, 연간 공짜 노동력 300년어치를 쓰는 것이나 마찬가지다. 석유만 따져도 이런데, 우리가 사용하는 화석연료에는 석탄과 천연가스도 있다.[70] 그 덕에 우리가 이제 더 이상 육체노동을 그렇게 많이 하지 않아도 되는 것이다.

그 덕에 기계를 쓰는 우리가 조상들보다 수백 배나 강력해진 것이다. 그 덕에 우리가 번영을 누리고 있는 것이다. 그 덕에 우리 경제가 성장한 것이다. 물론, 그 탓에 우리가 지구온난화와 산성 대양이라는 문제를 갖게 된 것이다.

본질적으로 우리는 고대의 모든 탄소를 퍼내 잠깐 동안 산소와 결합해서 자동차 등 동력 장치의 피스톤을 움직인 뒤 대기 중에 방출하는 데에 200년을 썼다. 그렇게 방출된 탄소는 이산화탄소로 대기 중에 축적되었다. 이 탄소 구름은 한때 그 탄소가 살았던 석유와 석탄 광맥의 유령이다. 휘발유 1갤런은 고대의 식물 100톤에 해당한다.[7] 하루도 거르지 않고 우리는 날마다 석탄과 천연가스와 석유를 태운다. 일어나서 커피를 만드는 순간부터 자기 전에 불을 끄는 순간까지 말이다(게다가 난방 또한 밤새 돌아가고 있는가? 아니면 에어컨이?). 아마도 외계인이 미국에 착륙해서 탐사보고서를 쓴다면 본부에 이렇게 보고할 것이다. "여기에는 화석연료를 연소시키기 위해 고안된 두 발로 걷는 것이 있다."

우리가 인류 문명을 떠받쳐온 기후를 불안정하게 만들고 있는 바로 이 시점에, 현대 문명을 떠받쳐온 화석연료가 고갈되기 시작했다는 사실은 극히 불행한 일이다. 이 두 가지 현상은 사실 상호 연결되어 있다. 그리고 이 두 가지 현상을 인식하게 된 과정도 상당히 비슷했다. 한 세대 전에 소수의 과학자들이 기온 상승을 경고하기 시작한 것처럼, 석유 공급량이 줄어들지 모른다는 경고를 제기하기 시작한 것도 소수의 지질학자들이었다. 마우나로아에 최초로 이산화탄소 측정 장치가 설치되기 2년 전인 1956년에 석유지질학자 M. 킹 허버트가 미국의 석유 생산이 1965년에서 1970년 사이에 정점에 도달할 것이라는 예측을 처음으로 내놓았다. 그의 예측은 정확했지만 아무도 크게 걱정하지는 않았다. 중동에 광대한 유전이 있어서 석유를 대주고 있었기 때문이다.

하지만 최근에는 중동의 유전마저 고갈되고 있다는 심난한 징후들이 나타나고 있으며 그 고갈을 상쇄해줄 새로운 거대 유전은 없는 것이 거의 확실하다. 기후변화라는 개념도 그랬듯이, 피크오일이라는 개념도 처음에는 일각에서만 제기되기 시작했다. 하지만 최근 몇 년 사이 주류 학자 및 전문가 사이에서도 지구에서 끌어낼 수 있는 석유의 양이 줄어들기 시작하는 지점에 곧 도달할지 모른다는 우려가 높아졌다.

그리고 이 논쟁은 2008년 11월에 결론이 났다. 그때 당신이 알아차리지 못했다면, 오바마 대통령 당선 이후의 들뜬 분위기나 금융 위기가 가져온 공포(와 낮은 유가) 탓을 해봄직하다. 11월 12일은 부시 행정부가 구제금융 집행 방식과 관련해 은행 부실자산 매입을 멈추고 대신 은행 주식을 구매하기로 결정한 날이다. 그리고 오바마 당선자가 인수위원회 구성을 발표한 날이기도 하다. 하지만 그날의 진짜 뉴스이자 역사를 다시 쓴 자료는 국제에너지기구(IEA)의 〈세계에너지전망〉 보고서에서 나왔다. IEA는 보수적인 곳으로 여겨진다. 이곳은 1970년대 오일쇼크 때 안정적인 에너지 공급을 유지하기 위한 목적으로 부유한 나라들이 세운 기구다. 그리고 이곳의 경제학자들은 앞으로 수십 년 동안 석유 공급이 증가할 것이라고 늘 주장해왔다. '문제없어요, 문제없어요, 문제없어요. 석유는 아주 많아요……'

그런데 이 무렵에 이들의 어조가 급격히 바뀌었다. 우선 IEA는 현재의 유전에서 생산되는 양이 1년에 7퍼센트씩 떨어질 것이고, 이 숫자는 다음 10, 20년간 꾸준히 커져서 1년에 9퍼센트가 될 것이라고 말했다. 다른 말로, 거대 유전에 있는 석유가 많이 줄어서 이제는 전과 비슷한 양을 퍼 올릴 수 없게 되었다는 말이다. 석유를 많이 필요로 하는 아시아의 급성장

경제는 잠시 접어두더라도, 단순히 현재 수준으로 경제를 운영하는 데만도 2030년까지 사우디아라비아가 네 개 더 필요하다. 아시아와 기타 지역에서 수요가 계속해서 증가할 것임을 감안하면(현재 미국은 성인의 92퍼센트가 자동차를 가지고 있지만 중국인은 6퍼센트만 가지고 있다) 2030년까지 사우디아라비아 **여섯** 개가 더 있거나, 아니면 매년 쿠웨이트가 하나씩 새로 생겨야 한다.

IEA는 이것을 금액으로도 설명했다. 석유 경제를 유지하기 위한 탐사와 투자에 2030년까지 매년 3,500억 달러가 들 것으로 보이는데, 이는 경기가 호황이던 2000년부터 2007년까지 전 세계적으로 석유 탐사와 투자에 들인 돈 전체인 3,900억 달러에 맞먹는다.[72] 게다가 IEA의 암울한 전망조차 실은 너무 낙관적인 것인지 모른다. 몇 주 후에 메릴린치의 에너지 분석가들은 비OPEC의 유전까지 분석한 결과 2030년까지 사우디아라비아 **열** 개가 더 필요하다고 추정했다.[73] CIA 국장과 미 국방장관을 지낸 제임스 슐레진저가 말했듯이 "전투는 끝났고, 피크오일을 주장한 사람들이 이겼다."[74]

옛 지구에서, 그러니까 허리케인이 스페인과 브라질을 강타하지 않고 해파리가 대양 전역에 끈적끈적한 뭉텅이를 만들지 않으며 북극에 빙하가 존재하는 지구에서, 우리에게는 사우디아라비아와 쿠웨이트가 하나씩 있었다. 이 두 나라는 아주 풍부한 원유의 보고 위에 자리하고 있었다. 하지만 지금은 점점 비어가는 커다란 구멍 위에 자리하고 있다. 그리고 돈이 얼마나 있든 간에 우리는 새로 사우디아라비아를 만들거나 사올 수 없다. 그렇다면 석유가 사라지면서 현대 문명도 함께 사라져버릴까? 꼭 생각해봐야 할 질문이다. 가장 큰 열두 개 기업 중 여섯 개가 화석연료를 공급하는 기업이고, 네 개가 자동차와 트럭을 만드는 기업이며, 한 개(제너럴일렉

트릭)가 그 이름에서 보듯이 에너지 산업과 깊이 관련된 기업인 상황이니 말이다. 화석연료 구매만 해도 전 세계 국내총생산의 거의 10분의 1을 차지하며, 나머지 90퍼센트의 경제활동도 거의 다 화석연료를 태우는 데에 의존한다.[75]

석유는 석유화학물질과 플라스틱의 모체이기도 하다. 세계에 피크오일이 임박했다고 경고한 초창기 분석가 중 한 명인 리처드 하인버그는 언젠가 석유로 만들어진 물건의 목록을 작성해보았다. 컴퓨터 칩, 살충제, 마취제, 비료 등에서부터 립스틱, 향수, 스타킹, 그리고 아스피린, 낙하산 등에 이르기까지 수많은 물건이 목록에 올랐다. 그는 이렇게 언급했다. "석유화학물질이 없으면 의료과학, 정보기술, 현대 도시공간 등 기술집약적인 현대 생활양식의 수많은 면들이 존재할 수 없게 된다. 한 마디로 석유는 현대 생활의 정수이다."[76] 그러니 우리가 이렇게나 생각 없이 석유를 낭비하고 있다는 것은 큰 문제다(1980년대 중반부터 미국 자동차업체들은 효율성에 대해서는 신경을 쓰지 않고 대신 회전력에 집중하기 시작했다. 그 결과 2002년에 평균적인 미국 자동차는 정지 상태에서 60마일(100킬로미터)까지 10.5초 만에 가속할 수 있게 되었다. 이는 한 세대 전보다 3.5초나 빨라진 것이다).[77] 한편으로 그런 낭비는 이해가 가는 일이기도 하다. 다시 말하지만 값싼 에너지는 그저 우리 경제에 유용한 한 측면에 불과한 것이 아니다. 값싼 에너지 **자체**가 우리 경제다. 폴 로버츠는 이렇게 설명했다.

"1850년 이전에는 대부분의 미국인들이 석탄이란 것이 불붙이면 타는 것인지조차 몰랐다. 하지만 1900년이 되면서 미국 탄광의 생산량은 영국 탄광을 앞서게 된다. 이 모든 추가적인 에너지는 어디에 쓰였을까? 주로 물건을 더 많이 제조하는 데 쓰였다. 더 많은 섬유, 더 많은 기계, 더 많은 식품과 술, 더 많은 종이…… 다음과 같은 패턴이 분명하게 드러났다. 더 많이 생산할수록 더 많은 에너지가 필요하다. 그리고 더 많은 에너지를 쓸수록 더 많은 물건을 생산하게 된다."[78]

옛 지구에서는 에너지원이 아주 풍부했기 때문에 에너지 값이 쌌다. 아래쪽에서 밀어 올리는 압력이 너무 강해서 땅에 드릴로 구멍을 뚫자마자 원유가 펑펑 솟아오르는 모습을 사진에서 많이 보았을 것이다. 그런 원유는 공짜로 얻을 수 있는 것이나 마찬가지였다. 하지만 이제는 더 이상 그렇지 않다. 남아 있는 원유는 시추하기 어려운 곳에 있고 엄청난 기술이 있어야 퍼낼 수 있다. 한 예로, 북해에 있는 노르웨이의 트롤A 플랫폼은 인간이 만들어 한 장소에서 다른 장소로 이동한 구조물 중 가장 큰 것이다. 콘크리트 다리가 세 개 있는데, 각각 길이가 300미터이고 해저에서 위쪽의 시추 플랫폼까지 올라가는 데에 엘리베이터를 9분이나 타고 가야 한다(10주년을 기념하기 위해 노르웨이의 팝 아이돌 가수가 승강기 통로 맨 아래 바닥에서 콘서트를 했다. 역사상 가장 깊은 곳에서 벌어진 콘서트였다).

즉 석유 시추에 점점 더 돈이 많이 들게 된다는 의미다. 들어가는 돈의 액수 자체도 그렇지만, 경제학 용어로 '에너지 투자수익률(EROI)'이라고 부르는 것을 기준으로 봐도 그렇다. 한 유정의 EROI가 20대 1이라면 투입한 에너지 한 단위당 20단위의 에너지를 얻게 된다는 의미다. 20대 1은 꽤 괜찮은 비율이다. 이를테면 캐나다에서 타르샌드를 채취한 후 그것을 녹여서 사용 가능한 석유로 만들 때의 EROI보다 훨씬 좋은 수치이다. 몇몇 최근 추정치에 따르면, 타르샌드는 EROI가 5.2대 1 정도다. 그럼 옥수수 에탄올은? 옥수수를 재배하고 가공하는 데 들어가는 에너지를 모두 감안하면, 본전이면 다행인 정도다.[79] 뉴욕주립대 교수인 찰스 홀은 최근에 이렇게 주장했다. "사회에 조금이나마 기여를 하려면, 액체 연료는 석유 에너지에 의존하지 말아야 하고 EROI가 적어도 5대 1이 되어야 한다."

태양열 전지는 현재 2.5대 1에서 4.3대 1 정도 된다.[80] 태양열 패널을 쓰는 게 나쁘다는 말이 아니다. 나도 현재 우리 집 지붕에 설치한 태양열 패널에서 나오는 전기로 이 글을 쓰고 있다. 다만 태양열이 화석연료를 정말로 대체하지는 못하리라는 말이기는 하다.

유가가 천정부지로 치솟기 시작하던 2008년의 놀라운 봄에 우리는 이런 상황을 조금이나마 실감했다. 경기는 좋았고 석유 수요가 증가했다. 그런데 수요를 감당할 새로운 공급이 없었다. 2004년에 폴 로버츠는 지난 일곱 차례의 전 세계적 불황 중 여섯 번에서 불황에 앞서 유가 급등이 발생했다고 설명한 바 있다. 이제는 지난 여덟 차례의 불황 중 일곱 차례가 그랬다고 말해도 좋을 것이다. 경제사학자들은 그해 가을에 정확히 어떻게 해서 경제가 무너지게 되었는지에 대해 오래도록 논쟁을 벌이겠지만, 주택가격 폭락이 가장 기본적인 대답일 것이다. 그리고 주택가격 폭락은 단지 모기지 대출과 관련한 도덕적 해이 때문에만 발생한 것이 아니었다. 그보다는 사람들이 현실을 파악하기 시작했기 때문에 발생한 것이었다. 유가가 갤런당 4달러까지 치솟을지도 모른다는 이야기가 도는 마당에, 아무리 좋은 집인들 차로 90분이나 달려 출퇴근해야 하는 집을 누가 사려 하겠는가?

석유분석가 필 하트는 이렇게 설명했다. "유가가 악영향을 미치기 시작하면서, 차로 출퇴근을 해야 하는 사람들은 먼 교외와 더 먼 준교외의 집을 사는 것을 점점 고려하지 않게 되었다."[81] 기름값이 2달러를 넘어 점점 피크로 치닫던 2004년에서 2008년 사이에 주택가격이 가장 크게 떨어진 세 도시(라스베이거스, 피닉스, 디트로이트)는 전적으로 자동차 의존형인 도시들이었다. 반면 미국에서 자전거와 전차 수도인 포틀랜드(오리건 주)는 주택 가치가 가장 크게 오른 도시였다.[82]

하지만 교통만 문제인 것이 아니다. 석유는 모든 것에 들어 있기 때문에 유가는 전체 경제에 영향을 미친다. 2009년 봄에 캘리포니아 주립대학의 한 경제학자는 "지난해의 경기 침체는 거의 모두 유가 급등으로 설명할 수 있다"고 언급했다. 그러고는 이렇게 덧붙였다. "이는 나 자신도 전적으로 믿지는 않는 결론이다."[83] 하지만 이전의 유가 급등(1973년, 1979년, 1990년, 2001년) 때에도 바로 뒤를 이어 불황이 왔다. 물론 경기가 침체되면 유가도 함께 떨어진다. 사람들이 지구가 생산할 수 있는 정도보다 석유를 약간 덜 소비하는 쪽으로 가는 것이다. 하지만 경제가 회복되면 거의 확실하게 유가도 반등한다. 2008년에 유가 등락 예측치를 바탕으로 투자해서 한몫 번 투기사업가 조지 소로스는 그해 가을에 이렇게 언급했다. "어떤 완화도 일시적으로만 존재할 것이다."[84]

사실 피크오일이 야기할 결과 중 가장 있을 법한 것은 풍부한 화석연료인 우리의 옛 친구 석탄을 더 많이 사용하게 되는 것이다. 그리고 석탄을 더 많이 사용할 경우 반드시 야기될 결과는…… 더 심한 지구온난화이다. 석탄은 가장 '더럽게' 타는 화석연료이기 때문이다. 석탄은 석유보다도 이산화탄소를 두 배나 많이 내놓는다. 제임스 핸슨과 그가 이끄는 미 항공우주국 연구팀이 지적했듯이, 석탄에 대한 의존도가 조금이라도 증가한다면 우리는 350ppm으로 결코 돌아가지 못한다. 비극 장면, 큐!

이는 우리가 새로운 지구에서 빠지게 되는 덫이다. 석유는 고갈되어 가기 때문에 더 땔 수 없다. 하지만 우리에게 아직 남아 있는 연료인 석탄은 지구온난화를 더 심화시킬 것이다. 최악의 악순환이다.

우리는 옛 지구가 '잘 작동했다'는 것을 분명히 알고 있다. 옛 지구는 현대 문명을 만들어내고 지탱했다. 하지만 새 지구가 그럴지 어떨지는 알지 못한다.

명료하기만 한 '증상목록'

기후변화가 야기할 결과를 상상해보는 방법 중 하나는 단편적인 분석자료들을 나열해보는 것이다. 과학자들이 전 세계 곳곳에서 예측하거나 측정한 내용들을 모아서, 말하자면 '증상목록'을 만드는 것이다. 이를테면 다음과 같이 말이다.

- 아일랜드 수도 더블린의 공학자들은 기후변화로 조수가 높아져서 리피 강의 유명한 오코넬 다리(더블린의 주요 도로로 이어지는 다리)가 침식되고 있다고 밝혔다.[85]

- 마셜 제도는 2008년 크리스마스이브에 대형 홍수가 나서 비상사태를 선포했고 수백 명이 대피했다. 2주 동안에 강력한 폭풍이 세 번이나 주요 도시인 마주로와 에베예를 강타했다. 두 도시 모두 해발 90센티미터밖에 안 되는 높이에 있다. 범람한 물은 집과 도로, 그리고 묘지까지 파괴했다.[86]

- 내 고향인 버몬트 주 전역에서는 라임병을 옮기는 "성가신 진드기"가 판을 치는데, 1, 2월에도 여전히 살아 있다. 2008년 봄에 버몬트 주의 곤충학자 존 터멜은 세인트 존스베리 마을의 코네티컷 강 계곡을 따라 6미터 정도를 걷고 나서 한쪽 바짓가랑이에서 30~40마리의 진드기를 발견했다. 그는 이 지역의 진드기 개체수가 "극단적"이라고 표현했다. 정말 그렇다.[87]

- 노스캐롤라이나 주 오션아일비치 거주자들은 집 앞에 거대한 모래 제방을 쌓느라 각자 최대 3만 달러까지 지출한다. 바닷물이 들어오는 것을 막기 위해서다. 리사 새퍼는 이렇게 말했다. "예전에는 우리

집 앞에 도로가 있었고 그 다음에는 오두막집들이 줄지어 있었어요." 하지만 열대성폭풍 해나가 지나간 다음에 리사의 집은 바다에서 5미터밖에 떨어져 있지 않게 되었다.[88]

- 캐나다 유콘 강에서는 물이 따뜻해지면서 치누크 연어가 기생충인 이크티오포노스에 더 취약해졌다. 천연자원보호협회의 한 연구에 따르면 "어민들이 쓸 만한 연어 100마리를 건지기 위해서는 150마리를 잡아야 한다".[89]

- 겨울에 얼음에 덮이는 지역이 줄어들면서 수분이 연중 증발하게 되어 이리 호의 수면이 향후 70년 안에 1∼2미터 낮아질 가능성이 있다. 그러면 배들이 다니기 어려워진다(수면이 1인치 낮아지면 화물선은 화물 270톤을 덜 실어야 한다). 그리고 호안선이 샌더스키 만 안쪽으로 몇 킬로미터나 이동하게 된다.[90] 또 오하이오 주의 상징인 칠엽수 나무가 오하이오 주를 북쪽으로 완전히 벗어나 대학 미식축구 숙적인 미시건 주로 가버릴 수도 있다.[91]

- 하버드의 한 연구에 따르면, 기온이 올라가면서 돼지풀의 키가 10퍼센트 커지고 꽃가루를 60퍼센트나 더 많이 만들어냈다.[92]

기후변화의 결과를 알아보는 또 다른 방법으로는 피해자들의 이야기를 듣는 것이 있다. 그러면 통계나 측정 수치만으로는 알 수 없는 측면들도 드러낼 수 있다. 흔히 우리는 가난한 사람들에게는 관심을 많이 기울이지 않기 때문에 이들이 살아가는 게 얼마나 어려워졌는지에 대한 글을 읽으면 너무나 놀라게 된다. 이를테면 존 비달이 2008년 가을에 런던의 〈가디언〉지에 실은 기사 내용들을 보자.

- "후안 안토니오의 눈에는 눈물이 가득했다. 비가 오지 않으면 짐을 싸서 아내와 두 아이들에게 작별의 키스를 한 후, 뜨겁고 건조한 브라질 동북부 시골을 떠나 바이오연료 밭이 있는 남쪽으로 몰려가는 사람들의 엑소더스 물결에 동참해야 한다." 이 지역의 가뭄은 과거보다 더 길어지고 더 흔해졌다. 브라질 농학자 린동 카를루스는 "기후변화가 악영향을 미치고 있다"며 "전보다 훨씬 덥고, 게다가 더운 기간이 더 오래 지속되고 있다"고 말했다.

- 방글라데시의 디아라 마을에 사는 셀리나는 이렇게 말했다. "지금은 훨씬 더워요. 우기에도 춥지가 않아요. 전에는 담요가 필요했는데 이제는 그렇지 않아요. 날씨가 아주 불확실해요. 그래서 농사짓는 게 어려워졌고 계획을 세울 수도 없어요. 폭풍은 더 많아지고 바닷물이 바로 집 앞까지 들어와요."

- "테크마두르 마지는 네팔 케트바리 마을의 고지대에서 농사를 짓는다. 10년에 한 번 정도의 작은 홍수는 전에도 있었지만, 이제는 훨씬 더 큰 홍수가 더 많이 온다." 마지는 미래를 그리 희망적으로 보지 않는다. "예전에는 매달 비가 조금씩 왔어요. 하지만 이제는 비가 오면 마구 퍼부어요. 더 집중적으로 강렬하게 오지요. 그래서 작물 산출이 줄어들고 있어요."[93]

비달의 보도만이 아니다. 〈마이애미헤럴드〉의 엘리자 바클레이는, 페루 쪽 안데스산맥 3,300미터 고도에 있는 코르디예라 블랑카에서 조상들이 대대로 해왔던 방식으로 농사를 짓던 그레고리오 우아누코라는 남자를 만났다. 그런데 1990년에 우아누코는 뭔가가 달라졌음을 느끼기 시작했다. "심한 우박 폭풍, 비 없는 두 달, 더운 겨울 등이 닥쳤다. 그리고 이상한 기후가 점점 흔해지더니 또 다른 이상한 점들도 생겨나기 시작했다. 쥐가 곡물을 먹어 없앴고 감자 위로 곰팡이가 덮였다." 우아누코가 살아온 삶의 방식이 미끄러져 사라지고 있었다. "전에는 연중 작물을 심을 수 있었어요. 원하면 어느 달에도 심을 수 있었죠. 지금은 1년 중 한두 번의 짧은 기간에만 비가 오기 때문에 전처럼 많이 심을 수가 없고 병충해도 계속 생기고 있어요."[94]

AFP통신 기자 벤 사이먼의 기사도 있다. 그는 우간다에서 가장 높은 축에 드는 스피크 산기슭에서 취재를 했다. 산 정상의 빙하는 거의 사라졌고, 이곳 농민들은 콩을 기를 수 있을 만큼 시원한 기후를 찾아 매년 산 위로 점점 더 올라가면서 겨우겨우 살아가고 있다. 넬슨 비칼누물리는 이렇게 말했다. "사람들은 위로, 위로, 위로 계속 올라갑니다. 이러다 언젠가는 우리가 서로서로를 밟고 그 위로 올라가지 않을까 걱정될 정도예요."[95]

2008년에 전례 없이 강한 허리케인이 네 번이나 연달아 닥친 아이티를 취재한 〈뉴욕타임스〉의 마크 레이시는 한 어머니가 여섯 자녀와 함께 고나이브의 건물 지붕 위에서 사는 것을 보았다. 레이시는 이렇게 보도했다. "대성당 정문으로 물이 몰려 들어와서 긴 의자들이 넘어지고, 성당은 진흙투성이에 하수구 냄새가 진동했다. 위층에는 수십 명의 사람들이 난민이 되어 콘크리트 바닥 위에 촘촘히 모여 있었다. 외지에서 방문객이 도착하자 그들은 배를 문지르면서 먹을 것을 달라고 사정했다."[96]

빈곤한 마을에서 이러지도 저러지도 못하게 된 가난한 농민들의 입장을 상상하는 게 어렵다면, 오세아니아크루즈 사의 위풍당당한 여객선 노티카 호의 경우를 생각해보자. 노티카의 1,000제곱피트(90제곱미터) 선실은 "유로탑 매트리스", 42인치 플라스마 스크린, 둥글게 휘어진 티크 원목의 베란다, "손님용의 별도 욕실" 등을 갖추고서 "한 치 한 치의 공간이 모두

고객님의 즐거움을 위해 헌신"한다고 한다(또 이 배의 스파는 "마사지와 함께 이국적인 라임과 생강 소금의 맛을 느낄 수 있고", 더 우려스럽게도 "코코넛과 우유로 문지르는 이국적인 마사지"를 해준다고 한다).

어쨌든 노티카는 2008년 여름에 32일 일정의 '아시아 오디세이' 여행을 시작했다. 하지만 "전 영국 식민지 버마(미얀마)의 수도에서 보내는 마법 같은 3일간"은 폐기해야 했다. 사이클론 나르기스가 버마를, 그리고 버마의 신비로운 이미지를 망가뜨렸기 때문이다. "태풍 피해를 생각할 때, 우리는 예정대로 그곳에서 일정을 보내는 것이 현명한 일이 아니라고 결정했다"고 한 항해사가 설명했다. 하지만 이것을 보상하기 위해 뭄바이에서 더 오래 머물기로 했던 계획도 테러공격 때문에 무산됐다. 그 다음에는 아덴 만을 통해 항해하다가 해적에게 공격을 받았다. 해적은 여덟 발이나 총을 쏘았다. 뉴질랜드 웰링턴에서 온 웬디 아미티지는 "여객선까지 공격할 정도로 해적이 나댈 줄은 몰랐다"고 말했다. 그래서 노티카는 항로를 수정해 몰디브로 갔고, 거기서는 별달리 나쁜 일은 일어나지 않았다.[97]

하지만 노티카가 몰디브의 항구에 머물고 있던 그 달에, 몰디브 대통령은 관광 수입 중 매년 10억 달러씩을 모아서 스리랑카나 호주에 땅을 구매할 계획이라고 발표했다. 저지대 국가인 몰디브에서 생존이 불가능할 만큼 해수면이 높아지기 전에 사람들을 이주시키기 위해서다. 몰디브의 대통령은 CNN과의 인터뷰에서 이렇게 말했다. "우리는 땅에 투자할 것입니다. 최악의 상황이 닥쳤을 때 난민 수용소로 가게 되는 결과를 원하지 않습니다."[98] 몰디브만 그런 것이 아니다. 한두 달 뒤에 태평양 도서국가인 키리바시도 이와 비슷한 계획을 발표했다.[99]

그런데 이렇게 개별 사례들을 끝없이 수집하는 것은 우리가 만들고 있는 새 세계에 대해 본질적인 이야기를 해주지는 못한다는 점에서 문제가 있다. 그게 얼마나 견디기 어렵든 간에 각각의 사례는 꽤 간단하고 직접적이다. 기온이 올라서 칠엽수 나무가 북쪽으로 이동한다, 기온이 올라서 허리케인이 더 자주 오고 당신은 굶주리게 된다, 기온이 올라서 해수면이 높아지고 묘지 위로 물이 범람하며 더 이상 당신은 당신의 섬에 살지 못하게 된다, 기온이 올라서 호화 여객선 만다라 스파의 "유능한 여자 마사지사의 민첩한 손길도 세계의 모든 문제들을 달래서 사라지게 해주지"[100] 못할 것 같다 등등, 모두 다 명료하고 이해하기 쉬운 문제들이다.

하지만 우리의 새 지구는 훨씬 복잡하다. 예전에 하던 일을 예전의 방식대로 하기가 더 힘들어졌다는 데서 그치지 않는다. 위와 같은 초기의 명백한 결과들이 연쇄작용을 일으켜 두 배, 세 배의 곤경으로 우리를 몰아가면서, 결국에는 **어떤 일도** 하기 힘들어지리라는 데에 더 큰 문제가 있다. 우리는 어디로 가야 할지 모른다. 지구가 예전과 같은 방식으로 작동하고 있지 않기 때문이다. 어떤 경우에는 너무나 명백한 아이러니가 발생한다. 살펴보았듯이, 북극은 이미 빠르게 녹고 있다. 해수면이 상승하면서 북극의 태양광선 반사율도 달라졌다. 거대한 얼음 거울이 태양광선을 흡수하는 푸른 대양으로 바뀌었기 때문이다. 그리고 영구동토대가 녹아 메탄이 방출되고 토탄 지대가 마르면서 탄소가 방출된다.

여기에 더해 또 다른 일이 벌어진다. 갑자기 이런 지역들에서 석유와 천연가스를 뽑아낼 수 있게 되는 것이다. 북극은 지구상에 아직 발견되지 않은 석유 매장량의 20퍼센트를 보유하고 있는 것으로 추정된다. 피크오일을 오래 연기할 만큼은 아니어도 대기 중에 탄소를 한 번 더 대량으로 뿜어내기에는 충분한 양이다.

'허파'가 아니라 '굴뚝'이 된 정글

이제 약간 더 복잡한 문제를 생각해보자. 우리는 값싼 농경지를 만들기 위해 아마존의 열대우림을 오랫동안 태워왔다(숲을 태우면 탄소가 방출된다). 그것만으로도 충분히 걱정스러웠기 때문에(1990년대에 벌어진 "우림을 살리자" 콘서트를 기억하는가?) 브라질은 자연보존법을 만들었고 이에 삼림 손실률이 줄어들기 시작했다. 하지만 중동 땅 밑에 빈 구멍이 커져가면서 석유가 비싸졌고, 그에 따라 바이오연료 시장이 떠올랐다. 갑자기 대두 재배자들이 우림의 더 깊숙한 곳까지 밀고 들어가기 시작했다. 유가가 오르면서 2008년에 브라질 아마존 지역 삼림황폐화가 64퍼센트나 증가했다.[101]

한편 2008년 11월에 영국 기상청은 기후변화가 아마존의 상당 지역에 건조한 환경을 만들고 있으며, 따라서 아마존 열대우림이 이전 어느 때보다도 자연 발화에 취약해졌다는 새 연구 결과를 발표했다(같은 주에 IEA는 석유 공급이 줄어들고 있다고 발표했다). 빠르게는 2020년이면 아마존 남동부의 상당 지역이 화재 고위험 지역이 될 가능성이 있는 것으로 나타났다.[102] 불이 나면 탄소가 방출될 뿐 아니라, 숲이 파괴되어서 탄소를 격리해둘 수 있는 천연 탄소저장고가 사라진다. 그러면 더 뜨겁고 건조하고 황폐화된 땅만 남게 된다. 아프리카에서 수행된 한 연구에 따르면, 숲을 밀어버린 땅은 낮 시간대 토양 온도가 인근 숲보다 화씨로 8도(섭씨로 약 4.5도)가 더 높았으며, 습도는 숲이 87퍼센트인 것과 달리 49퍼센트밖에 되지 않았다.

이런 일이 열대지방 전역에서 일어나고 있다. 연구자 피터 번야드는 이렇게 보고했다. "아마존 일부 지역에서는 이미 강 유역이 말라가고 가뭄에 잘 견디는 초원형 관목과 풀들이 생겨나면서 사바나 지대가 형성되고 있다. 사막화로 이어질 수 있는 초원화 과정의 시작일지 모른다."[103] 정상적인 경우라면, 그러니까 옛 지구에서라면 아마존은 일반적인 비가 할 수 있는 정도보다 물을 대양에서 훨씬 내륙지역으로까지 옮길 수 있다. 정글이 비에 젖으면 습기가 잎을 통해 증발되고 새로운 구름을 형성해서 훨씬 서쪽에 비를 내리게 된다. 이렇게 연쇄적으로 물을 옮기는 과정을 통해, 대양의 풍부한 수량이 안데스산맥까지 옮겨간다. 이 과정에 들어가는 에너지는 하루 400만 개 이상의 원자폭탄 에너지에 해당할 정도로 어마어마하다. 번야드의 말을 빌리면, 본질적으로 숲은 "다른 것으로 대체할 수 없는 거대한 물 펌프다".

그리고 이는 다시 지구의 대기순환 시스템에 에너지를 공급한다. "아마존 유역에서 에너지를 가져다가 더 높은 위도로, 더 온대지방으로 옮겨주는 것이다. 아마존 유역에서 수천 킬로미터 떨어져 있는 아르헨티나는 강우량의 족히 절반을 열대우림에서 받는다. 이 사실은 아르헨티나의 땅 주인들이 거의 혹은 전혀 모르고 있는 사실이다. 미국 역시 (특히 중서부 지역) 이 풍부한 수량의 혜택을 받고 있지만 이 사실도 사람들은 잘 모른다." 연구 결과들에 따르면, 아마존 유역의 강우량은 넉 달 뒤에 미국 옥수수지대에 내리는 봄비와 여름비로 이어진다.[104]

이는 아주 복잡한 과정이다. 일단 여기에서는, 아마존은 우리 행성이 가진 가장 큰 물리적 특성 중 하나이며, 식량과 바이오연료를 생산하기 위해 우리가 저지른 벌목과 우리가 일으켜온 기후변화 둘 다에 대해 생각보다 훨씬 취약하다고 말하는 것으로 충분할 것이다. 번야드는 여러 다양한 요인들이 일으키는 결과를 종합하면 "아마존 일대에 훨씬 적은 비가 내리고 우림 지역 식물들이 빠르게 말라 죽을 것"이라고 설명했다. 그리고 그런 일이 일어나면 예전에 숲이었던 곳에서 분해 과정이 가속화돼 70기가 톤 이상의 탄소가 이산화탄소의 형태로 대기 중에 방출될지 모른다.[105] 거대한 정글은 탄소를 흡수하고 산소를 내어주는 "지구의 허파"가 아니라 거대한 굴뚝이 되어가고 있다.

하지만 아마존은 아주 멀고 우리가 잘 모르는 곳이다. 아마 당신이 미국인이라면 북미 서부에 있는 산 속의 숲을 가봤을 확률이 더 높을 것이다. 로키산맥이나 시에라네바다산맥 같은 곳 말이다. 아마도 글레이셔국립공원의 '태양으로 향하는 길'이나, (시에라네바다의) '도너 패스'를 자동차로 달려서 가보았을 것이다. 분명히 당신은 앤설 애덤스의 사진들을 보았을 것이다. 그 사진들은 황야에 대해 우리가 갖고 있는 이미지다. 또한 이 산맥들은 북극이나 아마존과 마찬가지로 우리가 의존하고 있는 핵심적인 자연이기도 하다. 〈새크라멘토 비〉는 이렇게 설명했다. 시에라네바다는 "하늘에 있는 거대한 수도꼭지와 같다. 캘리포니아에 60퍼센트 이상의 물을 공급하는, 그것도 물이 가장 필요한 덥고 건조한 여름에 물을 공급하는, 640킬로미터 길이에 100킬로미터 폭의 거대한 냉장 저수지이다."[106] 하지만 여름에 수원이 되어주는 그 눈과 얼음은 이미 10퍼센트 이상 줄어들었다. 그리고 금세기 중반이면 40퍼센트, 금세기 말이면 90퍼센트까지 줄어들지 모른다.

하지만 추측은 하지 말자. 이미 벌어진 일에만 집중하자. 한 연구에 따르면 "겨울과 초봄의 폭풍 기간 동안 기온이 오르면서 눈의 형태로 내리는 강수량이 줄어들고 비의 형태로 내리는 강수량이 증가했다." 시에라네바다에서는 겨울에 비가 오면 안 좋은 일이 일어난다. 1997년 새해 첫날의 어마어마한 홍수가 그 예다. 3,300미터 높이의 산에 비가 쏟아지면서 산사태가 일어났고, 북부 캘리포니아 지역의 46개 카운티 모두가 재해 지역으로 선포됐다. 캘리포니아 주에서 가장 많은 겨울 강우량을 기록한 네 번의 해가 모두 1996년 이후에 있었다. 기상예보관들이 대규모 홍수가 앞으로 더 자주 올 것이라는 예상을 내놓으면서, 2008년에 주 정부 비상계획 입안자들은 대규모 홍수에 대처하기 위한 훈련을 시작했다.[107]

산 위의 눈이 일찍 녹을 때 벌어지는 일이 또 있다. 이제는 태양이 숲을 말릴 시간이 생긴 것이다. 그래서 화재 빈발 기간이 길어지고 나무가 말라 간다.[108] 캘리포니아 주의 평균적인 화재 빈발 기간은 1970년대와 1980년 대에 비해 78일이나 길어졌다. 전에는 6월에 시작되어서 9월에 끝났는데, 이제 삼림관리국은 4월 중순부터 소방관을 배치시키며, 그들은 11월이나 12월까지도 이곳에서 근무한다. 이제 삼림관리국 예산의 절반이 불 끄는 데 들어간다. 한 의원의 말을 빌리면 "이곳은 더 이상 삼림관리국이 아니 라 화재관리국"[109]이다.

허리케인의 경우와 마찬가지로, 화재가 단지 많아지기만 하는 것이 아 니라 더 큰 규모로 벌어지기도 한다. 평균적으로 현재 대규모 화재는 한 세대 전보다 네 배나 오래 탄다. 그리고 최근 서부에서 발생한 악성 화재 중 4분의 3은 눈이 예정보다 훨씬 빨리 녹았을 때 발생했다. 삼림관리국 의 한 당국자는 이곳이 산불에 대해 "거의 퍼펙트 스톰"인 지역이 되어가 고 있다고 말했다.

물론 여기에는 또 다른 연쇄작용이 이어진다. 2007년 9월에 타호 호 인 근에서 발생한 문라이트 화재는 2주 동안이나 타면서 대기 중에 500만 톤 으로 추정되는 이산화탄소를 내놓았다. 1년에 97만 대의 자동차가 내놓는 것, 혹은 석탄 화력발전소 하나가 내놓는 것과 맞먹는 정도이다. 이때 화 재 진압을 맡았던 담당자는 〈새크라멘토 비〉의 톰 크누드슨에게 "화재의 밀도와 강도가 극적일 정도였다"고 말했다. 불이 꺼진 뒤에 보니 토양에 마저 불이 붙어서 침엽수림이 복원되기 어려운 상태였다.

연구자들은 이제 더 많은 대형화재가 발생해서 숲이 더 빈약해지고 볼

품없어질 것이라고 예상한다. 실제로, 전에는 대체로 소나무가 자라던 시에라네바다에 흰가시만자니타와 같은 덤불류가 빠르게 번식하고 있다. 이런 추세가 이어지면, 현재 미국 전체 탄소 격리의 20~40퍼센트를 담당하고 있는 서부의 삼림이 곧 탄소 격리지역이 아니라 이산화탄소 배출지역이 될지 모른다.[110]

이만큼이나 암울한 결과가 또 있다. 지구상의 생명체 중 대형나무 종들이 사라지고 있는 것이다. 2009년에 요세미티 삼림에 대한 한 연구는 "직경이 큰 나무들"의 밀도가 최근 몇십 년 동안 4분의 1이나 줄었다고 밝혔다. "이 크고 오래된 나무들은 수세기를 살아오면서 건조하거나 습한 기간들을 숱하게 거쳐 왔다. 따라서 최근의 환경 여건들이 이렇게 장기간의 생존자들에게마저 영향을 미칠 정도로 악화되었다는 것은 놀라운 사실이다." 또한 기후가 온난화되면서 큰 나무의 감소가 "가속화"될 수 있다고 이 연구는 덧붙였다.[111]

몇백 킬로미터 동쪽의 로키산맥으로 가보자. 이곳의 나무들은 믿을 수 없는 속도로 죽어나가고 있다. 부분적으로는 만성적인 현상이다. 더위와 물 부족으로 이 지역 나무들의 기본 사망률이 두 배가 된 것이다.[112] 하지만 급성적인 현상도 있다. 2008년 와이오밍 주와 콜로라도 주에 죽은 나무 지대가 300만 에이커에 달했다.[113] 그리고 5년 안에 콜로라도 주에서 추가적으로 500만 에이커의 나무가 사라질 것으로 보인다. 직경 5인치(13센티미터) 이상인 로지폴 소나무가 사실상 모두 죽게 되는 것이다. 훨씬 북쪽인 캐나다의 브리티시컬럼비아에서도 이미 3,300만 에이커의 로지폴 소나무가 죽어서 초록에서 붉은색으로 변했다. 범인은 소나무좀이다. 라틴어 이름은 덴드록토누스인데 '나무 킬러'라는 뜻을 갖고 있다. 소나무좀이 나무등치로 파고 들어가면 나무는 하얗고 끈끈한 송진을 내어서 벌레를 구멍 안에 가둔다. 하지만 벌레는 페로몬을 뿜어서 다른 벌레들을 끌어온다. 점차로 나무는 그것을 감당할 수 없게 된다.[114] "파괴의 범위와 규모가 전례 없는 수준입니다." 서부지역 삼림위원회의 제이 젠슨이 말했다. "이미 몇몇 지역에서는 우리가 알고 있던 삼림의 종말이 벌어지고 있어요."[115]

이런 일이 왜 일어나는가? 우리가 기온을 높여서 소나무좀이 겨울을 나기가 쉬워졌기 때문이다. 1994년 이래로 겨울이 포근해지면서, 와이오밍 주에서 소나무좀 유충의 겨울 사망률이 80퍼센트에서 10퍼센트 이하로 떨어졌다.[116] 영하 30도나 40도까지 내려가는 기온이 지속되어야 소나무좀이 죽는데, 이런 일이 더 이상 많이 벌어지지 않는 것이다. 글레이셔국립공원을 예로 들면, 1850년에 존재했던 150개 빙하 중 여전히 존재하는 것은 25개뿐이고 남은 것들도 빠르게 줄어들고 있다.[117] 그러는 동안 나무들은 더 뜨겁고 더 건조한 여름 때문에 약해져서, 파고드는 소나무좀에 잘 맞서 싸우지 못하게 되었다. 그 결과는? 생각할 수 있는 빤한 결과들 모두이다. 이를테면 죽은 나무들이 도로에 넘어지고 전봇대 전선을 망가뜨린다. 콜로라도 주와 와이오밍 주는 나무가 넘어져서 텐트를 덮치는 사태를 막기 위해 38곳의 캠핑 장소를 폐쇄했다.

그리고 절망감도 그 결과 중 하나다. 유타 주의 한 삼림관리인은 이렇게 말했다. "눈으로 직접 보셔야 합니다. 보시면 매우 놀랄 거예요. 이것은 보기 전까지는 믿어지지 않는 종류의 일입니다. 눈으로 볼 수 있는 시야 내내 죽은 나무들만 보입니다."[118]

아, 그리고 당신이 아마 생각해보지 못했을 결과도 있다. 더 많은 탄소가 대기 중으로 방출되는 것이다. 2008년 가을에 〈네이처〉에 실린 한 연구에 따르면 "소나무좀이 만연해 나무 사망률이 높아지면 삼림의 탄소 저장기능이 약화되고, 향후에 죽은 나무들이 부패하면 탄소 방출량이 늘어나게 된다." 이런 현상이 "기존의 어느 경우보다도 심각하고 넓은 면적에서 발생했기 때문에" 그 결과로 "숲은 작은 순탄소저장소에서 거대한 순탄소방출원으로 바뀌었다."[119]

2009년 초, 캐나다 정부는 탄소를 격리하는 캐나다의 삼림 덕분에 타르 샌드를 태워서 방출하는 이산화탄소의 양이 자국의 방출 총계에서 상쇄된다던 오랜 주장을 조용히 내려놓았다. 한편, 이제 나무들이 죽었기 때문에, 목재회사들은 그 나무들을 가져가고 싶어 한다. 하지만 환경주의자들은, 그러면 나무 아래에 있는 토탄 지대에서 탄소가 더 방출되어 "탄소 폭탄"을 점화하는 격이 되리라고 지적한다. 몇몇 추정치에 따르면 캐나다의 삼림만 하더라도 1,860억 톤의 탄소를 저장하고 있다. 이는 석탄, 석유, 천연가스를 태워 방출시키는 전 세계 방출량 27년어치에 해당한다.[120]

이런 추세가 한번 진행되기 시작하면 사람의 힘으로는 이를 멈출 수 없다. 북극을 다시 얼리거나 열대우림을 다시 자라게 하는 방법을 우리는 알지 못한다. 지금 벌어지고 있는 일은 다음과 같다. 지난 6년 동안 온난한 기온과 가뭄의 결과, 토양을 제자리에 유지시켜주던 토종식물군생이 죽었다. 그리고 폭풍은 미국 서부에 두 배나 많은 흙먼지를 가져다놓았다.[121]

2009년 4월에 콜로라도 주 실버튼에 큰 폭풍이 분 뒤, 한 목격자는 그곳 풍경이 "화성처럼 보였다"고 말했다. "먼지를 느낄 수 있었고 입에서도 먼지 맛이 났다." 하지만 늘 그렇듯이 이런 피해는 추가적인 반향을 불러일으키기 마련인데, 이 폭풍으로 어마어마한 양의 먼지가 로키산맥의 눈 위에 쌓여서 흰 표면이 어두워졌고, 그 때문에 눈이 녹는 과정이 상당히 빨라졌다. 유타대학의 한 교수는 "태양을 50퍼센트 더 켠 것과 마찬가지"라고 설명했다.[122] 그린와이어의 스콧 스트리터에 따르면, 산맥을 덮은 눈은 이제 "정상보다 몇 주나 빨리 녹는다." 이는 "서서히 녹으면서 건조한 여름철에 물을 공급해주던 눈에 의존해 살아가는 이 지역 농민과 목축인 수천 명에게 재앙을 가져온다."[123] 한 연구자는 "작물이 물을 필요로 할 때쯤에는 이미 많은 물이 사라지고 없다"고 설명했다.[124]

자, 복습을 해보자.

우리가 살고 있는 지구는 몇 가지의 거대한 물리적 특성들을 가지고 있다. 그런데 사실상 그것들 모두가 빠르게 변하고 있는 것으로 보인다. 북극 빙하가 녹고 있고 그린란드 위의 거대 얼음이 얇아지고 있다. 둘 다 예기치 못하고 당황스런 속도로 벌어지고 있다. 지구 표면의 4분의 3을 덮고 있는 대양은 뚜렷하게 산성화되고 있으며, 해수면도 상승하고 있다. 수온도 높아지고 있다. 그래서 허리케인과 사이클론이 더 강력해졌다. 안데스산맥과 히말라야산맥의 광대한 내륙 빙하, 그리고 미국 서부 산맥의 눈이 빠르게 녹고 있어서 몇십 년 안으로 하류 쪽 수십억 명이 물을 충분히 공급 받지 못할 것이다. 아마존의 거대한 우림지역은 가장자리가 이미 마르고 있고 중앙 부분도 위협 받고 있다. 북미의 거대한 아한대 삼림에서는 나무들이 몇 년 안으로 다 죽을 것이다.

더군다나 지구 지각층 아래의 거대한 석유 저장고는 이제 차 있기보다는 비어 있다. 이런 일들 모두가 인류 문명이 존재해온 1만 년의 기간 동안 완전히 전례 없는 일이었다. 수천 년이나 문명이 존재해온 지역 중에서도 어떤 곳들(인도양의 몰디브, 태평양의 키리바시 등 많은 도서국가)은 적극적으로 항복을 준비하면서, 자신들이 살아온 땅에서 대피할 채비를 차리고 있다. 성경에도 등장하는 레바논의 향나무는 기후변화 때문에 "심각한 위협에 처한 종"이 되었다.[125] 우리는 새로운 지구를 여행했다. 우리가 내놓은 이산화탄소가 만들어낸 새 지구는 옛 지구와 대체로 닮았지만 분명히 다르다. 내가 같은 말을 계속 되풀이하고 있다는 것을 나도 안다. 하지만 일부러 그러는 것이다. 이제껏 벌어진 어떤 일보다도 큰일이기 때문이다.

일을 바로잡으려는 노력은 흔히 일을 더 악화시킨다. 어떤 경우는 거의 우스꽝스러울 지경이다. 예를 들어, 베르사체는 두바이에 새 호텔을 지었는데 해변의 모래가 너무 뜨거워져서 휴양객들이 발을 데는 일이 벌어졌다. 해결책은? '냉장 해변'이었다. 호텔 설립자는 이렇게 설명했다. "우리는 모래사장에서 열기를 흡수해서 누워서 쉬기에 충분한 정도로 모래를 식힐 것이다. 이것은 최상류층 사람들이 원하는 종류의 서비스다."[126]

어떤 경우에는 상황의 악화가 어이없다기보다는 불가피하다. 일례로, 사막화가 점점 더 진행되면서 호주는 "현재의 바닷물 담수화 정책이 계속될 경우 2030년까지 식수를 공급하기 위해 에너지를 400퍼센트 더 많이 써야 하는 상황"에 봉착할지 모른다.[127]

그리고 어떤 경우에는, 특히 가난한 지역들에서는, 상황의 악화가 비극적이다. 다카의 한 신문에 따르면 "방글라데시에서는 해수면이 상승해서 내륙으로 바닷물이 들어오면서 식수가 소금기를 너무 많이 함유하게" 되었다. 그래서 여성들은 깨끗한 물 한 양동이를 구하기 위해 훨씬 더 멀리까지 걸어가야 한다. 때로는 하루에 몇 킬로미터나 되는 거리를 여러 번 왔다 갔다 한다. 몇몇 보고에 따르면 "여성들과 청소년기의 여자아이들은 더 이상 요리, 목욕, 빨래, 노인과 병약자 돌보기 등의 집안일을 할 시간이 없다. 이는 그들의 결혼 전망과 가정생활에도 영향을 미치는 일이다. 깨끗한 물을 구하느라 고전하는 가족들은 딸들이 결혼해서 다른 곳으로 가기를 원하지 않기 때문이다". 게다가 사춘기 여자아이들은 소금기 있는 물을 마셔야 해서 "점점 더 피부가 거칠어지고 매력이 없어진다". 그래서

"외지에서 오는 남자들이 그녀들에게 결혼하고 싶은 마음을 느끼지 못한다".[128]

　이것이 새로운 지구 위에서의 삶이다. 이곳이 우리가 현재 살고 있는 곳이다.

BILL McKIBBEN

하강하는 지구

eaarth

새로운 행성에서는 새로운 습관이 필요하다. 화성에 도착한 우주선에서 걸어 나가 숨을 쉬려고 한다면 퍽 유감일 것이다. 토성에서는 한 번 펄쩍 뛰면 공중으로 35미터나 튀어 오를 것이다. 새로운 지구에서는 옛 지구에서 살던 방식으로 살 수가 없다. 우리는 예전처럼 살 수 있는 가능성을 닫아버렸다.

우리가 자란 세상에서 인이 박인 정치 · 경제적 습관은 '성장'이었다. 우리는 이 습관을 완화시켜야 하는데, 쉽지 않은 일일 것이다. 애덤 스미스 이래 200년간, 정당의 차이를 막론하고 모두가 '많을수록 좋다'고 가정했고, 어떤 문제에 대해서도 해결책은 다시 한 번 성장을 촉진하는 것이라고 생각했다. 적어도 꽤 오랫동안 이런 방식이 잘 작동했기 때문이었다. 서구 사람들이 안락함을 누리고 비교적 안전하게 살아가는 것은 지난 열 세대 간 꾸준히 성장을 해온 결과다. 오바마 대통령의 경제자문 래리 서머스는 클린턴 정부의 재무장관이던 시절에 이렇게 말했다. "우리는 미국 경제의 성장에 '제한 속도'를 인정할 수도 없고 인정하지도 않을 것이다. 경제가 가능한 빠르게, 지속가능하게, 그리고 포괄적으로 성장하도록 만드는 것이 경제 정책의 임무다."[1]

나는 전작 《심오한 경제(*Deep Economy*)》에서 부유한 나라에서는 성장이 미심쩍은 처방이라고 주장했다. 성장이, 한때는 약속해주었던 심리적 만족감을 이제 더 이상 약속해주지 않기 때문이다. 그리고 성장과 관련한 숫자들은 사실 늘 무시무시했다. 가령 중국인들이 미국인들과 같은 비중으로 자동차를 소유한다면 현재 8억 대가량 되는 지구상의 자동차는 20억 대 가까이 돼야 한다. 중국인들이 미국인들만큼 고기를 먹는다면, 그들은 전 세계 곡물 수확량의 3분의 2를 필요로 하게 된다.

하지만 고갈된 지구와 뜨거운 지구 사이에 끼어 있는 지금, 우리는 미래에 대해 아주 분명하게 생각해봐야 한다. 새 지구에서 반드시 깨버려야 할 습관을 하나 꼽으라면, 아마도 성장일 것이다.

이런 주장을 펴기에 퍽 안 좋은 시기라는 것을 나도 알고 있다. 오로지 팽창에만 적합하도록 구성된 경제 체제에서, '불황'이라고 부르는 현재의 성장 정체는 많은 이들의 삶을 수렁에 빠뜨렸다. 미국은 개인도 나라도 막대한 부채에 시달리고 있는데, 그 경제적 부담에서 빠져나오기 위한 방법으로 성장을 다시 한 번 일으키는 데에 많은 돈을 걸었다. 이것이 바로 '경기 부양책'이라고 불리는 것인데, 애초에 문제를 일으켰던 부채와 부양책에 추가로 들어간 돈 모두를 다시 한 판 경제를 돌려서 대겠다는 도박이다.

2009년 초에 버락 오바마 대통령이 첫 예산안을 제출했을 때 비판자들은 그 예산안이 국가 부채를 끌어올릴 것이라고 즉각 공격했다. 의회 예산국에서 추정한 수치에 따르면 "오바마의 계획대로라면 미국은 10년 동안 매년 1조 달러 가까운 적자를 보게 될 것"이었다.[2] 상원 예산위원회의 한 의원은 이렇게 말했다. "빚 위에 빚을 쌓을 수는 없다."[3] 이에 대해 오바마 대통령은 미국이 이미 이라크 전쟁 같은 오류에 지불하느라 막대한 적자

지출을 하고 있다며, 새 예산안의 지출은 에너지, 교육, 의료에 대한 것이므로 그와 다를 것이라고 반박했다. "성장으로의 길"에 미국을 다시 올려놓을 지출이라서 점차로 적자가 줄어들 것이라는 설명이었다. 오바마는 이렇게 말했다. "이것이 성장 목표를 달성하는 데에 필요한 투자라는 점을 분명히 합시다. 성장률을 진작시키지 못한다면 예산의 균형을 맞추거나 아니면 균형에 근접하게라도 갈 수 있을 만큼 적자를 줄이는 과업을 수행하지 못할 것입니다."[4] 백악관은 미국 경제 규모가 2012년까지 4.6퍼센트 성장할 것이라고 내다본다.[5]

물론 그보다 훨씬 심각한 문제는 우리가 직면한 생태적 부채다. 대기 중에 축적되면서 지구를 바꿔놓고 있는 탄소 말이다. 그런데 여기에서 벗어나는 가장 명백한 방법도 성장인 것 같아 보인다. 현재의 화석연료 기반 시스템을, 탄소를 내놓지 않으면서도 지금 같은 생활수준을 유지해줄(혹은 생활수준을 더 높여줄!) 다른 시스템으로 바꾸는 경제활동을 대대적으로 진작시키는 것이다. 경제가 주춤거리는데도, 아니 경제가 주춤거리기 때문에, 우리는 모든 문제에서 벗어나게 해줄 길로 '녹색 성장'이라는 개념에 오히려 더 집착하게 되었다.

전 부통령 앨 고어와 유엔 사무총장 반기문은 〈파이낸셜타임스〉에 공동으로 기고한 글에서 "'녹색으로 성장하자'를 우리의 구호로 삼아야 한다"고 주장했다. 그들은 "녹색 성장에 녹색 불을 켜주는 쪽에" 막대한 투자를 할 수 있도록 국제 협약을 체결해야 한다고 촉구했다.[6] 고어가 파트너로 참여하고 있는 벤처캐피탈 '클라이너 퍼킨스(KPCB)'는 정보기술 분야에서 청정기술 분야 쪽으로 관심을 돌려서 "녹색 성장 펀드"에 5억 달러를 투자했다. 아시아 각국 지도자들도 녹색 성장 계획을 승인했다. 한 유엔 당국자는 "중국 내에서는 다른 이름으로 불리겠지만, 중국 정부가 '녹색 성장' 모델을 도입했다고 우리는 확신한다"고 열변을 토했다(서울은 녹색 성장 계획에 최고의 이름을 붙였다. "서울을 구하자(SOS, Save Our Seoul))."[7]

토머스 프리드먼의 거창한 제안

녹색 성장 복음의 가장 열정적인 전파자는 (뒤늦게 개종한 편이긴 하지만) 〈뉴욕타임스〉 칼럼니스트인 토머스 프리드먼이다. 그는 일종의 정치적 GPS다. 최신 지식을 알고 있다는 느낌을 독자들에게 줄 만큼 충분히 유행에 앞서 있으면서도, 기존의 통념이 편안하게 포용할 수 있는 범위 밖으로는 절대 나가지 않는 곳에 늘 정확히 자신을 위치시킨다. 세계화를 다룬 두 권의 베스트셀러(《렉서스와 올리브 나무(The Lexus and the Olive Tree)》와 《세계는 평평하다(The World is Flat)》)에서는 지구온난화에 대해 언급도 하지 않더니, 최근에 낸 《코드 그린: 뜨겁고 평평하고 붐비는 세계(Hot, Flat, and Crowded)》에서 그는 갑자기 지구온난화가 우리 시대의 가장 큰 위기라고 말했다. 하지만 그는 현대 세계는 "누구도 멈출 수 없는 성장 기계"라며, 경제·사회구조를 실질적으로 재구성하는 것에는 반대한다. 그 대신 프리드먼은 "코드 그린" 플랫폼을 제시하는데, 여기에는 "풍부하고 청정하고 믿을 만하고 값싼 전기의 원천을 발명하는 것"이 포함돼 있으며, 이렇게 하면 "남아 있는 자연 서식지를 파괴하지 않는 방식으로 지구 전체가 성장할 수 있을" 것이라고 주장한다.[8] 프리드먼이 제시하는 조치는 모든 운전자가 하이브리드 자동차를 몬다든가 모든 가정이 가전제품의 에너지 사용을 추적하는 '스마트 블랙박스'를 설치한다든가 하는 것이다. 그는 우리가 이런 일들을 하면 모든 게 괜찮아질 거라고 장담한다.

그런 미국에서는 새가 분명히 다시 하늘을 날 것이다. 이 말이 뜻할 수 있는 모든 의미에서 말이다. 즉 공기는 맑아질 것이고, 환경은 더 건강해질 것이며, 미국의 젊은이들은 자신의 정부가 받아들여 반영할 수 있는 이상들을 갖게 될 것이다. ……미국은 미국의 정체성과 미국의 자부심을 다시 갖게 될 것이다. 오늘날의 가장 중요한 전략적 임무와 가치에서 다시 한 번 미국이 세계의 리더가 될 것이기 때문이다.

마치 민주당 전당대회에서 후보 수락연설을 하는 사람의 말처럼 들린다. 그가 과장된 어조로 하는 말을 읽고 있자니("그래서 나는 '우리가 풍력터빈을 짓자'라고 말합니다. '우리가 리더가 되자'고 말합니다!")[9] 풍선들이 날아오르는 장면이 떠오르려고 한다. 나는 그에게 한 표 던질 수도 있을 판이다.

오바마 대통령도 이런 찬송가를 부르고 있다는 데 대해 사실 나는 다행스럽게 생각한다. 미국의 정치적 환경을 고려할 때 "드릴, 베이비, 드릴(Drill Baby Drill, 2008년 공화당 슬로건. 연안 석유시추를 독려하는 구호-옮긴이)"보다는 한참 진보한 것이니 말이다. 프리드먼이 옳다. "우리에게 필요한 것은 단지 구제금융이 아니다. 우리는 재시동을 걸어야 한다. 확장하고 강화해야 한다. 전국적인 변모를 이뤄야 한다."[10] 실제로 프리드먼의 논지는 최근에 빠르게 통념으로 자리 잡은 어떤 개념을 강화하고 있다. 다보스나 C-SPAN(미국 의회방송)에서 주요 인사들이 요즘 많이들 이야기하는 개념 말이다. 이를테면, 2008년에 구글 경영진인 래리 브릴리언트는 청정에너지를 위한 유용한 조치들을 발표했다. "이 문제들을 해결하면 우리의 아이들과 손주들에게 더 공정하고 안전하고 좋은 세상을 물려줄 수 있을 것이라고 생각하기 때문에, 그리고 전 세계 사람들의 아이들과 손주들에게도 그런 세상을 줄 수 있을 거라고 생각하기 때문에, 우리는 이 조치들을 선택했다."[11]

하지만 늘 그렇듯이 '손주들'에서 뭔가 잘못됐다는 낌새를 챌 수 있다. 똑똑하고 훌륭한 사람들이 드디어 문제의 규모는 이해하기 시작했지만 문제의 시점은 아직 이해하지 못한 것이다. 이미 지금도 우리에게 문제가 닥치고 있음을 여러 과학 연구들이 속속 보여주고 있는데도, 이들은 그 사실을 모른다. 그래서 프리드먼은 기술적으로 진보된 미국을 건설하고 밝은 녹색 도시를 짓는 것이 미국이 해야 할 일이며, 그러면 중국도 미국을 보고 따라할 것이라는 주장을 편다. 프리드먼은 그러한 진보의 일습을 갖추자고 말한다. 커다란 풍력터빈들이 미국 중서부를 가로질러 설치돼 있고 애리조나 사막에는 태양열 장비들이 있으며, 이 모두를 수천 킬로미터의 고압선이 연결하고 있는 식으로 말이다.

그의 책에서 가장 긴 독백은 곧 도래할 스마트홈에 대한 찬양이다. 스마트홈에서는 정전이 되면 태양열 패널이 전기회사에 정보를 전달할 것이고, 사무실의 스마트 전구는 동작 센서로 작동할 것이다. "하루 일을 시작하기 위해 태양광 컴퓨터 터미널에 스마트카드를 꽂을 것이다(아마도 유나이티드 항공 마일리지가 쌓이는, 비자카드의 스폰서를 받은 카드일 것이다)." 그리고 집은 "언제 태양이 밝게 빛나고 바람이 부는지"를 알 정도로 똑똑해서 빨래 건조기를 자동으로 돌릴 것이다.[12] 이 전망은 너무나 호소력이 있기 때문에 국제조약이나 협상을 체결하느라 애쓸 필요도 없어 보인다. 프리드먼은 "진정으로 친환경적인 미국은 교토 의정서 50개보다도 더 가치가 있을 것"이라고 주장한다. 강요하는 것보다 모방하게 만드는 것이 언제나 더 효과적이라는 것이다.[13]

20년 전에 시작했다면, 지구온난화에 대해 처음 알았을 때 시작했다면, 피크오일에 대해 처음 낌새를 챘을 때 시작했다면, 이런 계획은 말이 되는 것이었을지도 모른다(음, 아마도 아주 말이 되는 계획은 아닐 것이다. 바람이 불고 태양이 빛난다면 스마트홈이 없더라도 14달러짜리 빨랫줄에 옷을 널어서 말릴 수 있지 않겠는가?). 그랬더라면 미국의 사례를 모범 삼아 중국도 친환경적인 발전 경로를 택했을지도 모른다. 하지만 우리는 20년 전에 시작하지 않았다. 그 이유는 바로 경제성장을 방해하기 때문이었다. 그래서 지금 우리는 문제의 한복판에 있다. 문제의 흐름은 이미 제방을 무너뜨렸다. 영구동토대에서 이미 메탄이 새어나오고 있다. 유정은 이미 마르고 있다. 프리드먼류의 계획은 좀 늦은 감이 있다.

분명히 말해두지만, 나는 친환경 맨해튼 프로젝트, 생태적 뉴딜, 청정기술 아폴로 계획을 지지한다. 또 내게 돈이 있다면 앨 고어에게 주어서 친환경 신생 기업에 투자하도록 할 것이다. 이런 것들은 우리가 직면한 최대의 위기에 대해 진지하게 생각하는 사람들이 취할 만한 명백하고도 합당한 반응이다. 그리고 꽤 효과가 있기도 하다. 2009년 5월 말에 미국 에너지정보청은 2012년이면 풍력이 크게 증가해 미국 전기의 5퍼센트를 공급할 것이라고 예측했다.[14] 우리는 2020년까지 탄소 방출을 40퍼센트 줄여야 하고, 10년 안에 모든 전기를 재생가능한 원료로 생산해야 하며, 이 밖에도 선한 사람들이 제시한 모든 목표를 다 달성해야 한다. 이는 정확히 우리 시스템이 반응해야 할 방향이다. 그리고 상당한 정도까지는 그렇게 실현되기도 할 것이다. 향후 10년 동안 재생가능 에너지가 크게 증가할 테고, 대부분의 분석가들이 예상한 것보다 훨씬 빠르게 전기자동차가 확산될 것이며, 평원 지대에 풍력터빈이 속속들이 세워질 것이다. 고무적인 일이 아닐 수 없다.

하지만 무시무시한 변화를 막을 만큼 충분히 빠르게 이뤄지지는 않을 것이다. 나는 성장 패러다임이 여기에서 수완을 잘 발휘할 수 있으리라고 생각하지 않는다. 오히려 성장 패러다임이 적수를 만났다고 생각한다. 우리는 또 한 번 대약진을 할 수 있는 여지가 더 이상 없으며, 옛 지구를 지킬 수 있을 만큼 그런 대약진을 '빨리' 해내기란 더더욱 불가능하다.

여전히 막강한 석유 에너지

이는 입 밖에 내어 말하기 매우 어두운 이야기이며 매우 비(非)미국적인 이야기이다. 그러니 아주 조심스럽게 논의를 풀어가보도록 하겠다.

우선, 이런 종류의 전환은 어마어마하게 거대한 일이다. 정상적인 시대라 할지라도, 옛 지구에서라 할지라도, 하나의 에너지원에서 다른 에너지원으로 옮겨가는 데는 수십 년이 걸렸다. 에너지문제 전문가인 캐나다 학자 바츨라프 스밀은 역사적으로 과거에 일어났던 에너지원 전환에 기간이 얼마나 들었는지를 연구한 적이 있다. 스밀에 따르면, 석탄은 1700년대 중반에 산업에 사용되기 시작했지만 미국이 나무보다 석탄을 더 많이 태우게 된 것은 1892년이 되어서였다. 그리고 아시아가 이 단계를 지난 것은 20세기 중반이 되어서였다. 석유는 1860년대부터 상업적으로 생산되기 시작했지만 전 세계 에너지 시장에서 10퍼센트를 차지하게 되기까지는 50년이 걸렸다. 그리고 25퍼센트가 되는 데에 다시 30년이 걸렸다. 천연가스도 거의 비슷하다. 대략 50년과 40년이다.

그러니 근래에 사람들이 예측했던 바가 많이 어긋난 것도 놀랄 일은 아니다. 1980년대에 대안 에너지를 주장한 사람들은 미국이 21세기의 첫 10년이 지날 무렵이면 에너지의 30~50퍼센트를 태양, 풍력, 바이오 연료로 충당할 수 있으리라고 예측했다. 하지만 현재 미국 에너지 중 태양, 풍력, 바이오연료에서 나오는 것은 1.7퍼센트밖에 안 된다.[15] 미국에는 연료전지 자동차가 없다. 하이브리드 자동차는 있지만(나온 지 10년쯤 되었다) 2009년에 미국에서 판매된 자동차 중 고작 3퍼센트뿐이었다. 연방정부가 아주 후하게 세금을 감면해주었는데도 그 정도였다.[16] 2020년에 가동 중일 발전소의 75퍼센트가 이미 지어져 있다는 사실도 기억할 필요가 있다.[17] 또한 5대 석유회사(BP, 쉐브론, 코노코필립스, 엑손모빌, 쉘)는 2008년에 1,000억 달러의 이윤을 얻었는데, 재생가능 에너지와 대안 에너지에 투자한 금액은 그 이윤의 4퍼센트 정도였다.[18]

그렇다면 이제 당신은 이 숫자들이 훨씬 빨리 바뀔 수 있도록 정치적인 운동을 강하게 펴나가면 된다고 주장하고 싶을 것이다. 실제로 많은 사람들이 지난 10년간 그렇게 하기 위해 노력을 기울였고, 적어도 어느 정도는 성공했다(정치적 운동은 전환의 속도를 당기는 데에 도움이 되리라 예상해볼 수 있다. 나무에서 석탄으로, 혹은 석탄에서 석유로의 전환은 그런 운동 없이도 일어났으니 말이다). 그리고 최근에 미국은 더러운 석탄과 청정한 태양열 사이에서 '중간다리 연료'가 되어줄 천연가스의 새로운 공급처를 찾아냈다. 따라서 발전소 설비를 개조하면 석탄 대신 천연가스를 연료로 사용할 수 있을 것이다.

하지만 다른 한편으로, 우리는 현재 에너지를 너무 많이 쓰고 있기 때문에 에너지원을 전환하는 과업이 이전 어느 때보다도 힘들다. 석탄을 때는 것이 나무, 목탄, 짚을 태우는 것보다 많아진 1890년대 말 무렵에 이 모든 원료들은 연간 석유 5억 톤에 해당하는 만큼의 에너지를 공급했다. 그런데 오늘날 전 세계의 연간 에너지 사용량은 석유로 환산했을 때 90억 톤에 해당한다. 스밀은, 이중 절반만 재생가능 에너지로 바꾼다고 해도 전 세계 석유 산업을 능가하는 산출을 낼 에너지 산업을 새로 만들어야 하는 셈이라고 설명했다.

하지만 석유 산업을 만드는 데는 한 세기도 더 걸렸다. 물론 2차 대전 때 미국이 자동차 산업을 폐쇄하고 대신 비행기를 만드는 쪽으로 매우 빠르게 전환할 수 있었다는 것은 사실이다. 하지만 2차 대전 때 미국이 사용한 수송선 '리버티 선'들이 내연엔진 선박이 아니라 1770년대로까지 거슬러 올라가는 증기기관선이었다는 것 또한 사실이다.[19] 물론 불과 10년 사이에 미국이 세 명을 달에 보낼 수 있었다는 것은 사실이다. 하지만 이번에 해야 할 일은 인구 전체를 궤도에 올려 보내야 하는 정도의 과업이다. 스밀은 이렇게 설명했다. "역사의 선고는 피할 수 없다. 선결되어야 할 기술적, 인프라적 여건과 수많은 (그리고 종종 전적으로 예측 가능하지 않은) 사회경제적 조정들을 생각하면, 전 세계 거대 경제권에서 에너지원을 전환하는 일은 본질적으로 시간이 아주 많이 걸리는 일이다."[20]

사회경제적 조정이 어려운 한 가지 이유는 자산 관성 때문이다. 자산 관성은 거대 기업들이 왜 청정에너지 기차에 올라타지 않는지를 이해하려면 우리가 꼭 알아야 할 개념이다. 저널리스트 폴 로버츠는 2000년대 초에 이렇게 언급했다. "발전소에서부터 초대형 유조선, 유로, SUV에 이르기까지 현존하는 화석연료 인프라의 가치는" 적어도 10조 달러다. 그리고 자본 비용을 뽑으려면 10년에서 50년은 더 가동해야 한다.[21] 단지 지구를 구하기 위해 예정보다 일찍 가동을 중단시킨다면 누군가가 그 비용을 떠안아야 한다. 이런 종류의 "심각한 자산 관성"을 생각할 때 "성가신 정치적 싸움"이 없는 한 발전소의 소유주나 투자자 중 누구도 그 비용을 자신의 손실로 처리하려 하지 않을 것이다.

로버츠는 그런 정치적 싸움이 벌어졌던 사례를 하나 들었다. 1970년대에 대기오염물질(황, 수은 등)에 대해 기존보다 엄격한 방출 규제를 도입하는 방향으로 청정대기법 개정 논의가 벌어졌을 때, 정치적으로 아주 강력했던 전기회사들은 1985년 이전에 지어지는 석탄 화력발전소들에 대해서는 이 조치를 면제해달라는 요구를 관철시켰고, 이 면제 조치는 오바마 행정부가 들어설 때까지 이어졌다.[22]

혹시 지금의 화석연료회사는 예전보다 덜 강력할 거라고 추측한다면, 다시 생각하기 바란다. 엑손모빌은 2006, 2007, 2008년에 금전 역사상 그 어느 기업보다도 많은 돈을 벌었다. "엑손모빌은 세계에서 가장 거대한 기업입니다. 끝." 골드만삭스의 한 분석가는 기자에게 이렇게 말했다. "어느 시대의 어느 기업에 비해 보더라도 엑손모빌을 위에 놓을 수 있어요." 지난 10년간 엑손은 기후변화가 진행된다는 사실에 대해 사람들이 의구심을 갖도록 정교한 역정보 공작을 폈고, 이는 꽤나 성공했다. 미국인 44퍼센트는 지구온난화가 "지구 기후 현상의 장기적인 추세"에서 나오는 것이지 엑손 주유소의 펌프에서 나오는 게 아니라고 생각한다.[23]

그리고 엑손모빌은 자신의 미래가 어디에 있는지에 대해 명백한 입장을 가지고 있다. 엑손모빌의 계산에 따르면, 태양, 풍력, 바이오연료는 2030년경 세계 에너지 공급에서 고작 2퍼센트만 차지할 것이다. 석유, 천연가스, 석탄은 80퍼센트를 차지할 것이다. 그리고 아마 엑손과 그의 동류들은 이를 자기실현적 예언으로 만드는 데 필요한 정치적 권력을 가지고 있을 것이다. 따라서 엑손모빌은 태양열, 풍력, 지열에 투자하는 것이 그다지 "사업상 합리적인 일"이 아니라고 보고 있다. 엑손모빌 CEO인 렉스 틸러슨은 이렇게 주장했다. "예측 가능한 미래에, 내 생각으로는 금세기 중반까지 세계 경제는 에너지를 계속해서 탄화수소에 주로 의존할 것이다."[24]

대안이 될 수 없는 핵발전소

에너지원의 전환을 과거보다 더 빨리 이룰 수 있는 방법들이 있긴 하다. 이를테면, 전 세계 거의 모든 환경주의자들이 화석연료의 비용을 올리기 위해 노력하고 있는데, 가격이 높아지면 에너지원의 전환이 빨라지리라는 생각에서다. 석유와 석탄 기업들의 반대를 무릅쓰고 통과할 수만 있다면, 탄소 상한제 같은 조치는 석유와 전기를 더 비싸게 해서 우리에게 습관을 바꿔야 한다는 신호를 보내고, 청정에너지 쪽으로 투자의 새로운 물결을 촉발시킬 수 있을 것이다. 하지만 이 역시 에너지 가격이 기존의 인프라와 설비의 가동을 포기하게 만들기에 충분한 정도로 올라야만 효과를 볼 수 있다. 그렇게 되려면, 사람들이 다들 자동차를 세워두고 버스를 타게 만들 만큼 휘발유 가격을 많이 올리려는 정치인에게 우리 모두가 계속 투표해야 한다. 에너지업계보다 강력한 운동을 일궈서, 에너지 회사들이 투자비용 손실을 감수하더라도 기존 발전소를 닫게 만들 만큼 석탄 가격을 올려야 한다.

물론 이 목표를 달성하기는 쉽지 않다. 2009년 초 오바마 대통령이 에너지 정책을 마련하고 있던 당시, 기후변화 사안과 관련해 의회에서 활동하고 있는 로비스트가 2,340명(의원 한 명당 여섯 명 꼴)이라는 이야기가 돌았다. 이들 중 85퍼센트는 에너지 전환의 속도를 늦추려는 로비스트였다. 로비에 가장 많은 돈을 쓴 단체는 미국 청정석탄전력연합으로, 석탄더미가 크리스마스 캐럴을 부르는 것을 포함해 일련의 광고도 만들었다. 이 단체의 목적은 "석탄의 견고한 이용"[25]인데, 경제가 침체된 덕에 대안 에너지로의 전환을 늦추려는 이 단체의 활동은 더욱 쉬워졌다.

2009년에 미국에 새로 설치되는 풍력 시설은 전년 대비 줄어들 것으로 예상되었고, T. 분 피켄스는 텍사스 주에 세계에서 가장 큰 풍력발전 지대를 짓겠다는 계획을 재정상의 이유로 취소했다. 미국 풍력에너지협회 회장은 풍력업계가 "손톱으로 매달려 있는 업계 같다"[26]고 말했다(다행히 그해 말경에는 풍력 장비에 대한 주문이 다소 되살아났다).

나는 지구온난화에 대해 강연을 많이 하는데, 경험에 비춰 보면 처음에 나오는 질문 서너 개 중 한 개는 핵 발전에 대한 것이다. 한 남자가(항상 남자다) 신 나는 기색을 감추지 않은 채 마이크 앞으로 나와서 기후 문제에 대해 원자로를 더 짓는 것이 "해결책"이 되지 않겠느냐고 묻는다. 대체로 그런 사람들의 생각은 내가 환경주의자이니까 핵에 반대할 것이 틀림없고, 그러면 나는 멍청이가 되지 않느냐는 것이다. 내가 멍청이인 것은 사실일지도 모르지만, 적어도 이 경우에 핵발전소는 에너지원을 빠르게 전환하는 것이 매우 어려운 일이라는 내 주장을 뒷받침해준다.

핵발전소가 한 세대 전보다 덜 무섭게 보이는 것은 사실이다. 핵 발전이 더 안전해져서가 아니라 다른 것들의 문제가 더 심각해졌기 때문이다. 말하자면, 핵발전소는 사고가 날 경우에 나쁜 일이지만, 석탄 발전소는 정상적으로 정확히 가동해도 빙하를 녹이고 숲을 태워 없애는 것이다. 하지만 핵발전소 역시 무섭다. 한 가지 이유는, 새로운 핵발전소를 짓는 데 비용이 너무 많이 든다는 점이다. 최근에 나온 일련의 연구들을 보면, 원자로 (현재 사용되는 것과 같은 방식의 원자로일 경우)를 짓는 데에 들어가는 자본 비용이 너무 높아서, 연료비와 운영비를 감안하지 않은 상태에서도 전력비용이 1킬로와트당 17~22센트나 될 것으로 추산된다. 현재 미국인들이 내는 전기요금의 두세 배인 것이다.[27]

그나마 핵발전소가 일정대로 제때 지어졌을 경우의 이야기다. 한 연구에서 밝혔듯이 건설이 지연되면 비용이 크게 상승하는데, 핵발전소 건설은 항상 지연되기 마련이다.[28] 예를 들어 핀란드에서 있었던 일을 생각해 보자. (스칸디나비아 국가답게 앞날을 멀리 내다보는 계획의 일환으로) 핀란드는 2002년에 탄소 방출을 줄이기 위해 새 원자력발전소를 짓기로 했다. 〈뉴욕타임스〉는 이를 **선견지명이 있는** 결정이라고 묘사했고, 우파단체 헤리티지 재단도 **합리적인** 일이라고 칭찬했다. 하지만 더 정확하게 이를 묘사하는 형용사는 "**값비싼**"이었을 것이다. 그 발전소는 2009년에 완공될 예정이었지만 적어도 2012년까지는 가동되지 못할 것으로 보인다. 그리고 원래의 예산에서 50퍼센트나 비용이 늘어나 총 비용은 62억 달러에 육박할 전망이다. 현장을 방문해본 한 기자는 원자로 격납 용기가 "지그재그로 철을 수동 용접해 붙이는 식으로 속이 대어져 있었으며" 표면에 누군가가 '타이타닉'이라고 낙서를 해놓았다고 보도했다. 용해될 경우 마지막 방어벽이 될 격납 용기를 이런 식으로 짓는다는 것은 안전상의 심각한 문제를 보여준다. 그리고 이러한 품질 결함들이 발견되면 시설을 뜯어내고 다시 지어야 하기 때문에 공사가 지연되고 비용이 증가한다.[29]

이런 문제들 때문에 2008년에 신용평가사 무디스는 원자로를 짓기로 결정하는 전기회사는 여러 해 동안 신용등급에 해를 입을 것이라고 밝혔다. 실제로 플로리다 주의 한 전기회사는 건설계획이 6개월만 지연되어도 추가적인 이자비용이 5억 달러에 달할 수 있다고 예측했다. 그나마 부시 행정부 말기에 발생한 거대한 신용 경색이 오기 전이었는데도 말이다.[30]

화석연료를 핵 발전으로 전환하는 것의 문제는 다음과 같이 요약할 수 있다. 지구온난화 위협의 10분의 1을 줄일 수 있을 만큼의 원자력발전소를 짓는 데에는 8조 달러가 든다. 전기요금이 천정부지로 치솟을 것은 말할 것도 없다.[31] 향후 40년 동안 거의 2주에 하나 꼴로 새 원자로를 열어야 할 것인데, 애널리스트 조 롬에 따르면, 거기서 나오는 핵폐기물을 저장하려면 유카마운틴 열 개가 더 있어야 한다.[32] 한편 우라늄 가격은 지난 10년 동안 여섯 배 올랐다. 접근이 용이한 곳의 우라늄이 고갈되어 점점 더 깊은 곳에서 채굴해야 했기 때문이다.[33]

다른 모든 에너지원에 대해서도 이런 종류의 비용 추산을 할 수 있다. 어떤 것은 핵 발전의 경우만큼이나 암울하다. 굴뚝으로 탄소가 나가는 것을 잡아낼 수 있도록 석탄 화력발전소를 고치는 데에 들어가는 비용은 어떤 민간기업도 시도하지 못할 정도로 높다. 이산화탄소를 지하로 다시 밀어 넣을 수백만 킬로미터짜리 파이프에 들어갈 비용은 아예 생각도 말아라. 바츨라프 스밀의 계산에 따르면 그런 인프라 프로젝트에는 지난 한 세기간 석유 인프라를 짓는 데에 들인 것만큼의 비용이 필요하다. 어떤 경우에는 상황이 좀 낫다. 예를 들면, 원자력 지지자들은 새로운 '4세대' 원자로가 싸고 빠르게 지어질 수 있다고 주장한다(그리고 핵폐기물을 재사용해서 가동할 수 있다고 한다!). 더 고무적인 일은, 풍력터빈과 태양열 전지가 더 많이 생산되면서 풍력과 태양열 발전 비용이 꾸준히 줄어들고 있다는 점이다. 또 지난해에 미국에서 새로운 천연가스가 발견되어서 석탄을 줄여나가는 데에 도움이 될 것으로 보인다.

그렇다 하더라도, 지구온난화 문제의 9분의 1을 '해결'하려면 커다란 풍력터빈 200만 개가 필요하다. 2007년에 지은 것의 네 배를 향후 40년 동안 매년 더 지어야 한다. 가능한 일일 수도 있겠지만, 그래도 겨우 9분의 1일 뿐이다. 그렇게 하면 450ppm으로 갈 수 있는데, 이것도 너무 높다.[34] 어디로 향하든 간에 우리는 같은 요인에 부딪치게 된다. 화석연료 시스템을 다른 시스템으로 대체하는 것은 시도하는 데만도 비용이 너무 많이 들고 시간이 너무 많이 걸리는 일이라는 점 말이다.

인프라 복구와 비용 문제

그마나 이건 옛 지구에서의 이야기고, 우리가 논해야 할 것은 새 지구
(화석연료는 다 고갈되어 없고, 무시무시하고 불규칙적인 기후가 닥치는 지구)에서
어떻게 그런 대대적인 전환을 이뤄낼 것인가이다.

정치용어 중 가장 지루한 단어에서 시작해보자. 인프라. 이 단어는 열정
을 불러일으키지 않는다. 이를테면 자신이 정치적으로 올바른 생각을 한
다는 즐거움을 느끼게 해주는 '동성 결혼' 같은 말과는 다르다. 그렇지만
미국을 선진국 경제라고 규정해주는 것은 바로 미국의 인프라(건물, 도로,
철로, 항구, 광케이블, 파이프 등 생활을 받쳐주는 모든 물리적인 기반들) 수준이다.

물론 미국에서도 인프라는 많이 손상되었다. 안정적인 옛 지구에서조차
인프라를 손보는 것은 손상되는 속도를 못 따라가고 있었다. 이를테면, 오
늘날 미국의 다리 네 개 중 한 개는 대규모의 수리나 업그레이드가 필요하
다(이 내용을 발표한 기자회견은 필라델피아 북부의 주간 고속도로 연결다리 아래에
서 열렸는데, 2008년에 그 다리의 콘크리트 기둥 하나에서 1.8미터의 균열이 생겨서 I-
95 도로가 사흘간 폐쇄되었고, 하루에 18만 5,000대의 차량이 우회하느라 극심한 체증
을 빚었다).[35] 그 비용을 은행 구제금융 비용과 비교해보자. 시티은행과 그
일족들이 무너지지 않도록 하기 위해 3,500억 달러를 투자하기로 결정한
그 주에, 미국 지상교통정책 연구위원회의 한 담당자는 "미국 경제에 악
영향을 줄 가능성이 있는 교통 정체"를 막으려면 수십 년간 매년 2,250
억 달러를 추가적으로 지출해야 한다고 말했다.[36] 그리고 지역계획협회
의 한 담당자는, 필요한 조치를 취하지 않는다면 10, 20년 이내에 "미국
은 제3세계 국가 수준의 인프라를 갖게 될 것"이라고 지적했다.[37] 대부분
의 미국인들은 제3세계에 가본 적이 없을 테니 무슨 의미인지 덧붙이는

게 좋겠다. '제3세계 수준의 인프라'라는 말은 도로에 구멍이 하도 많아서 시속 25킬로미터로 이동해야 한다는 의미다. 이동수단이 있기나 하다면 말이다.

여기에 지구온난화 요인을 더해야 한다. 이 책의 첫머리에 소개한 사례를 생각해보자(이것은 그나마 아주 작은 사례다). 버몬트 주의 작은 마을을 다른 문명 지역으로 연결해주는 도로 말이다. V자형 계곡인 미들베리 강을 따라 나 있는 125번 도로는 계절마다 훌륭한 경치를 선보이는 경관 도로다. 하지만 지난 20년 동안 이 도로 위로 다섯 번이나 강이 범람했다. 가장 심각했던 두 번은 2008년의 기록적인 폭풍우 때였다. 유튜브에서 찾아보면 물이 도로를 덮치고, 아스팔트 표면을 뜯어내고, 급히 후진하는 자동차 한 대를 거의 집어삼키는 모습의 동영상을 볼 수 있을 것이다. 버몬트 주가 이 도로를 안전하게 재개통하는 데는 몇 주일이나 걸렸다. 아스팔트, 둑, 가드레일을 새로 깔고 짓는 데에 필요한 재료들을 실어 나르기 위해 수십 대의 덤프트럭이 동원되어야 했다. 이런 홍수들 이후에 125번 도로를 수리하는 데에 1,164,566.77달러가 들었는데, 인구 550명인 우리 마을로서는 정말 큰돈이다(마을 도로들을 수리하는 데에는 비용이 훨씬 더 들었다. 우리 마을은 앞으로 여러 해 동안 채권을 갚아야 한다. 그런데 그 기간 안에 아마 폭풍이 또 올 것이다). 범람할 때 쓸려나간 다리는 몇 개월이나 복구되지 못했고, 그래서 다리 저쪽에 사는 운 나쁜 사람들은 통학과 통근에 30분을 더 들여야 했다.

125번 도로가 처한 문제는 다음과 같다. 물을 더 많이 나르는 강은 더 많은 공간이 필요하다. 이를 나타내는 수학공식이 있는데, 그에 따르면 125번 도로는 더 이상 운영될 수 없다. 더 더운 공기가 더 많은 수증기를 증발시키고 더 큰 폭풍우들을 만드는 지구에서는 125번 도로 바로 옆을 흐르는 강의 폭이 점점 넓어지기 때문이다. 그렇다고 도로를 안쪽으로 옮길 수도 없다. 이미 산자락을 파고 들어와 지은 도로이기 때문이다. 우리 마을을 밖과 연결하려면 아마도 산 위로 7~8킬로미터 올라온 곳에 새로운 도로를 지어야 할 것이다. 그런데 주 당국 도시공학자들에 따르면 그 비용은 적게 잡아도 마일당 200만 달러로 예상된다. 가뜩이나 버몬트 주의 도로 중 43퍼센트가 "열악한 상태"이고 도로 수리를 위한 주 예산이 다들 동의하는 필요액보다 한참 적은 상황에서, 그만한 돈을 마련하기는 어려울 것이다.[38]

말했듯이 이것은 그마나 작은 사례다. 산 위에 사는 우리 마을 사람들에게는 중요하지만, 우리 사정은 수백만 개의 이야기 중 하나일 뿐이다. 2008년에 있었던 그 폭우를 생각해보자. 이 폭우는 전국적인 뉴스가 되지도 못했다. 그냥 하나의 큰 폭우였다. 하지만 몇백 킬로미터 북쪽의 몬트리올에서는 폭우가 오래된 하수 시스템을 덮쳐서 수백 채의 집과 기업이 물에 잠겼다. 이 폭풍이 닥치기 얼마 전에, 캐나다 당국의 내부 보고서들은 "기후변화가 전국의 중요한 인프라를 위협하고 있다"며 "예방적인 조치를 취하지 않으면" 도시의 상하수도 관련 인프라가 "기후변화에 가장 큰 피해와 손실을 입을 수 있다"고 경고했다. 하지만 예방적인 조치들은 되어 있지 않았다. 왜냐하면, 음, 왜냐하면 이 새로운 지구에 미리 대처하기 위해 한 나라의 하수 시스템을 재정비하는 데에는 비용이 아주 많이 들기 때문이다(미 연방정부는 향후 20년간 미국의 하수 시스템을 수리하는 데에 5,000억 달러가 들 것으로 보고 있다. 그런데 2008년에 연방정부는 6억 8,700만 달러를 할당했다).[39] 하지만 하수가 지하실 바닥으로 흘러 들어오는 것을 처리하는 데에도 비용이 많이 든다. 그 폭풍우 이후에 한 몬트리올 기업가는 자사의 창고 하나가 물에 잠긴 것에 대해 시 당국에 40만 달러의 손해배상을 요

구하는 소송을 진행 중이라고 밝혔다.[40]

그럼, 이제 버몬트 주의 도로 하나를 수리하는 데에 들어간 110만 달러, 혹은 한 기업가의 창고가 물에 잠기는 데서 발생한 40만 달러를, 가뜩이나 오래되고 망가진 인프라가 새로운 지구의 환경에 처하게 되었을 때 발생할 모든 문제들의 수로 곱하기 해보자. 어떤 것은 거대하고 명백하고 무시무시하다. 허리케인 카트리나 이후 연방정부는 복구를 위해 1,300억 달러를 지불했는데, 현장을 가본 사람은 누구나 그 정도로는 부족하다고 말했다. 그리고 다음 번의 카트리나와 싸우는 데에는 비용이 훨씬 더 들 것이다. 2011년 무렵이면 연방정부는 뉴올리언스를 '온건한 규모'의 허리케인에서 보호할 수 있도록 제방을 다시 쌓는 데에 이미 140억 달러를 들인 상태일 것으로 보인다. 그런데 5등급 허리케인에서 이 도시 하나를 보호하려면 800억 달러와 추가로 20년의 작업이 필요하다.

그나마 옛 지구에서, 해수면이 지금과 비슷한 상태로 유지되는 지구에서 그 정도다. 당국자들은 특유의 축소 어법으로, 해수면이 오르면 이 일에 "상당한 비용과 복잡성을 더하게 된다"고 말했다. 실제로 제방 높이를 적어도 90센티미터 더 높여야 한다. 그리고 미 육군 공병은 향후 50년 동안의 프로젝트만 계획할 수 있도록 법으로 정해져 있어서, 그들은 그 기간 내에 예상되는 정도의 해수면 상승에 대해서까지만 일을 한다. 알려진 모든 기후 모델들이 앞으로 수세기 동안 해수면이 계속 상승할 것이라고 보는데도 말이다.

루이지애나 주의 한 당국자는 "우리가 원하는 것을 모두 하기에는 충분한 돈도 없고 충분한 흙도 없다"고 말했다. 하지만 그 돈을 지출하지 않는다 해도 돈은 여전히 나간다. 당국자들은 현재의 제방 프로젝트가 완성되고 난 뒤에라도, 카트리나만 한 강도의 폭풍이 한 번 더 오면 피해는 1,528

억 달러가 될 것으로 추산한다.[41] 해수면 상승은 이미 포트포천 마을을 섬으로 바꾸고 있으며, 그곳을 다른 지역과 연결시키기 위해 5억 3,800만 달러의 새 고가고속도로가 건설되고 있다. 작은 마을에 지출하는 돈으로는 너무 큰 액수 같다고? 하지만 이 작은 마을을 통해 미국 석유의 18퍼센트가 들어온다. 전 세계 6,000개 해양 시추 시설 중 5,000개가 멕시코 만에 위치해 있기 때문이다.[42] 그러면 그 석유는 다 어디로 가는가? 그걸 태워서 더 많은 탄소가 배출되고, 그러면 더 해수면이 높아지고, 그러면……(아이고!).

그나마 뉴올리언스는 미국 도시다. 이곳에서조차 허리케인 피해 복구비용이 막대했다면, 돈을 구할 가능성이 거의 없는 지역은 어떨지 생각해보라. 2007년에 사이클론 시드르가 방글라데시를 강타했는데, 그로부터 1년이 지나서도 방글라데시 사람 100만 명이 여전히 집 없이 살고 있었다. 당국자에 따르면 사람들은 폭풍 이후에 플라스틱 판자를 지급 받았지만 1년 뒤에 "그 판자들도 망가졌다."[43] 또 태평양 도서지역 국가인 니우에의 경우, 사이클론 헤타의 잔해를 치우는 비용이 이 나라 연간 정부예산의 다섯 배였다. 니우에의 국내총생산보다도 많은 것이다. 사람들은 떠날 수밖에 없었고, 곧 니우에 인구는 유엔이 회원국으로 받아들이는 기준에 못 미칠 전망이다.[44] 아이티는 2008년에 허리케인이 강타하면서 수확의 60퍼센트가 망가졌고 "도시들이 통째로 황폐해져 거주할 수 없는 곳이 되었다." 하지만 〈가디언〉에 따르면 "신용 경색 때문에" 국제 원조기관들이 제공한 원조액은 겨우 3,000만 달러였다. 〈가디언〉은 "현재와 같은 속도로 복구한다면 진흙과 잔해를 치우는 데에 3년이 걸릴 것"이라고 전했다.[45] 또한 같은 폭풍으로 쿠바에서도 거의 50억 달러의 피해가 발생했고, 무려 45만 채의 주택이 파괴되거나 손상됐으며, 작물의 3분의 1이 손실됐다.[46]

보험 혜택마저 불가능해지다

새 지구에서는 본질적으로 옛 지구에서보다 돈이 많이 든다. 더 세찬 바람이 불고, 비도 더 많이 내린다. 해수면도 올라온다. 우리가 외계에서 막 이주해왔다면 정착하는 데에 돈이 너무나 많이 드는 행성이 된 것이다. 하지만 정말 큰 비용은 우리가 1만 년 동안 이 시스템을 너무나 촘촘하게 지어놔서, 거기에 들어간 투자를 지켜야 한다는 데서 나온다. 자산 관성 때문에 그것을 지켜야 하는데, 그 자산이 물에 가라앉을 판인 것이다.

땅이 가라앉고 바다가 올라오면서 홍수 피해가 심해진 베네치아를 생각해보자. 2011년에 베네치아는 오래 계획되어온 장벽을 드디어 완공할 예정이다. 금세기 말까지 예상되는 해수면 상승에서 베네치아를 보호하기 위한 이 '모세 프로젝트'에는 55억 달러가 들었다.[47] 미국에서도 가장 긴 해수 제방을 쌓는다는 계획이 세워지고 있다. 텍사스 주의 갤버스턴을 보호하기 위한 40억 달러 규모의 '아이크 다이크(Ike Dike) 프로젝트다.[48] 네덜란드는 제방을 업그레이드 하는 데에 적어도 1,000억 유로를 써야 하고, 북해안을 1킬로미터 늘릴 만큼 모래를 쌓는 데에 3억 유로가 더 필요할 것이다.[49] 사우스캐롤라이나 주의 힐튼헤드는 2000년대 들어 첫 10년 동안 '해변 보정'에 이미 6,000만 달러를 썼다. 힐튼헤드 공동체개발 부 디렉터인 질 포스터는 이렇게 말했다. "사람들은 블라인더를 치고서 해수면 상승이 2세기 후에나 올 일이라고 생각하는 것 같아요. ……솔직히 우리는 해변을 항상 재정비할 수 있을지 보장할 수 없습니다. 그러니까 이런 경제 상황에서는 말이지요."[50]

정권 말기 무렵에는 부시 행정부조차 약간 우려하기 시작했다. 2008년 봄에 미 교통부는 대서양 연안의 해수면이 12인치(30센티미터) 상승할 경우 발생할 결과에 대한 연구 내용을 발표했다. 12인치는 대부분의 과학자들이 너무 적게 잡은 것으로 여기고 있는 숫자다. 그런데 12인치만 올라가도 의사당과 링컨 메모리얼이 "자주" 홍수 피해를 볼 것으로 나타났다. 또 이 보고서는 차로와 공항도 옮겨야 하며 "해안선에서 150미터 이내에 있는 집과 구조물의 25퍼센트 정도가…… 향후 60년 이내에 침식을 겪게 될 것"이라고 밝혔다.[51] 이스라엘에서는 전체 해안이 범람에 직면했으며 "항구와 발전소 같은 핵심적인 시설에 복구할 수 없는 피해를 야기할 수 있다"는 우려가 제기됐다. 한 연구에 따르면 그 비용은 1년에 330억 달러로 추산된다.[52] 또 최근의 한 연구는 해수면이 2피트(60센티미터) 상승하면 "남부 플로리다에서의 삶이 모두에게 매우 힘들어질 것"이라고 밝혔다.[53] 뉴욕의 경우에는, 해수면이 온건하게 상승하는 경우에도 맨해튼의 거대한 지대(월 스트리트 포함)가 1년에 10퍼센트 정도의 범람 가능성을 갖게 될 것으로 나타났다.[54] 있을 법하지 않은 일로 들리는가? 옛 지구에서도 뉴욕은 취약한 곳이었다. 1992년에 강한 폭풍이 불어서 해수면이 2.4미터나 올라왔고, FDR 드라이브에 1.2미터 높이의 물이 덮쳤으며, 라과디아 공항이 폐쇄됐다. 이날 하루에 벌어진 교란의 가격표는 약 2.5억 달러였다.

이런 목록은 끝없이 이어진다. 이곳 십억 달러, 저곳 십억 달러……. 한 연구는 알래스카 주에서 현재부터 2030년 사이에 지구온난화로 인한 인프라 비용이 20퍼센트가량 오를 것이라고 내다봤다. 이 연구의 저자들은, 그나마 이 숫자는 주 당국자들을 대상으로 한 조사에 기반해 도출한 것이어서 과소평가된 수치일 수 있다고 덧붙였다. "전화 받은 사람이 웃음을 터뜨린 경우가 한 번 이상 있었다."[55]

하지만 알래스카 주 서부 해안의 닝릭 강에 있는 뉴톡 마을사람들은 그러지 않았을 것이다. 이곳을 보면 옛 지구에 지어놓은 것들은 그냥 포기하고 사람들을 안전한 쪽으로 옮기는 데만도 얼마나 비용이 많이 드는지에 대해 감을 잡을 수 있다. 미군은 뉴톡에서 철수하는 것이 좋은 훈련이 될 거라고 말한다. 뉴올리언스에서 파견된 해병대가 250명을 이주시키고 집 60채를 짓는 것을 감독할 것이다. 총 비용은 1억 3,000만 달러, 즉 1인당 40만 달러이다.[56]

그럼 계산을 좀 해보자. 지구상에는 충분한 돈이 없다. 해수면 상승으로 위협 받는 모든 지역의 모든 사람들을 철수시키는 데에 필요한 돈은 턱없이 부족하다. 그리고 어느 시점엔가는 좋은 쪽으로 쓰인 돈이 나쁜 쪽으로 쓰인 결과가 되어 있을 것이다. 2009년 봄, 오바마 대통령이 경기 진작책을 위해 돈을 풀기 시작한 와중에, 한 과학팀은 상당한 액수의 돈이 곧 물속에 파묻힐 학교, 집, 고속도로를 짓는 데에 쓰이고 있다고 보고했다. 텍사스 주 볼리버 반도의 87번 하이웨이가 그 사례다. 시뮬레이션 모델에 따르면, 이 도로는 머잖아 곳곳이 물속에 가라앉아서 "나머지 부분에는 배로만 접근할 수 있게 될" 것으로 나타났다.[57]

앞날을 내다보는 계획을 미리 짜고 있는 사람들에 대해 알고 싶다면, 여기 2009년 6월에 호주 신문에 실린 기사가 있다. 해수면 상승을 우려해 2~3미터 더 높이 짓기 위해서, 세계에서 가장 큰 석탄 수출 시설을 짓는 계획이 은밀히 수정됐다고 한다.[58]

하지만 사람들을 이동시키고 제방을 쌓는 데에 들어가는 직접적인 비용은 그나마 최소한의 비용일 것이다. 우리의 번영에 필수적인 기초를 제공하지만 별로 주목을 못 받는 기술 하나를 잠시 생각해보자. 발전소가 아니라 보험계리표다. 계리표는 놀라운 발명이다. 보험계리인들은 과거의 사망 건수, 혹은 과거에 발생한 화재, 범람, 작물 실패, 미식축구 선수의 무릎 부상 등을 토대로 미래에 그런 일이 발생할 확률을 계산해서 합리적인 보험료를 산정한다. 사람들은 든든히 뒤를 받쳐주는 보험 덕분에 안심하고 자기 일을 한다. 보험 없이 누가 집을 짓겠는가? 보험 없이 누가 공장을 짓겠는가(그래서 어떤 추산에 따르면, 보험이 세계에서 가장 규모가 큰 업계인 것이다)?[59]

보험계약 기법은 매우 정교해지고 전산화되었다. 예를 들면, 허리케인 구스타브가 멕시코 만을 강타하기 전날, 계리표가 만들어낸 모델들은 부동산 피해가 293억 달러 발생할 것이고 5만 9,953채의 건물이 붕괴될 것이라고 매우 구체적으로 예측했다.[60] 하지만 이런 종류의 정확성은 계리표가 가진 거대한 오류 하나를 가리고 있다. 보험계리 기법은 미래의 지구가 과거의 지구와 마찬가지로 행동한다고 가정하고 있다. 지구가 달라지면 새로운 계리표가 필요한데, 문제는 무엇을 기초로 새 계리표를 만들어야 할지 모른다는 점이다. 보험 지급액은 지난 10년간 급증했고 여전히 계속 증가하고 있다. 최근에 영국 보험업협회는, 폭풍이 잦은 지역에서는 향후 10년간 보험료가 100퍼센트 인상될 것이라고 예측했다.[61] 하지만 이건 그나마 나은 경우다. 보험료가 오르면 사람들은 보험료 지출이 늘어 돈이 쪼들릴 것이고 그러면 경기가 나빠질 터이지만, 그렇더라도 조금씩 조정해나갈 수는 있을 것이다.

우리가 정말로 감당할 수 없는 것은 완전히 불확실한 것들의 비용이다. 혹은 이 세계가 불안정한 세계로 가고 있다는 확실성의 비용이다. 당신이 생명보험을 판매하고 있는데 갑자기 전 세계적으로 치명적인 신종 전염병이 돌면 어쩔 것인가? 단순히 사업이 망하는 정도가 아닐 것이다. "우리가 지난 몇 년 동안에 본 보험 손실은 앞으로 다가올 일들의 전조에 불과하다"고 미 보험감독관협회 '기후변화와 지구온난화 태스크포스'의 팀 와그너가 말했다. "보험료는 통계와 확률에 의해 정해진다. 그런데 기후변화는 가격 결정 시나리오에 모호성과 불확실성을 불러왔다."[62]

세계 최대 보험회사인 스위스 리(Swiss Re)는 앞으로 발생할 법한 일이 무엇인지 알아내고 싶었다. 그래서 하버드의 지구환경보건센터와 계약을 해서 향후의 가능성들에 대해 연구하도록 했고, 그 결과가 2005년에 출간되었다. 하버드 팀은 '기후변화 미래'에 대해 두 개의 시나리오를 모델로 구성했다. 하나는 우리가 예상하곤 하는 점진적인 종류의 변화이고, 다른 하나는 우리가 이미 보고 있는 빠르고 급격하며 심각한 문제를 일으키는 종류의 변화였다(이 팀은 "남극에서부터 그린란드에 이르기까지 빙하들이 쪼개져 나오고, 영구동토대의 해빙이 가속화되어 막대한 양의 메탄이 방출되는" 최악의 시나리오에 대해서는 아예 시뮬레이션을 하지도 않았는데, 사실 우리가 새 지구 위에서 경험하고 있는 바는 여기에 가장 가깝다).

온건한 시나리오에서도 기후변화는 "세계 경제를 위협"하는 것으로 나타났다. 하지만 더 현실적인 두 번째 시뮬레이션에 따르면, 폭풍과 같은 기후 교란이 더 자주 일어나서 선진국조차 적응할 수 있는 역량을 벗어나게 될 것이고, 광범위한 지역과 분야에 대해 보험 적용이 불가능하게 될 것이며, 주요 투자가 붕괴하고, 시장이 무너질 것으로 예측됐다. 단조로운 어법에 진저리치지 말고 주의를 기울여보자. '자연재해들의 결과로, 그리고 극단적인 일이 잦아지면서 야기되는 취약성 증가의 결과로, **선진국 중 일부 지역은 상당히 긴 기간 동안 사실상 개도국의 여건을 경험하게 될 것이다.**'[63]

이는 보험 계약 작성을 업으로 삼는 사람들이 쓴 글이니 알기 쉽게 다시 이야기해보자. 간단히 말해서, 폭풍의 습격을 계속해서 받으면 회복할 시간이 없게 된다. 보험금을 타서 지붕을 다시 지었는데 다음 해에 지붕이 또 날아가는 것이다. 아마도 당신의 보험회사는 당신의 집에 대해 보험 계약을 취소할지 모른다. 폭풍이 오기 쉬운 연안 지역에서는 수백만 명의 사람들이 2000년대 들어 이미 그런 일을 겪고 있다. 그리고 폭풍이 한두 번더 닥치면 당신의 마을은 미국처럼 보이지 않고 점점 더 아이티처럼 보일 것이다. 그러는 동안, 당신을 고용한 회사는 2년 연속 창고가 손실을 입고 보험회사가 보험을 취소하거나 보험료를 너무 높이 올리는 것을 감당할수 없게 돼 문을 닫고 말 것이다.

정부가 '최종 보험자'가 될 수도 있겠지만(홍수 보험은 이미 그렇게 되었다), 그러면 그 손실이 납세자에게로 떨어지고 교육, 의료 등에 지출할 자금이 부족해진다. 그리고 음, 인프라에 지출할 자금도 부족해진다. 2005년에서 2007년 사이 민간보험에 가입하지 못하는 사람들이 늘면서, 미국에서 주정부가 운영하는 보험 프로그램은 위험 노출이 6,840억 달러로 두 배가 되었다.[64] EU는 정부 소유자산에 대해 "보험 불가능한 위험"을 커버하기 위해 1년에 10억 유로씩 '연대기금'을 조성해왔다. 하지만 새로운 예측치들에 따르면 홍수만 하더라도 곧 그런 시설들에 매년 12억 유로어치의 손해를 끼칠 것으로 보인다. "기후가 더 악화되면 기금 재원도 늘려야 할 필요가 있다"고 한 당국자는 덤덤하게 말했다.[65]

서구에서도 이럴진대, 가난한 나라들이 겪을 일을 생각해보라. 하버드 팀의 시나리오 분석에 따르면 "신흥 시장들이 가장 심각하게 타격을 받을 것"으로 보인다. 이런 곳들에서는 "많은 영역에서 보험이 가능하지 않게 되거나 보험료가 너무 비싸져서 보험 구매가 사실상 불가능하게 될 것이다. 그러면 그런 많은 시장들에서 보험회사들이 철수할 것이고, 따라서 개발 계획들은 발이 묶일 것이다."[66] 이는 단지 예측이 아니다. 최근 MIT가 수행한 연구에 따르면 가난한 나라들에서는 기온이 평균보다 화씨로 1도 (섭씨로 약 0.6도) 이상 올라간 해에 국내총생산이 1퍼센트 떨어진 것으로

나타났다.[67]

새 지구의 모든 특성이 불확실성을 키우고 있다. 이미 산호초가 빠르게 죽고 있으며 금세기 중반이면 아예 사라질지도 모른다. 이는 생물 다양성에 심각한 손실이다. 그리고 해수면 상승에 대처하기 위해 온갖 노력을 기울이고 있는 저지대 도서국가의 관광산업에도 해를 끼친다. 뿐만 아니라 산호초가 손실되면 그 해안에서 가장 중요한 폭풍 방어선을 없애는 격이 된다. 한 연구에 따르면 방어 기능이 있는 산호초 1킬로미터의 가치는 120만 달러에 해당한다.[68] 새 지구에서는 완전히 새로운 종류의 위험이 등장한다. 대기 중 뇌운이 증가하면서 우박 폭풍도 증가한다. 최근 호주의 보험업자들은 지금부터 2050년 사이에 골프공만 한 우박이 떨어지는 폭풍이 두 배나 잦아질 것이라고 예측했다. 이런 우박은 사소한 일이 아니다. 호주 역사상 세 번째로 비용이 많이 든 자연재해가 1999년 시드니에 닥친 우박 폭풍이었으니 말이다.[69]

보험회사들의 총 위험 노출은 정신이 멍해질 정도다. 텍사스 주 해안 카운티들 중 가장 북쪽에 있는 5개 카운티에서만 해도 보험업자들은 8,900억 달러어치의 위험에 묶여 있다. 플로리다 주와 뉴욕 주에 이어 미국에서 세 번째다.[70] 그리고 이 비용은 해안 지역에만 한정되지 않는다. 미들베리 강 근처에 사는 나에게 가장 무서운 통계는 이것이다. "첨두 유량이 10퍼센트 상승하면 물살이 댐과 제방을 파손시키면서 이전의 범람들보다 100배의 피해를 낼 것이다."[71]

방글라데시의 뎅기열 유행

우리가 직면한 위험에 대해 내가 너무 냉정하게 돈으로만 환산하고 있는 것처럼 보일 것이다. 사실이다. 우리 시스템에서는 돈이 정보다. 돈은 우리가 위험을 파악하고 가능성을 측량하는 방식이다. 현재로서 돈은 인류가 처한 미래를 이해하는 데에 우리가 사용할 수 있는 유일한 척도다. 돈이 많다면 더 많은 선택지를 가진 것이고, 돈이 적다면 선택지도 좁아진다. 새 지구에서 우리는 생각보다 돈이 적고, 따라서 선택의 여지도 적다.

작은 규모에서 이런 일은 이미 숱하게 벌어지고 있다. 2008년에 유가가 올랐을 때 (석유로 만드는) 도로 포장재 가격이 하늘 높은 줄 모르고 솟았다. 지역 당국자들은 파인 도로를 더 얇게 막고 '미세 봉합'하는 식으로 대처했고, 보수하는 도로 숫자를 줄이기 시작했다.[72] "전에 한 마을에서 열 개 도로를 보수했다면 이제 다섯 개만 하게 될 겁니다." 업스테이트 뉴욕의 한 당국자가 말했다.[73] 또 테네시 주의 어느 시장은 이렇게 말했다. "우리는 1마일에 10만 달러를 지출할 여력이 안 됩니다. 이 도로들은 학교 버스와 응급 차량이 다니는 길들입니다. 이 길들이 모두 훼손되기 시작할 것입니다."[74] 우리가 유가를 다시 낮춘 방법은 무엇이었을까? 불황이었다. 미국뿐 아니라 모든 곳에서 벌어진, 대공황 이래 가장 긴 성장의 낮잠만이 유가를 낮출 수 있었던 것이다.

여기서 벗어나는 데에 그나마 조금이라도 가능할 법한 해결책은 녹색 에너지에 광범위한 투자를 하는 것일 텐데, 어마어마한 부채 때문에 이는 더 쉬워지기는커녕 더 어려워졌다. 현 호주 정부는 지구온난화와 싸우겠다는 공약으로 당선되었지만, 경기 침체는 그 열정에 빠르게 찬물을 끼얹어서 탄소 방출 저감을 위한 가장 온건한 계획조차도 2년이나 미뤄졌다.[75]

비슷한 정도로 진보적인 뉴욕 주에서도 민주당 주지사 데이비드 패터슨은 온실가스 방출을 통제하기 위해 추진하려던 계획을 축소했다. 이 계획은 경기가 좋던 시절에 전임자인 공화당 주지사가 입안한 것이었다. "주지사는 기업에 과도한 비용을 끼치게 될 것을 매우 우려했다"[76]고 어느 쾌활한 전기회사 임원이 말했다.

지구의 다른 쪽도 보자. 〈워싱턴포스트〉에 따르면, 중국은 오염이 심각한 공장 몇 곳을 닫겠다는 계획을 철회했다. "다니던 회사가 파산해 일자리가 없어진 노동자들에게 수당을 지급하고, 작물 판매에 어려움을 겪고 있는 농촌 빈민들에게 꼭 필요한 복지를 제공하려면 돈이 점점 더 많이 필요하다. 그렇게 되면 환경 조치에 쓸 돈은 덜 남는다."[77] 중국은 연간 새로 지어지는 전 세계 건물 바닥 면적의 절반을 차지하지만 건설업자들은 녹색 디자인 기술을 별로 도입하지 않고 있다. 현재로서는 비용이 너무 높기 때문이다. 2009년에 아시아기업인협회는 중국에서 새로 지어지는 건축물의 80퍼센트가 "선진국 건물보다 바닥 단위 면적당 두세 배 에너지를 많이 쓰는" 건물이라고 지적했다.[78]

불황이 시작되면서, 중국은 경기 부양에 쓸 돈 중 일부를 철로를 짓는데 들일 것이라고 밝혔다. 미국인의 귀에는 매우 친환경적으로 들린다. 기차다! 하지만 "추가로 편성된 돈의 일부는 주요 석탄 터미널들을 잇는 특별선을 짓는 데에 들어갈 것"이라고 한다.[79] 한 달여 뒤, 중국 정부는 석탄 생산을 2015년까지 30퍼센트 증가시킬 계획이라고 발표했다. 클린턴 정부 시절의 에너지 당국자였던 조 롬의 말을 빌리자면, 이는 "단독으로 기후를 끝장내는 것"이나 마찬가지가 될 것이다.[80] 가난한 사람들은 뭐든 싼 것을 땐다. 나는 우리 마을 소방대에서 자원봉사를 하고 있는데, 우리가 높은 유가를 걱정스러워 하는 이유 중 하나는, 기름이 비싸지면 사람들이 발견할 수 있는 것은 아무 거나 난로에 집어넣기 시작할지 모른다는 점이다.

방글라데시 수도 다카는 갠지스 강 삼각주 지대에 위치해 있다. 정확한 인구 통계는 없지만 대략 1,400만 명 정도 되는 것으로 보인다(뉴욕이 두 개인 셈이다). 우리는 방글라데시를, 헨리 키신저의 경멸적인 말을 빌리자면 "경제가 마비된 국가(basket case)"로 여기는 경향이 있다. 하지만 사실 이곳은 매우 기적적인 나라다. 믿을 수 없을 정도로 인구밀도가 높은데(1억 5,000만 명이 위스콘신 주만 한 면적에 산다), 그러면서도 어떻게든 그 사람들이 다 살아가고 있는 것이다. 전통적인 이슬람 사회지만 평균적인 가족의 자녀 수는 불과 30년 사이에 7명에서 3명 이하로 줄었다. 자전거 릭샤가 기본적인 이동수단이고, 다카에만도 40만 명의 릭샤 운전자가 있다. 간단히 말하면, 방글라데시 사람들은 새로운 '지구우'를 만드는 데 거의 영향을 미치지 않았다.

그렇지만 이 사람들 역시 새 지구우 위에 살고 있다. 머지않아 브라마푸트라 강과 갠지스 강이 마르기 시작할 것이다. 수원인 히말라야 빙하가 녹고 있기 때문이다. 그 와중에 벵골 만의 수위가 높아지면서 짠물이 농경지에 점점 많이 침투해 들어오고 있다.

하지만 내가 마지막으로 가본 2008년 여름에는 방글라데시 사람들의 관심이 지구온난화가 가져온 훨씬 작은 결과 하나에 온통 쏠려 있었는데, 바로 이집트 숲 모기였다. 이 모기는 다리에 하얀 자국이 있고 흉부가 현악기 비파 모양으로 되어 있어서 알아보기 쉽다. 그해 여름에 이집트숲모기가 다카 지역에 뎅기열 환자를 대거 발생시켰다. 신문 1면에는 거대한 모기 그림과 함께 "젊은 시인 라쿠이불의 생명을 살리는 혈액이 필요합니다"와 같은 기사가 실렸다. 또 온종일 모기장 안에서 지내지 않는 한, 말라리아와 달리 모기장도 별 도움이 안 된다는 우울한 뉴스도 보도됐다. 이집트 숲 모기는 해 뜬 직후부터 해진 직후까지 활동하기 때문이다. 그뿐 아니라 뎅기열에는 별다른 백신이나 치료법도 없다. 기껏해야 "호흡, 체온, 심장박동 등을 잘 살펴보는 것" 정도만 할 수 있을 뿐이다. 그러다 출혈이 너무 심하면(몸의 모든 구멍에서 출혈이 일어나기도 한다) 의사는 수혈을 할 것이다.

나는 다카의 슬럼 지대에서 많은 시간을 보냈는데, 그러다가 이집트 숲 모기에 물리고 말았다. 그렇게 심하게 아파본 적은 처음이었다. 열이 하도 많이 나서 축 늘어진 팔에서 땀이 비 오듯이 흘렀다. 그나마 나는 젊고 건강한데다 영양을 잘 섭취했기 때문에 죽지 않았다. 하지만 어린이와 노약자 등 뎅기열에 걸린 많은 사람들이 죽었다. 공중보건 자원봉사자들이 도시 전역에서 알아본 결과, 가난한 사람들이 물을 보관하는 항아리에서 이집트 숲 모기가 번식하는 것으로 나타났다. 낡은 타이어에서도 번식하지만 다카에 낡은 타이어는 많지 않다. 계속 다시 덧대어 쓰니까 낡은 타이어가 거의 남지 않기 때문이다.[81] 코코넛 껍질에서도 번식한다는 사실이 알려져서 코코넛을 거꾸로 놓자는 공중보건 운동이 벌어졌다. 하지만 별 소용이 없었다.

뎅기열은 그 이후로 매년 방글라데시에 찾아왔다. 방글라데시뿐만이 아니다. 아시아만의 문제도 아니다. 2007년에 〈이코노미스트〉는 "기후변화로 뎅기열이 개도국 전역에서, 특히 남미에서 다시 증가하고 있다"고 보도했다. "멕시코에서는 지난해에 2만 7,000명의 뎅기열 환자가 발생했는데 이는 2001년의 네 배가 넘는다. 인구가 멕시코 인구의 6퍼센트를 조금 넘을 정도인 엘살바도르에서도 지난해 2만 2,000건의 뎅기열이 발생했다. 5년 전보다 20배 증가한 것이다. 또 우루과이는 최근 90년 내에 처음으로 뎅기열 발병이 보고됐다고 밝혔다."[82] 2008년에 브라질에서는 뎅기열 발생이 너무 심각해서 사람들이 응급실에 들어가는 데만도 하루 종일 기다려야 하는 상황이 벌어지자 군대가 야전병원을 열었다. 한 아버지는 병원을 전전하는 동안 자신의 아들이 서서히 죽어가는 것을 보고만 있는 처지라고 말했다.[83] 2008년에 남미 전역에서 뎅기열 발생이 100만 건 이상 보고됐고, 1년 뒤인 2009년에 아르헨티나 보건장관은 남미에 뎅기열이 영속적으로 상륙한 것 같다고 말했다.[84]

피해는 가난한 곳부터 시작된다

뎅기열 확산은 물론 기후변화와 관련이 있다. 지구 기온이 높아지면 모기가 사는 지리적 범위가 넓어진다(현재 전 세계 인구 절반 가까이가 위험에 노출돼 있다). 게다가 〈사이언스데일리〉 보도에 따르면, 온난화가 일어나면 "이집트숲모기 유충의 크기가 줄어들고 궁극적으로는 성충 크기도 줄어든다. 더 작은 성충은 알을 만들기 위해 더 자주 먹어야 하기 때문에, 기온이 따뜻해지면 모기가 먹이를 먹는 횟수가 두 배로 늘고 따라서 감염될 가능성도 증가한다. 뿐만 아니라 바이러스가 성숙하기 위해 반드시 모기 안에 있어야 하는 기간도 짧아진다. 예를 들면, 뎅기 2종 바이러스의 성숙 기간은 섭씨 30도에서는 12일이지만 32~35도에서는 7일밖에 안 된다. 성숙 기간이 5일 줄면 감염률은 세 배까지도 증가할 수 있다."[85]

하지만 물론 뎅기열은 가난과도 관련이 있다. 미국 중산층 지역에서 뚜껑 없는 항아리에 물을 담아 두는 사람은 좀처럼 찾기 힘들 테니까. 여기에서 우리는 정말 뜻밖의 결론을 낼 수 있는데, 내가 뎅기열 이야기를 꺼낸 이유가 바로 이것이다. 경제적인 면에서 뎅기열은 허리케인과 마찬가지 결과를 일으킨다. 가난한 사람들은 그것에 대처하느라 더 가난해지고, 따라서 조치를 취할 수 있는 선택의 여지가 더 줄어든다. 2009년에 브랜다이스대학은 단 8개 국가만을 대상으로(대부분은 소규모 국가였다) 분석했는데도 뎅기열이 이 나라들에 연간 18억 달러의 비용을 초래하고 있었다.[86]

말레이시아를 생각해보자. 지난 수십 년간 경제 규모도 커졌지만 뎅기열 발생 수치도 커졌다. 최근의 한 연구에 따르면, 환자 한 명을 입원 치료하는 데에 718달러가 드는데(70퍼센트는 정부가 지불하고 나머지는 개인과 보험회사가 지불한다), 이는 말레이시아 1인당 국민총생산의 5분의 1에 해당한다. 치료 받는 사람 한 명당 53일의 경제적 산출 손실을 일으키는 셈이다.[87] 교육, HIV 예방, 인프라, 그리고 다음해에 뎅기열 발병을 줄이는 데에 필요한 거리 청소 등에 쓸 돈도 적어진다. 말레이시아 보건장관 추아 소이 레크는 가장 최근의 뎅기열 사태에 대해 슬럼 거주자들을 비난했다. 그는 〈뉴스트레이츠타임스〉에 이렇게 말했다. "이 이기적인 사람들은 자신의 지역에 뎅기열이 발생하면 모두 다른 이들을 탓합니다. 쓰레기를 제때 수거하지 않고 배수구에 물이 고여 있게 놔둔다고 당국을 비난합니다."[88]

뎅기열뿐만이 아니다. 말라리아도 증가하고 있다. 또 〈워싱턴포스트〉는 지구온난화로 콜레라와 같은 수인성 전염병 발생도 상당히 증가할 것이라고 보도했다. "강우가 많아지면서 하수 역류가 일어나고 식수가 오염될 것이며 해변의 사람들을 위험에 빠지게 할 것이다. 호수와 대양의 온도가 높아지면 박테리아, 기생충, 녹조가 증식한다."[89] 겨울을 여름으로 만든 1997년 리마의 폭염으로 소아 이질이 추가적으로 6,225건 발생했고, 페루

보건 당국에 27만 7,000달러로 추산되는 비용을 초래했다.[90] (2009년 옥스팜의 연구에 따르면 기온이 섭씨로 약 0.6도 높아질 때마다 발병 건수는 8퍼센트 증가한다).[91]

가난한 나라에서만 일어나는 일이 아니다. 미국 당국은 미국 전역에서 발생한 웨스트 나일 바이러스의 원인으로 기후변화를 꼽고 있다. 한 번에 5센티미터의 비를 퍼붓는 폭풍 한 번이면(이런 일은 꾸준히 증가하고 있는데) 감염률이 3분의 1 증가한다.[92] 그래도 부유한 지역에 사는 사람들은 약간의 여지가 있다. 미국에 있는 우리 동네의 기록적인 폭우는 도로를 쓸어갔을지 모르지만, 모잠비크의 기록적인 폭우는 지뢰를 대거 쓸어갔다. 최근에 벌어진 잔인한 전쟁 기간 동안 파묻은 지뢰들이다. 사람들은 논밭으로 휩쓸려가서 죽었다. 엎친 데 덮친 격으로, 한 당국자의 설명에 따르면 "정부는 지난 달 그 비가 시작되기 직전에 지뢰 매설 지도를 만드느라 수천 달러를 지출했다. 모든 것을 통제할 수 있었는데 이제 그 모든 것이 달라졌다. 지뢰 중 일부는 지역의 호변으로까지 쓸려갔다. 농민들은 쟁기질 하기를 두려워한다. 그 아래 무엇이 있을지 모르기 때문이다."[93]

여기서도 알 수 있듯이, 이런 일이 닥치면 사람들의 정신도 육체만큼이나 큰 손상을 입을 수 있다. 폭염 지역에서 활동한 의사들은 그 지역에서 정신병이 급증했다고 보고한다. 한 젊은이는 날이 더워지는 것과 가뭄 사이의 연관성에 너무 신경을 쓴 나머지, 자신이 물을 한 컵이라도 마시면 수백만 명이 죽게 될 것이라고 생각하게 되었다. 허리케인 카트리나가 닥치고 난 뒤 이 지역에서 중증 정신질환 발병률이 두 배가 되었다. 인구의 11퍼센트가 외상 후 스트레스 장애, 우울증, 공황 장애, 그리고 다양한 공포증을 겪고 있다. 연구자들에 따르면, 사람들은 그런 재앙이 있은 뒤에 자신이 상황에 맞서기에 부족하다고 느끼거나, '삶을 통제하는 힘'의 바

깥에 있는 것 같다고 느낀다고 한다.[94]

사실 그렇다. 이상한 은유지만, 가난한 나라를 헬스클럽 러닝머신 위를 뛰고 있는 어떤 사람이라고 생각해보자. 그는 기계의 속도에 맞춰 달리려고 아주 애쓰고 있다. 부유한 세상은 그 옆에 서서 가끔씩 그에게 '파워바'라든가 땀 닦을 수건 같은 것을 제공하면서 도와준다. 하지만 그와 동시에 속도 버튼을 눌러서 기계의 속도를 계속 높인다.

지구온난화는 '개발'이라는 개념을 잔인한 농담으로 만들어버렸다. 우리는 '새천년 개발 목표'에 동참한다는 의미의 손목 띠를 차고 뿌듯해할 수 있지만, 사실 우리는 가난한 지역 사람들 대부분에게서 그들이 가진 얼마 안 되는 안정성마저 없애고 있다. 농민들이 항상 소유할 수 있었던 자산 하나가 날마다 사라지고 있는 것이다. 그 자산이란, 우리 할머니가 옥수수나 밀이나 쌀을 여기에서 기를 수 있었다면 나도 그럴 수 있다는 확신이다. 그런데 계절풍 기후가 사라지고, 홍수가 닥치고, 내리쬐는 태양이 땅을 말리면서 그 확신이 사라지고 있다.

아직도 세계의 수많은 지역이 너무나 가난하다는 사실은 기후변화에 대해 조치를 취하는 데에 가장 큰 장애이기도 하다. 인프라의 상각과 막대한 부채가 위기를 더욱 짓누르는 것만큼이나, 국제적인 노력에 족족 발목을 잡는 '정의의 상각' 역시 위기를 더욱 짓누른다. 2008년에 세계은행은 개발도상국들의 재화와 서비스 가격에 대해 면밀히 연구한 결과를 토대로 새로운 숫자를 내놓았는데, 그에 따르면 14억 명의 인구가 빈곤선 이하에서 살고 있으며 이는 이전 추산치보다 4억 3,000만 명이나 늘어난 것이다. 빈곤선이 어디냐고? 하루 1.25달러다. 당시에 〈뉴욕타임스〉가 보도했듯이 "세계은행 측정치가 드러내는 가난은 너무나 비참한 수준이어서 산업화된 나라의 시민으로는 감도 잡기 어려운 정도다"(빈곤선에 살고 있는 사람이 하루치 돈으로 〈뉴욕타임스〉를 한 부 사려면 75센트가 모자란다).

이를 해결하기 위해 필요한 것들은 무엇인가? 다음과 같이, 점점 줄어들거나 열악해지고 있는 것들이다. 인도는 농촌의 생산성을 높여야 한다. 모든 개발도상국은 "교육에 더 많이 지출"해야 한다. 아프리카에서는 "투자를 촉진하려면 안전과 안정성이 무엇보다 중요하다."[95] 그런데 2008년에 바이오연료 시장이 붐을 이뤘을 때, 37개국에서 식량 폭동이 일어났고, 많게는 1억 명의 아프리카 사람들이 빈곤으로 떨어졌다.[96]

그런 삶을 사는 사람에게는 새로운 지구가 어떻게 다가올지 생각해보자. 한편으로, 그는 기후가 변하고 있으며 이것이 정말 큰 문제를 일으키고 있음을 깨달았을 것이다. 하지만 다른 한편으로, 그는 너무나 가난하기 때문에 세계의 부유한 지역 사람들이 당연하게 여기며 살아가는 안락함을 약간이나마 갖기를 열망할 것이다. 아프리카에서는 전기를 사용하는 사람이 세 명 중 한 명꼴이다. 시골에서는 열 명 중 한 명꼴로 전구를 켤 수 있다.[97]

중국에 가보면 다들 계속해서 가래를 뱉는다는 것을 알아차릴 수 있다. 폴 로버츠가 설명했듯이 "수세대 동안 농민들은 거의 항시적으로 폐질환을 겪어왔기 때문에 가래 뱉는 습관이 생겼다. 큰 이유 중 하나는 겨울에 난방을 할 여력이 안 되는 것이다." 집 벽은 성에 때문에 흰색으로 변한다. 한 농민은 이렇게 회상했다. "우리 마을에서는 결혼을 준비하는 여자쪽 부모가 가장 먼저 확인하는 것이 사위 될 사람의 집 뒷벽이 흰색인지 아닌지였다. 흰색이 아니면 그의 가족이 집을 따뜻하게 할 수 있을 정도로 풍족하게 산다는 뜻이기 때문에 결혼을 승낙한다."[98]

오두막에 전깃불을 밝히고 싶은 콩고 사람이나 겨울 내내 떠나지 않는 가슴 통증에서 아이를 벗어나게 해주고 싶은 중국 사람에게 가장 쉬운 방법은 석탄을 때는 것이다. 다른 에너지원들이 사라지고 있을 때는 더더욱 그렇다. 한 분석가가 2008년 9월에 지적한 대로 "히말라야에서 수량이 마르면서 수력발전이 어려워지고 있기 때문에, 인도에서는 풍력과 태양열을 촉진하고 있음에도 석탄 수요가 급격히 증가할 것"이다.[99]

얽히고설킨 국제적 이해관계

이런 세상에서, 지구온난화 협약에 대한 국제협상은 어떤 식으로 이뤄지게 될까? 그린하우스 개발권리네트워크의 톰 아사나시우와 폴 베어는 이와 관련한 시나리오들을 예측하기 위해 많은 연구를 했다. 아사나시우와 베어는 개발도상국들이 기후 관련 국제협상에서 처음으로 실질적인 영향력을 행사하게 되었다고 언급했다. 개발도상국들이 자국의 석탄을 태운다면 지구온난화를 막기 위해 나머지 세계가 할 수 있는 일은 없을 것이니 말이다. 그리고 이들은 이제까지의 지구온난화에 거의 기여하지 않았으니 떳떳하게 할 말이 있다. "개발도상국들은 자신이 가지고 있는 유일한 성장 경로를 막아버릴 것으로 우려되는 조치에 나서려는 마음이 그다지 없다."[100]

본질적으로 가난한 나라들은 플랜 A(우리가 그들에게 수십 년 동안 설득했던 '워싱턴 컨센서스(Washington Consensus)' 개념. 즉, 그들도 선진국이 했던 것과 동일한 방식으로 성장할 수 있으리라고 보는 계획)를 포기해야 할 것이다. 개발도상국들은 자국의 농경을 선진국처럼 보이게 만들기 위해 "개혁"을 성실히 수행했고, 농민을 기존의 터전에서 몰아내 도시의 공장에서 값싼 물건들을 만들게 했다. 그리고 이러한 조치들이 "자신들을 가난에서 벗어나게 해줄 것"이라고 믿었다. 적어도 중국의 경우에는 이런 전략이 효과를 발휘하기 시작하는 것 같기도 했다. 하지만 값싼 석탄과 값싼 석유가 없으면 이런 계획은 더 이상 말이 되지 않는다.

플랜 A(개발도상국들이 선진국이 과거에 했던 방식으로 급성장을 해서 안락하고 안전한 생활을 누릴 수 있게 되리라는, 이제는 헛된 희망)에 대한 명백한 대안은 플랜 B이다. 글로벌 북부 지역이 자신이 가진 것을 글로벌 남부 지역과 **나누기로** 거대 협상을 하는 것이다. 그리고 그 대가로 글로벌 남부는 다른 경로로, 더 청정한 경로로 개발을 진행하겠다고 동의하는 것이다. 애초부터, 그러니까 1992년 리우 회의 때부터 이것이 세계기후회의의 진짜 내용이었다. 간단히 설명하자면 이런 식으로 협상을 하는 것이다. 당신(선진국)은 우리(개도국)에게 충분한 풍력터빈을 제공해야 한다. 그러면 우리는 우리 석탄을 때지 않겠다. 당신은 우리의 공장을 효율적으로 다시 지어주어야 한다. 그러면 우리는 석탄을 때지 않겠다. 당신은 우리를 가난에서 벗어나게 해줄 뭔가 다른 방법을 제시하라. 그러면 우리는 석탄을 때지 않겠다. 모두가 점차로 협상은 이런 식으로 진행되어야 한다는 것을 알고 있다. 하지만 모두가 이런 식으로 협상을 하지 않으려 애쓰면서 지난 20년을 보냈다.

멀게는 1997년 여름에 교토 협약을 마련하는 협상이 시작됐을 때, 화석연료 업계의 로비스트들은 자신이 영향을 미칠 수 있는 정치인들에게 '상원의 의견'이라는 결의안을 내도록 압력을 넣었다. 결의안의 내용은, 선진국만이 아니라 개발도상국도 온실가스 감축 일정과 목표에 의무적으로 참여하도록 요구하지 않은 의정서라면 미국은 서명하지 말아야 한다는 것이었다. 그런 의정서에 미국이 합의하면 "미국경제에 심각한 해를 끼칠 것"이라는 이유에서였다. 하지만 이는 협상을 엎겠다는 것과 마찬가지였다. 중국은 당시 1인당 기준으로 미국의 10분의 1밖에 탄소를 배출하지 않았고, 따라서 서구 국가들에 요구되는 수준의 목표치를 요구할 수 없었으니 말이다. 앨 고어 부통령이 상징적으로 미국을 대표해 서명하긴 했지만, 이 의정서는 비준을 위해 상원에 제출되지 않았다. 조지 W. 부시 대통령도 물론 동일한 주장을 했다. 2005년에 그는 이 협정이 인도나 중국 같은 "거대한 오염 국가들"에게 탄소 방출을 줄이라고 요구하지 않았다며 이렇게 말했다. "나는 교토에 신념을 갖고 서명할 수 없었다. 그것은 미국 경제를 뒤흔들었을 것이다."[101]

미국이 '프레드 아스테어' 노릇을 하자 중국은 '진저 로저스' 역을 맡았다. 미국이 "개도국도 참여해야 마땅" 운운할 때, 중국은 기후변화에 서구가 "회피할 수 없는 책임"을 갖고 있다고 (정확한) 독설을 퍼부었다. "기후변화는 역사적으로 선진국들이 장기간에 걸쳐 탄소를 방출해왔고, 최근에도 1인당 기준으로 높은 수준의 탄소를 방출한 데서 기인했음을 짚고 넘어가야 한다." 2007년 2월, 외무부 대변인 지앙 유는 이렇게 말했다. 이때는 중국이 미국만큼이나 이산화탄소를 많이 배출하게 된 때였다.[102] 중국이 석탄을 때는 쪽으로 빠르게 전환한 것은 부시 행정부 시절의 가장 큰 외교상 실패로 기억될지 모른다. 이는 매우 중요한 점을 말해준다. 중국의 에너지 사용 궤도를 다른 쪽으로 돌리기 위해 최대한 더 많은 유인과 설득과 압력을 사용하기는커녕, 미국은 그냥 방관하고 있었던 것이다. 아니, 사실 미국은 중국이 안 좋은 방향으로 가도록 부추겼다.

부시 정권이 드디어 끝난 후, 양측 모두 다시 협상에 나서려고 노력해왔다. 중국은 기후변화가 자신들에게도 큰 문제가 된다는 것을 깨달았다. 한 분석에 따르면, 기후 관련 재앙은 이미 중국에 매년 국내총생산의 5퍼센트 정도 되는 비용을 물리고 있었다.[103] 이는 아주 많은 비용이다. 중국 경제 생산량 20위안마다 1위안씩이 극심한 가뭄이나 변덕스런 폭풍에 대처하는 데에 들어가는 셈이니 말이다. 그리고 기후 이변은 점점 더 많아지고 있다. 2008년에 중국 정부는 기후변화로 중국의 밀, 옥수수, 쌀 생산이 향후 50년에 걸쳐 많게는 3분의 1이나 감소할 것이라고 예측했다.[104] 이것도 아주 많은 비용이다. 쌀 세 바구니마다 한 바구니씩 바다에 던져버린다고 생각해보라.

이런 우려들 때문에 기후협상에서 중국의 화법이 달라지기 시작했고, 어느 정도는 협상에서 합의를 하는 것이 중국에도 이익이라는 생각이 분명히 커지고 있다. 하지만 서구가 그에 대해 대가를 지불할 때에만 그렇다. 중국 기상국 친 다혜 총국장은 최근에 중국 북부의 폭염과 가뭄이 기후변화와 관련 있다고 인정했다. 하지만 중국이 에너지 구조를 완전히 바꾸어서 청정에너지를 사용하려면 "아주 많은 돈"이 필요할 것이라고 덧붙였다.[105]

2008년 12월 국제기후협상에서 중국 대표단은 "아주 많은 돈"을 구체적인 액수로 제시하고자 노력했다. 중국은 "기후변화와 싸우는 가난한 나라들을 돕기 위해 부유한 나라들이 국내총생산의 1퍼센트를 기부하길 원한다"고 밝혔다.[106] 정말 "아주 많은 돈"이다. 평범한 미국인 유권자에게 한 달 수입 중 일부를 중국에 풍력터빈을 기부하는 데 쓰라고 설득하는 것은 잘 상상이 되지 않는 일이다. 실제로, 상원위원 존 케리(2009년부터 상원 외교위원회 위원장을 맡게 된다)는 미국이 처한 경제 문제 때문에 그런 종류의 원조를 하기는 어려울 것이라고 밝혔다. 그는 경제 상황 때문에 미국이 "2년 전에 있던 위치에 더 이상 있지 못할 것이며, 중국에 기술 이전이나 그밖의 경제 원조를 많이 할 수 없을 것"이라고 말했다. 그러더니 미국이 이렇게 꺼린다고 해서 "현금이 풍부한 다른 국가들까지 원조액을 내려는 의

사를 바꾸어서는 안 될 것"이라고 재빨리 덧붙였다.[107]

사실, 다른 부유한 나라들도 대부분 원조를 하고 싶어 하지 않았다. 유엔의 한 외교관은 외교적인 표현으로 이렇게 말했다. "가난한 나라들을 지원할 추가적인 자금을 마련하는 데에 금융위기가 어떤 영향을 미칠 것이냐는 점에 대해 물음표가 있다."[108] 그러는 동안 비용은 계속 올라간다. 2009년 8월에 영국의 한 연구는 가난한 나라들을 적응시키는 비용이 원래 예측되었던 것의 세 배가 될 것이라고 전망했다. 이 연구는 모든 것을 감안하면 많게는 연간 5,000억 달러가 들어갈 것으로 추산했다.[109]

우리가 합의에 아예 도달하지 못하리라는 말이 아니다. 우리는 점차적으로 합의에 도달할 것이다. 버락 오바마 정부가 출범한 이후 실질적인 움직임이 있었다. 미국은 의회에서 법안 초안들을 통과시키기 시작했고 코펜하겐에서 기초적인 협상을 했다. 하지만 350ppm으로 되돌아가는 데에 필요한 정도의 큰 협상은 어떠한가? 우리가 지구에 저지르고 있는 일을 바꾸는 데에 진정한 희망을 줄 수 있는 종류의 협상은 어떠한가? 그것은 얼마나 가능성이 있어 보이는가? 개발도상국이 요구하는 최소한을 충족시키는 데만도 전 세계는 적응 기금을 막대하게 올려야 한다. 공화당의 한 의원은 〈월스트리트저널〉에 이렇게 불평했다. "중국의 요구는 미국의 4인 가족 한 가구당 매년 거의 1,900달러의 세금을 요구하는 셈이다."[110]

미국이 얼마나 미약하게 나서고 있는지 알고 싶다면 오바마의 말을 들어보자. 2009년 2월, 오바마는 경기 부양책에 더 많은 지출을 요청하면서 이렇게 말했다. "완벽을 추구하느라 본질적인 것을 놓치는 일을 만들지 말자."[111] 그리고 7월에는 의료보험 개혁에 대한 기자간담회에서 "완벽을 추구하느라 좋은 것을 놓치는 일"은 하지 않겠다고 말했다.[112] 같은 달, 곧 열릴 코펜하겐 기후변화회의에 대해서도 같은 말을 했다. "최고를 추구하느라 좋은 것을 놓치기를 원하지 않는다."[113]

앞의 두 경우에는 건전하고 합리적인 정치이다. 경제 정책과 의료보험은 정상 정치(일상 정치)의 아주 완벽한 사례들이니 말이다. 입장에 따른 차이들을 가르고, 점진적인 변화를 만들고, 몇 년 뒤에 다시 뭔가를 더 추진하고…… 이런 식으로 진행할 수 있다. 그러는 동안에도 삶이 불가능할 정도로 힘겨워지지는 않는다. 의료보험이 부족한 사람들이 곤란을 겪기는 하겠지만, 그렇다고 미래의 변화를 불가능하게 만들 정도는 아니다. 하지만 지구온난화는 인류가 물리와 화학을 상대로 벌이는 협상이다. 이는 아주 힘든 협상이다. 물리와 화학은 타협을 해주지 않기 때문이다. 물리와 화학은 협상의 여지가 없는 기본선을 이미 제시했다. 350ppm이 넘으면 지구는 작동하지 않을 것이다. 이런 경우에, 좋은 것과 본질적인 것과 완벽한 것과 적절한 것은 다 같은 것이다.

환경 재앙과 국제분쟁의 상관성

그래서 획기적인 돌파구가 나오기를 희망적으로 기대하는 사람들도 있지만, 새로운 종류의 문제들이 발생할 것을 우려하는 사람들도 있다. 우리가 만들어내고 있는 새 세상에서는 협력만큼이나 갈등과 분쟁도 있을 법한 결과다. 2006년에 영국 내무장관 존 리드는 다르푸르 대학살을 촉발한 요인으로 지구온난화를 지목했다. 그는 환경 변화가 "폭력 분쟁의 가능성을 줄이는 것이 아니라 늘린다"고 주장했다. 물과 농경지의 부족이 다르푸르의 비극적인 분쟁을 일으킨 중대 요인임은 냉정한 진실이다. 우리는 이를 경고의 신호로 받아들여야 한다.[114] 이듬해에 다르푸르를 취재한 〈타임)의 알렉스 페리는 "분쟁의 뿌리가 인종보다는 생태와 더 관련 있는 것 같다"고 보도했다. 얼마 안 되는 좋은 땅은 늘 귀했다. 그런데 지난 50년 간 비가 줄고 사하라사막이 팽창하면서 목초지가 모래로 덮였다. 그래서 경쟁이 더욱 치열해지고 있다. 다르푸르는 "덥고 가난하고 땅은 줄어드는 데 사람들은 너무 많다. 이런 곳에서는 싸움이 쉽게 촉발된다."[115]

8년에 걸친 가뭄은 소말리아에서도 분쟁을 격화시켰다. 짐바브웨에서는 흉작이 들면서 안 그래도 비참하던 상황이 더 악화됐다. 팽창하는 사하라를 떠난 난민들 상당수는 거대한 차드 호의 국경지역에 정착했는데, 차드 호 역시 1973년 이래로 수량이 90퍼센트나 줄었다.[116] 시리아에서는 2008년 가뭄이 닥친 후 160개 마을이 버려졌다. 또 '지속가능한 발전을 위한 국제연구소'가 예측한 바에 따르면, 지구온난화가 온건하게 진행되더라도 유프라테스 강이 30퍼센트, 사해가 80퍼센트 줄어들 것으로 나타났다[117](2008년 여름에 진행된 후속 연구는 '고대의 비옥한 초승달' 지역이 금세기에 사라질 것이라고 내다봤다).[118]

해수면이 1미터 상승하면 나일 강 삼각주의 적어도 5분의 1이 사라진다. 그러는 동안, 물이 더 잘 증발하고 상류 지역에서의 물 수요가 증가하면서 강물 유량이 향후 50년 내에 70퍼센트까지도 줄어들 가능성이 있다. 2009년에 젝 센커는 〈가디언〉에 쓴 기사에서 나일 강 삼각주 지역을 "사형집행 영장에 이미 서명된" 지역이라고 표현했다.[119] 한편, 카슈미르 지역에서는 인도와 파키스탄 군대가 시아첸 빙하를 두고 오래도록 대치해 왔다. 이곳은 지구상에서 가장 높은 분쟁지역으로서, 고도 5,800미터 지대에 자리하고 있다. 하지만 이제는 빙하가 빠르게 녹아서 "두고 싸울 만한 것이 거의 남아 있지 않다"고 저널리스트 프리얀카 바드와지가 말했다. 다만 "심각한 물 위기"에 영향을 받을 파키스탄 사람 수백만 명이 남

아 있을 뿐이다.[120]

또 영국의 외무장관 마거릿 베케트는 기후변화와 무력 분쟁에 대해 열린 최초의 UN 안전보장이사회 토론에서 이렇게 말했다. "무엇이 전쟁을 시작하게 만드는가? 물을 차지하려는 싸움이다. 강우 패턴의 변동이다. 식량 생산과 땅의 사용을 둘러싼 싸움이다. 우리 경제에 잠재적으로 이보다 더 큰 위험은 거의 없다. ……하지만 평화와 안보에도 이보다 더 큰 위험은 거의 없다."[121] 이런 시각으로 바라보는 사람은 베케트만이 아니다. 지난 2년간 미국과 유럽의 중도주의자 단체들이 수행한 네 건의 연구에 따르면 "온난한 지구에서는 전쟁이 촉발되기가 더 쉽다."〈휴스턴 크로니클〉의 보도에 따르면, 각각의 보고서가 "놀라울 정도로 비슷한 문제들을 예측했다. 한때는 풍성했던 토양이 사막으로 바뀌면서, 그리고 해안이 바다 아래로 내려가면서 땅과 천연자원을 둘러싼 분쟁이 발생하는 것이다."

또한 취약한 정부는 파괴적인 폭풍이 오면 붕괴 위험에 처할 수 있다. 조지 W. 부시 대통령이 카트리나에 대해 제대로 반응하지 못한 뒤 여론 조사에서 지지도가 떨어진 것을 보면 이해하기 쉬울 것이다.[122] 얼마 전 영국의 경제학자 니컬러스 스턴은 "기온이 섭씨로 4, 5도 오른다면 수십억 명의 사람들이 이주해야 할 것"이라고 내다봤다.[123] 그런데 워싱턴 국제전략문제연구소에 따르면 "기후 난민"들로 "약하고 붕괴하는 국가"가 늘어나면 테러 가능성 또한 증가할 수 있다.[124] 몇몇 모델은 금세기 중반이면 전 세계 인구 90억 명 중 많게는 7억 명이 기후 난민이 될 것으로 예측하고 있다.[125]

이런 거대 규모의 난민이 발생하면 어떻게 될까? 방글라데시를 생각해 보자. 상류에서는 빙하가 녹고, 하류에서는 해수면이 상승하며, 도시에서는 뎅기열이 퍼지는 곳 말이다. 면적이 큰 국가 중 인구밀도가 가장 높은 방글라데시에서는 최근 몇 년간 홍수가 작물을 덮치면서 사람들이 기후 난민이 되어 이주하고 있다. 일부는 다카를 둘러싼 슬럼 지역으로 옮겨간다. 매년 약 50만 명이 다카에 모여드는데, 이중 70퍼센트는 환경문제로 오는 것이다.[126] 이웃 나라 인도는 이들이 여기서 멈추지 않을 것을 우려하고 있다. 전직 공군사령관은 "만약 방글라데시의 3분의 1에서 홍수가 나면 인도는 난민의 일부는 흡수할 수 있겠지만 전부는 흡수할 수 없다"고 최근 경고했다.[127] 실제로 인도는 방글라데시 난민 문제를 많이 우려해서, 지난 5년간 은밀히 4,000킬로미터 길이의 장벽을 쌓았다. 팔레스타인과 이스라엘 사이의 서안 지구 장벽을 모델로 삼아 만들었는데, 일부는 전기가 통하게 만들어놓았다.[128]

장벽으로 한동안은 난민을 막을 수 있을지 모르지만, 한 군사역사학자의 말을 빌리면 "사람들은 국경에 대해 신경을 쓰지 않을 것이다. 국경으로 밀려와서 절망 속에서 국경을 짓밟아버릴 것이다."[129] 하지만 방글라데시 난민들은 인도 국경 안으로 들어온다고 해도 방글라데시에서와 똑같은 문제에 봉착할 것이다. 인도의 큰 도시 중 방글라데시에서 가장 가까운 곳은 콜카타인데, 최근의 보고서에 따르면 콜카타도 해수면 상승으로 짠물이 올라와서 통상적으로 갠지스 강 하류 쪽으로 100킬로미터 내려간 지역에서 많이 보이는 맹그로브 나무들이 도시의 강둑으로 올라오기 시작했다. 한 당국자는 "강물에 바다 물고기가 많아진 것을 발견했다"고 언급했다.[130]

미군은 해수면 상승으로 해안의 군 시설 63개가 위험에 처한 것을 우려하는 것 이외에도 "기후변화로 발생하는 인도주의적 재앙에 대해 군대를 대규모로 동원해야 할" 미래에 대해 계획을 세우기 시작했다. 전직 미 육군 군수사령관 폴 컨은 "미군 병력이 카트리나 같은 것이 여러 번 오는 데에 잘 대처할 수 있는지"를 국방부가 점검해봐야 한다고 지적했다. 미 국방부는, 전에는 전략 노선으로 두 개의 전쟁을 동시에 할 수 있도록 준비하는 것을 이야기했다(1990년대 미국 국방부가 밝힌 냉전 이후의 미국 군사전략. 두 개의 주요 지역분쟁에 동시 대응할 수 있는 병력 구성을 의미한다—옮긴이). 하지만 이제는 "산사태, 토네이도, 허리케인 등의 재해가 연달아 오는 것"에 대해 걱정한다.[131]

2009년 8월, 국방부는 "최근에 진행한 전략 및 전쟁 시뮬레이션 연구에 따르면 (기후 재앙이) 해당지역 전체의 안정성을 뒤흔들 수 있다"고 언급했다. 국방부의 한 당국자는 "아주 빠른 시간 안에 상황이 극히 복잡하게 악화될 수 있는 것으로 나타났다"고 말했다.[132]

가장 무서운 예측은 기후변화의 압력이 "저항할 수 없는" 상태가 될 10, 20년 후를 예측한 국방부 보고서에 나온다. "역사를 살펴보면, 굶느냐 약탈하느냐의 선택에 직면할 경우 인류는 언제나 약탈하는 쪽을 택했다. 동유럽 국가들이 자국 인구를 부양하느라 고전하다가 광물과 에너지원을 확보하기 위해 러시아(인구가 줄기 시작하면서 이미 많이 약해졌다)를 침략하는 상황을 생각해보라. 일본이 담수화 공장에 전력을 대고 에너지 집약적인 농업을 하기 위해 러시아의 석유와 천연가스에 눈독을 들이고 있다고 생각해보라. 핵무기를 보유한 파키스탄, 인도, 중국이 국경에서 난민문제를 놓고, 혹은 공유하는 강에의 접근권이나 경작 가능한 토지 확보를 놓고 충돌한다고 생각해보라."

이 보고서의 핵심은, 적어도 분쟁에 대해서라면 새 지구에서의 양상이 옛 지구에서와 크게 다르지 않으리라는 것이다. "300년 전까지만 해도 자원을 둘러싼 전쟁은 인간 사회에서 늘 벌어지는, 일종의 정상적 상태였다. 그런 전쟁이 벌어지면 보통 성인남성 인구의 25퍼센트가 죽었다. 심각한 기후변화가 강타하면 아마도 전쟁이 다시 인류의 생활을 규정하는 주요 특징이 될지 모른다."[133]

소름끼치는 전망이다. 가을 수확을 차지하려고 다른 성인남자들과 싸움을 벌이는 것은 내가 배우고 익혀온 커리어가 아니다. 그리고 나는 인류가 꼭 그렇게 돼야 하는 것은 아니라고 생각한다. 이 책의 후반부에서 나는 새 지구에서 살아가는 안정적이고 비교적 우아한 방법들에 대해 다룰 것이다.

피크 경제성장을 앞두고

하지만 우선 우리는 우리가 어디에 있는지를 받아들여야 한다. 미래가 과거와 닮았으리라고 대충 가정하지 말아야 하고, 미래가 더 살기 쉬워지리라는 통상적인 낙관론을 버려야 한다. 우리는 더 이상 톰 프리드먼이 묘사한 평평한 지구에 살고 있지 않다. 지구우는 이제 언덕진 행성이다. 중력이 전보다 더 강하게 우리를 아래로 끌어당기고 있다. 전에 알고 있던 것보다 더 많은 균열이 있다. 이제 우리는 가고자 하는 곳에 가려면 더 많이 기를 써야 한다.

나는 사람들이 직감으로는 이것을 알고 있다고 생각한다. 부시 행정부 시절의 불황이 덮치기 전에도 사람들이 이를 이미 느끼고 있었다고 생각한다. 미국인들에게 결정적인 시점은 2008년 초였을 것이다. 거대 은행은 아직 눈에 띄게 휘청대지 않았고(은행 문제는 6개월 후에 터진다), 경제는 여전히 잘 굴러가는 것처럼 보였지만, 휘발유 가격이 갑자기 갤런당 4달러로 치솟았을 때 말이다.

미국적 개념 중에 변하지 않은 것이 하나 있다면 바로 '움직임'일 것이다. 미국인은 먼 나라에서 이주해왔다. 미 대륙을 가로질렀다. 고속도로를 지었다. 운전석 옆에서 좌회전해야 할 곳을 지나쳤다고 일러주는 GPS를 발명했다. 모든 것이 중단 없이 순조롭게 움직이고 있었다. 그런데 갑자기, 정말 처음으로, 움직임이 휘청거리기 시작했다. 매달 미국인들은 이전 달보다 차를 덜 몰았다. 집을 내놓아도 집이 잘 팔리지 않았다. 하지만 정말로 내놓아도 팔리지 않은 것은 익스플로러(SUV 자동차 이름—옮긴이)였다. 갑자기 미국인은 자신이 **익스플로러**(탐험가), **네비게이터**(항해자), **포레스터**(삼림가), **마운티니어**(등산객), **스카우트**, **트래커**, **트루퍼**(기병), **랭글러**(카우보이), **패스파인더**(길잡이), **트레일블레이저**(개척자)였다는 점에 확신을 덜 갖게 되었다. 갑자기 당신은 캔자스 주에, 아니면 아마도 뉴로셸에 있게 되었다. **두랑고, 타호, 데날리, 유콘**이 아니고 말이다. **디스커버리**(발견), **이스케이프**(탈출), 그리고 **엑스커션**(탐사)은, 주유하는 데에 100달러도 더 든다는 기분 잡치는 사실보다 덜 중요한 것처럼 보이게 되었다(굵은 글씨는 모두 SUV 자동차의 브랜드 명이다—옮긴이). 몇몇 소비자 연구에 따르면, 일본에서도 '잃어버린 10년' 뒤에 자가용을 소유하고 싶어 하는 사람의 비중이 절반으로 떨어졌다.[134]

항공 여행을 봐도 그렇다. 항공 여행은 전형적인 20세기 미국의 발명품이다. 세계가 프리드먼 같은 사람들에게 평평하게 보인다면, 그것은 그들이 너무 많은 시간을 높은 상공에서 보냈기 때문일 것이다. 너무 높은 데에서 보니까 사물이 다 납작하게 뭉뚱그려져 보이는 것이다. 최근까지만 해도 모두가 항공 여행이 매년 늘 것이라고 예측했다. 미국 연방항공청(FAA)은 2025년까지 미국 국내 여행이 두 배가 되어 13억 명의 승객이 비행기를 이용할 것이라고 내다봤다.

하지만 유가가 하늘로 치솟자 비행기들은 땅으로 내려왔다. 2008년에 30개 도시에서 상업항공 서비스가 없어졌다. 델라웨어 주의 윌밍턴 같은 도시가 그런 곳에 속한다. 2009년 브리티시 항공은 직원들에게 비행을 유지할 수 있도록 1년에 한 달을 무료로 일하도록 요청했다.[135] 교통 전문가인 앤소니 펄과 리처드 길버트는 유가 인상으로 미국의 항공 운항이 2025년까지 40퍼센트가량 줄 것이며, 주요 공항의 숫자도 400개에서 50개로 감소할 것이라는 예측을 담은 책을 최근 출간했다.

그렇다면 공군은 피크오일을 어떻게 준비하고 있을까? 석탄을 비행기 연료로 전환하는 공장을 통해서다. 그런데 이는 지구를 덥히는 가장 효과적인 방법이다.[136] 석유분석가 리처드 하인버그는 세계 최초의 전기비행기 심포지엄(2007년)에서 기조연설을 했을 때에 대해 나중에 이렇게 회상했다. "미 항공우주국과 보잉은 대표자들을 보냈지만, 심포지엄에 온 사람은 다 합쳐 20명 정도였다. 거기서 논의된 전기비행기들은 초경량 2인승이었다. 2인승 비행기가 현재의 기술로, 혹은 예견 가능한 미래의 배터리 기술로 만들 수 있는 한계다."[137]

항공이 20세기를 규정했다면 끝없이 팽창하는 무역은 우리의 새 시대를 규정했다. 빌 클린턴 전대통령은 기후변화를 언급하기는커녕 자신의 정치적 자본을 북미자유무역협정과 '관세 및 무역에 관한 일반협정'을 밀어부치는 데에 투자했다. 먼저 미 대륙을, 다음에는 지구의 대부분을, 본질적으로 제한 없는 상업에 개방한다는 것이었다. 그리고 이러한 협정들은 엄청나게 효과적이었다.

2005년경, 한국은 6미터 컨테이너 8,000개를 실을 수 있는 초대형 화물선을 지었다. 이 컨테이너들을 줄 세우면 53킬로미터에 달한다.[138] 1년 뒤 중국이 그 기록을 깼다. 이 배는 29인치 컬러텔레비전 130만 대, 혹은 휴대전화 5,000만 대를 실을 수 있었다(이 짐들이 내려질 항구의 이름을 따서 배는 '로스앤젤레스 호'로 명명됐다. LA에 짐을 내린 후 로스앤젤레스 호는 빈 배로 중국에 돌아왔다).[139] 몇 달 뒤, 다시 1.5배 크기의 덴마크 배가 처녀 출항을 했다. 상하이에서 영국으로 가는 값싼 장난감을 실은 이 배는 'SS산타'로 불렸다. SS산타 호는 중국의 재활용 공장으로 갈 영국의 폐기물들을 싣고 중국으로 돌아왔다.[140] 2005년에 미국에서 700만 개의 화물 컨테이너가 내려졌는데 겨우 250만 개만이 아시아로 뭔가를 싣고 돌아갔다. 건축 예술가들은 빈 컨테이너를 활용해 집을 짓기 시작했다.[141] 머지않아 미국은 무역 적자가 눈덩이처럼 불어났고, 수억 명의 중국인들은 농촌을 떠나 공장으로 가서 소득을 올렸다. 그리고 대기 중에 탄소를 뿜어냈다. 전 세계 무역 거래량은 레이건 대통령 취임 이후 4반세기 동안 대략 5배나 늘었다.[142]

하지만 그것은 옛 지구 이야기였다. 2008년에 이상한 일이 벌어지기 시작했다. 우선 유가가 치솟으면서 장거리 선적이 덜 매력적으로 보이기 시작했다. 화물선을 상하이에서 미국으로 보내는 비용이 2000년대 초 3,000달러에서 2008년 5월경에는 8,000달러로 올랐다. 화물 운송량이 떨어지기 시작했다. 이케아는 중국이 아니라 버지니아 주에 공장을 열었다. 모건스탠리의 통화 전략가는 "세계화에서 따먹기 쉬운 과일은 이미 다 따먹었다"고 말했다. 캐나다 투자은행 CIBC월드마켓의 분석가 제프 루빈은 더 퉁명스럽게 말했다. "세계화가 역전될지 모른다."[143] 실제로 미국 중서부의 철강업체에는 주문이 급증하고 있는데, 바로 "(국제)운송비용이 급증했기 때문"이었다. "중국으로 철을 수입하고 완성된 철강 제품을 해외로 수출하던 방식은 임금 격차에서 취할 수 있었던 이득이 이미 상쇄됐고, 갑자기 중국산 철강이 미국산 철강보다 미국 시장에서 경쟁력이 떨어지게 되었다."[144] 또 미국과 유럽 제조업체 임원들을 대상으로 2008년 말에 실시한 한 여론조사에서 약 90퍼센트가 "일부 공정을 본국이나 적어도 본국에 가까운 곳으로 옮기는 것을 고려 중"이라고 답했다.[145]

유가가 오르고 그에 따라 에탄올 수요도 오르면서 식품 가격이 급등했다. 갑자기 각국은 이전의 주장과 달리 자유무역이 그리 자명하게 좋은 것은 아니라는 입장을 취하기 시작했다. 2008년 여름에 열린 세계무역자유화 회담 "도하 라운드"는 타결되지 못했다. "식량 안보에 대한 우려가 증가하면서 중국이 전처럼 자유무역 조치들을 강하게 찬성하지 않게" 되었기 때문이었다. 서구의 농경이 자국의 농업경제를 잠식할 것이라는 우려를 오래도록 표명해온 인도에, 중국 또한 동참한 셈이었다. 인도의 고위무역대표자는 "모든 국가는 자국의 식량 안정성을 확보해야 한다"고 주장했다.[146] 유럽위원회 대변인은 이를 두고 "글로벌 경제에 대한 신뢰에 막대한 타격"이라고 언급했다.[147] 또 〈월스트리트저널〉은 사설에서 이것이 "전후 자유무역시대의 종언"을 고하는 것일지 모른다고 언급했다.[148]

한두 달 후 금융 위기가 시작되자 무역이 크게 감소했다. 전 세계 선적비용은 90퍼센트나 떨어졌고, 갑자기 거대한 컨테이너를 하루 5,600달러에 빌릴 수 있게 되었다. 한두 달 전만 해도 23만 4,000달러였는데 말이다.[149] 그런데도 한때 전 세계에서 가장 바쁜 항구였던 싱가포르에서 회자되는 농담을 빌리자면, 놀고 있는 배들이 항구에 너무 많이 대기하고 있어서 그걸 걸어서 건너면 인도네시아에 닿을 수 있을 지경이었다.[150] 미국의 항만관리소들에서도 "남부 캘리포니아에서 메인 주까지, 높은 연료비와 저조한 어획량 때문에 아마도 수천 대는 되어 보이는 배들이 항구에 그냥 정박되어 있으며" 그곳에서 "배들이 부서지고 가라앉는다"고 보고했다.[151] 부서진 배를 조사하던 한 투자분석가는 세계화야말로 "가장 큰 거품"이었다고 말했다.[152]

이 놀고 있는 배들을 보면 뭔가 마음이 불편하다. 경제가 회복되면서 점차로 이 선박 중 일부는 바다로 돌아갔다. 하지만 2009년의 무역 거래량은 25년 넘는 기간 중 처음으로 감소했다. 그리고 어떤 무역은 양상이 매우 달라졌다. 예를 들면, 태국과 이란은 쌀과 석유를 바꾸는 정부 간 물물교환을 했는데, 이는 수십 년 동안 사용되지 않던 방식이었다.[153]

피크오일이 왔듯이 피크 경제성장, 즉 이 시스템을 더 이상 확장할 수 없는 시점이 온 것인지도 모른다. 설령 지금이 아니라 해도 아마 곧 올 것이다. 보험비용이 오르고 유가가 치솟고 경제가 무너지고 에너지에 투자할 새로운 자금이 사라지고 있다. 그리고 경제가 다시 살아나기 시작하면 이번엔 유가가 또 오른다. 2009년 5월 맥킨지가 수행한 한 연구는 새로운 오일쇼크가 "불가피하다"고 언급했다.[154] "거품 내고, 헹구고, 반복하세요." 다만 반복되지 않는 것이 하나 있는데, 기온이 전과 달리 계속 오르는 것이다. 그러니, "거품 내고, 머리에 거품이 가득한 채로 그냥 계세요. 기온이 올라서 머리 헹굴 물이 말라버렸을 테니까요."

성장의 종말

새 지구에 대한 이 모든 이야기(강력한 폭풍, 녹아 없어지는 빙하, 산성화된 대양) 중 가장 무섭고 기이한 변화는 아마 성장의 종말일 것이다. 성장은 우리가 늘 하고 있는 것 아니었던가? 성장이 끝날지도 모른다는 생각을 누가 상상이나 해봤겠는가?

그런데 누가 하긴 했다. 지금과는 매우 달랐던 시절, 린든 존슨이 대통령이던 시절, 베트남 미라이에서 대학살이 일어나고, 마틴 루터 킹이 암살

되고, 브로드웨이에서 뮤지컬 '헤어'가 첫 공연을 하던 시절에, 일군의 유럽 산업가와 과학자들이 이탈리아의 수도에서 만났다. '로마클럽'이라고 불리는 이들은 상호 연결된 전 지구적 경향을 조사하자고 제안했고, MIT의 젊은 시스템분석가 팀에게 보고서를 발주했다.

MIT팀이 연구를 끝내고 《성장의 한계(*The Limits to Growth*)》라는 제목의 책을 낸 1972년이면, 이미 첫 번째 지구의 날이 선포되었고 리처드 닉슨 대통령이 환경보호청을 신설한 상태였다. 하지만 환경 역사상 이 얇은 책자의 출간보다 더 중요한 사건은 거의 없을 것이다. 이 책은 30개 언어로 번역되었으며 3,000만 부가 팔렸다. 환경서적 중에 가장 많이 팔린 것이다. 이 책에서 제기한 우려 중 어떤 것은 지금 보면 너무 구시대적이다. 에스키모인, 독일인, 이스라엘인들의 신체 지방에 축적된 DDT에 대한 면밀한 분석이라든지, 요즘은 잘 이야기하지 않는 단어인 '오염'에 대한 심각한 내용 같은 것들 말이다. 하지만 이 책에서 가장 중요한 점은, 인간이 자신들이 살고 있는 지구에 과도한 부담을 지워서 인류의 삶이 더 힘들어질 가능성이 있음을 이 소규모 연구팀이 예측했다는 사실이다. 그들은 새로운 행성 지구우를 예견했다. 이 경고에 주의를 기울였더라면 우리는 지구우를 만들어내지 않을 수 있었을지도 모른다.

그러니 역사를 공부한다는 의미에서라도 이 책의 내용을 좀 살펴볼 필요가 있다. 분석팀은 몇 가지 오염물질 방출이 기하급수적으로 증가했음을 그래프로 나타냈다. 그리고 다양한 자원, 특히 화석연료의 고갈도 계산했다. 이런 변수들을 컴퓨터에 넣어서 몇 가지 모델들을 분석했는데, 결과는 대체로 동일했다. 인류는 "오버슈트(overshoot)"한 뒤 붕괴할 가능성이 아주 높다는 것이었다. 몇몇 모델이 예측한 시나리오를 보면 "산업은 막대한 자원 투입을 필요로 하는 수준으로까지 성장한다. 바로 그 성장의 과정에서, 사용가능한 자원보유고의 상당 부분을 고갈시킨다. 자원 가격이 오르고 광산이 고갈되면서 자원을 확보하는 데에 점점 더 많은 자본이 들어가게 되고, 미래의 성장을 위한 투자 여분은 점점 덜 남게 된다." 중국의 부상이나 피크오일의 시작 등의 이야기와 매우 닮아 보이지 않는가(이 보고서는 당시에 얻을 수 있었던 자료의 한계 때문에 중국이나 석유를 콕 집어서 언급하고 있지는 않다).

분석팀은 더 많은 광물이 있을 경우라든가, 대기가 오염물질을 더 많이 흡수할 수 있을 경우 등으로도 모델을 수정해서 여러 시나리오를 분석했다. 하지만 그렇게 많은 여지를 허용한 모델에서도 경제가 너무 성장해서 한계에 이르는 지점이 항상 나왔다. 분석팀은 종합적인 결론을 세 가지로 제시했다.

1. 현재의 세계인구증가 추세가 계속되고, 산업화, 오염, 식량생산, 자원고갈의 추세도 바뀌지 않는다면 향후 100년 이내에 우리는 지구상에서의 성장의 한계에 도달할 것이다.
2. 이러한 성장의 추세를 바꾸고 더 먼 미래에도 지속가능한 생태적, 경제적 안정성의 조건을 만들 수 있는 가능성은 존재한다. 세계인구 모두가 각자 기본적인 물질적 필요를 충족시키고, 개인의 잠재 역량을 발휘할 기회를 동등하게 가질 수 있는 쪽으로 전 지구적인 균형 상태를 재구성하는 것은 가능하다.
3. 첫 번째가 아니라 두 번째 방향으로 가기로 결정한다면, 빨리 시작할수록 성공 확률도 커질 것이다.[155]

이 책은 아주 기술적이고 학술적이다. 페이지마다 여러 모델들의 그래프가 가득하다(모든 추세선이 급히 오르다가 뚝 떨어진다). 이렇게 기술적이고 학술적이라는 점 때문에 이 책은 더 호소력이 있었다. 이는 인간의 운명에 대해 '컴퓨터'가 강도 높게 경고한 최초의 일이었다. 이 책은 너무나 과학적으로 보였고, "컴퓨터가 미래를 내다보고 몸서리치다"와 같은 기사 제목들이 나왔다.[156] 그런 분위기 속에서 수백만 명이 열정적으로 이 책을 지지했다.

하지만 관련된 업계와 범위를 생각하면 짐작할 수 있듯이 맹렬한 비판도 쏟아졌다. 반대자들은 빤한 반대 논리들을 댔다. '인간이 처한 어떤 문제에 대해서라도 새로운 테크놀로지가 극복 방법을 찾아낼 것이다.' '유가가 오르면 더 많은 원유를 찾아낼 것이다.' '컴퓨터로 세계의 모델을 세우는 것은 불가능하다.' '우리가 다른 길을 가야 한다고 말하는 사람은 공산주의자 히피들이다.' 《성장의 한계》가 나오고서 1년 뒤에 출간된 한 반박 서적은 이렇게 결론을 내렸다. "세계의 종말 이후에 세계의 구원이 온다고 말한 위대한 예언자 칼 마르크스처럼, 이들도 근미래에 대한 묵시론적 예견을 불과 유황의 틈바구니에서 잘 알아볼 수 없는 유토피아의 빛나는 이미지로 완화하고 있다."[157]

그런데 지금 되돌아볼 때 놀라운 점은, 우리가 실제로 《성장의 한계》가 제시한 경고들을 꽤 귀담아 들었다는 사실이다. 전 세계에서 사람들은 인구증가를 줄이는 방법을 알아내기 위해 노력했다. 여성들을 교육하는 것이 가장 좋은 전략임이 드러났고, 그래서 우리는 평균적인 엄마가 여섯 명을 낳던 상황에서 세 명 이하로 낳는 쪽으로 매우 빠르게 변화했다. 우리는 그런 경고에 관심을 기울이고 있었다. 이때는 첫 석유 위기의 시절이었고, 처음으로 거대 석유 누출이 일어난 때였으며, 처음으로 자동차 연비 기준이 나온 때였고, 미국이 55마일(약 90킬로미터) 속도 제한을 도입한 때였다(속도 제한! 미국이 자연 세계를 위해 이동의 속도를 말 그대로 늦췄던 것이다).

《성장의 한계》가 나오고 2년 뒤, E. F. 슈마허가 명저《작은 것이 아름답다(*Small Is Beautiful*)》를 펴냈는데, 이 책도 베스트셀러가 되었다. 지미 카터 대통령은 백악관에 슈마허를 초청해 리셉션을 열었다. '불교식 경제'를 지지하는 사람을 위한 모임이 백악관에서 열린 것이다. 슈마허는 '성장의 한계' 팀이 더 많이 밀어붙이지 않았다고 비판한 사람이다. 슈마허는 세상이 여전히 잘 돌아가던 당시에도, 당장 우리가 과감한 조치들을 취해야 한다고 주장한 사람이다. 슈마허는 "소규모 테크놀로지, 상대적으로 덜 폭력적인 테크놀로지, 인간의 얼굴을 한 테크놀로지가 발달해갈 수 있도록" 해야 하고 "영원을 위해 설계된 생활양식"을 일궈야 한다고 주장한 사람이다.[158] 이런 사람을 카터 대통령이 백악관에 초대한 것이다.

카터는 백악관 지붕에 태양열 전지를 설치한 것으로도 유명하다. 그는 TV에 스웨터를 입고 나오기도 했다. 온도를 낮추고 스웨터를 입자! 당시에 그런 제스처는 울림이 컸다. 사회학자 아미타이 에지오니는 카터에게 미국인의 30퍼센트가 '성장 지지', 31퍼센트가 '성장 반대', 39퍼센트가 '잘 모르겠다'에 응답했다고 보고했다.[159] 자, 무슨 말인지 알겠는가? 1970년대 말에는 미국인 중에 지속적인 경제성장에 반대하는 사람이 지지하는 사람보다 많았다. 현재의 우리로서는 거의 불가능해 보이는 여론이다. 미국이 암초를 벗어나 다른 경로로 갈 수 있는 문이 짧게나마 실제로 열려 있었던 것이다.

물론 미국은 다른 경로로 가지 않았다. 에지오니는 사람들이 느끼는 그러한 양가성은 "사회가 견디기에는 너무나 스트레스를 많이 준다"며, 미국인들이 어느 쪽으로든 결정을 내릴 거라고 예측했다. 어느 쪽으로 결정했는지는 1980년 선거에서 드러났다. 나는 그 선거를 잘 기억하고 있다. 대학신문에 기사를 쓰기 위해 대선을 취재하면서 몇 주일을 레이건 취재

기자단 버스에서 보냈다. 레이건과 별도의 인터뷰를 하기도 했다(레이건은 아랫사람에게 아주 품위 있고 친절했다. 낸시는 시계를 스무 번도 더 봤다). 11월, 선거 결과가 나온 날 밤에 나는 레이건 당선 기사를 썼다. 그리고 절망해서 전에 없이 술을 마시고 뻗었다.

잠에서 깨고 나서, 나는 긴 분석 기사를 썼다. 당시 내가 쓴 기사들이 다 그랬듯이 이 또한 지루한 기사였지만, 그래도 어찌어찌해서 나는 이 선거가 의미하는 바를 조금이나마 파악하고 있었다. 미국이 현재의 추세를 부수고 다른 방향으로 나갈 수 있는 마지막 좋은 기회를 지나쳐버렸다는 사실 말이다. 미국은 카터 시절의 경제 문제들에서 벗어나 미국의 길을 확장하려 하고 있었다. "희소성이라는 사실이(레이건과 그의 측근들이 가장 싫어하는 말이 희소성이고, 그들은 그래서 통계로 장난을 쳐서 석유 매장량과 광물 공급량이 괜찮아 보이도록 한다) 끊임없이 팽창하는 산업 경제라는 신화를 터무니없는 것으로 만들어버린 시대"에 말이다. 하지만 나는 그들이 이런 일을 저지르고도 별로 비난이나 처벌을 받지 않으리라는 것을 알고 있었다. 아직 이 시스템에는 충분한 여지가 있어서, 무너진다 해도 **그들 위로** 무너지지는 않을 것이기 때문이었다.

규제 완화 논리, 즉 정부가 문제이며 정부의 규제에서 자유로워지면 경제가 성장할 것이라는 막무가내식 견해는 단기적으로 볼 때 놀랄 정도로 효과가 있었다. 미국은 경제를 되살릴 수 있을 것이었다. 경제에 10년이나 15년 정도 효력이 있는 암페타민을 먹여서 말이다. 나는 1980년에 기사에서 이렇게 적었다. "(레이건 시대는) 우리가 내리막길을 가고 있다는 사실이 눈에 보이지는 않지만 그것이 저항할 수 없는 추세가 되는 시기가 될 것이다."[160] 문제는 레이건의 해맑은 낙관론이 이런저런 방식으로 파시스트적 속성을 감추고 있다는 점이 아니었다. 그 해맑은 낙관론 자체가 문제였다. 레이건은 다시 아침이 시작되었다고 믿었고, 실제로 경제가 회복의 기미를 보이자 전국민이 그렇게 믿었다. 그에 따라 성장에 대한 양가적 감정은 사라졌으며, 재앙을 막을 수 있었던 마지막 진짜 기회도 사라졌다. 레이건의 그늘 아래서 지내온 그 다음 25년은 곧 우리가 대기 중에 이산화탄소를 뿜어내고 땅에서 석유를 퍼 올린 시기이니 말이다.

멈출 수 없는 성장 기계

단기적으로 보자면, 레이건은 백악관 지붕에서 태양열 전지를 떼어냈고, 석유 절약에 매우 효과적이었던(1977년부터 1985년 사이 미국 경제는 27퍼센트 성장했지만 석유 수요는 6분의 1 이상 줄었는데, 자동차 관련 정책들이 여기에 크게 기여했다) 자동차 연비 기준을 동결했다.[161] 그리고 그의 임기가 끝나기 한참 전에 미국은 55마일로 달리지 않게 되었다. 약간 더 장기적으로는, 레이건의 적통인 부시 행정부뿐 아니라 클린턴 행정부도 경제성장에 맹목적으로 집중하는 정책을 폈다.

이 변화는 단지 테크놀로지적인 문제가 아니었다. 단지 태양 에너지에 투자를 덜하고 재생 가능한 기술 발전을 더디게 한 데서 그친 것이 아니었다. 더 중요한 문제는, 우리가 한계라는 개념을 완전히 없애버렸다는 점이었다. 사람들은 성장에 한계가 있을지도 모른다는 개념을 비웃었다. 보수 우익 공화당뿐 아니라 모든 사람들이 말이다.

클린턴 시절의 재무장관이자 오바마의 경제자문인 래리 서머스의 말을 들어보자. "예측 가능한 미래의 어느 시점에도 (경제에) 제약을 가할 것으로 보이는 지구 역량의 제한 같은 것은 없다. 지구온난화나 다른 어느 것으로 인한 묵시록적인 위기는 없다. 자연에 한계가 있기 때문에 성장에 한계를 두어야 한다는 개념은 심각한 오류이다."[162] 그리고 2002년경에 나온 엑손모빌의 무시무시한 광고도 보자(엑손모빌은 지구온난화를 막으려는 규제 조치들을 저지하는 데에 상당한 돈을 들이는 회사다). "1972년에 로마클럽은《성장의 한계》를 펴내면서 경제성장과 인구증가가 지속될 수 있는지에 대해 의문을 제기했습니다. 하지만 로마클럽이 틀렸습니다."[163]

하지만 로마클럽은 틀리지 않았다. 앞서 갔을 뿐이다. 우리가 한동안은 환경 문제를 무시할 수 있을지도 모르지만, 환경 문제가 우리를 따라잡기 시작하면 아주 빨리 따라잡는다. 1990년대 초에 나는 뉴펀들랜드의 캐나다 쪽 지역에 가본 적이 있다. 당국이 대구잡이를 전격적으로 금지한 지 얼마 되지 않은 때였다. 대구 어업은 500년 전에 유럽인들이 온 이래로 이 섬의 가장 대표적인 활동이었다. 하지만 사실 1990년대 초에 금지조치는 거의 필요하지 않았다. 1992년이면 이미 어선이 생선을 한 마리도 발견하지 못하는 상태였으니 말이다.

무슨 일이 일어났는가? 1992년 이전까지는 어획량이 안정적이었다. 하지만 알고 보니 어획 자원이 건전한 상태여서가 아니었다. 이 지역 어획 급감을 연구한 한 교수는 "한두 달마다 새로운 어업기술이 발전했기 때문이었다"고 설명했다. 새로운 수중 음파탐지기, 새로운 컴퓨터 장비 등을 동원해 남아 있는 물고기들을 샅샅이 잡은 것이다. 말 그대로 텅 빌 때까지 통의 바닥을 긁고 있다고는 아무도 생각하지 않았다. 하지만 이제 뉴펀들랜드의 연안을 줄지어 있던 수백 척의 외항선은 죽었거나 죽어간다. 나는 그곳에서 어민 몇 명을 만난 적이 있는데 정부 프로그램을 통해 미용사 등으로 직업 재훈련을 받고 있었다.[164]

큰 틀에서 보자면, 인간이 성장의 한계점을 파고들면서부터 지금 이 시

간 우리에게 벌어지고 있는 일도 이와 같다. 우리는 비교적 쉬운 환경 문제 몇 가지를 고쳤다. 스모그라든가 폐수 방류 같은 것들 말이다. 그런 것들은 우리가 (환경 문제와 관련해) 진보해가고 있다는 확신을 주기에 충분했다. 이리 호는 더 이상 불타지 않는다. 하지만 그러는 동안 기업 규모가 성장하면서 1970년대에 나온 예측이 보이지 않는 사이에 꾸준히 실현됐다. 전 세계 1인당 곡물 생산은 1980년대에 정점이었다. 전 세계 총 어획량은 1990년대에 정점이었다. 1990년대에 미국 경제는 아직 호황이었지만, 54개국(대부분 진짜 환경 문제들을 많이 가지고 있는 나라들)에서 1인당 국민총생산이 감소했다.[165]

2008년 6월, 호주 학자 그레이엄 터너는 실제 데이터를 가지고 '성장의 한계' 팀이 조사했던 인구, 농업, 산업, 오염, 자원 소비 등을 다시 분석했다. 그리고 "30년 동안 세계는 이 책에서 말한 '기존의 방식을 고치지 않고 가는 지속 불가능한 경로'를 밟아왔다"고 밝혔다. 그는 이 경로가, 금세기 중반 어느 시점에 경제가 붕괴하면서 시스템이 끝나게 되어 있는 표준 모델에 맞아떨어진다고 설명했다. "최근에 이슈가 되고 있는 피크오일, 기후변화, 식량과 물 문제 등은 (성장의 한계 모델에 있는) '오버슈트 후 붕괴'라는 예측과 잘 맞아떨어진다." 늘 약간의 희망을 함께 언급하는 학자적 태도로 그는 이렇게 덧붙였다. "전 지구적 경로에 대한 모델을, 관찰 가능하고 독립적인 데이터에 기반해 평가해볼 수 있는 흔치 않은 기회였다."[166]

그들이 옳았던 것으로 판명되었다. 로마클럽, E. F. 슈마허, 1970년대 컴퓨터에 이렇게 대단한 프로그램을 가지고 있었던 MIT팀, 지미 카터…… 그들이 옳았다. 너무 커질 만큼 성장하면, 석유가 고갈되고 북극이 녹는다.

내가 이 점을 계속해서 장황하게 논하는 이유는, 현재 우리 사회에서는 모두가 더 많은 성장을 바라는 쪽으로 훈련되어 있기 때문이다. 우리가 어려운 상황에 처하면 톰 프리드먼 같은 사람들은, 우리는 더 커질 필요가 있으며, 다만 친환경적인 방식으로 그렇게 해야 한다고 말할 것이다. 세계가 "누구도 끌 수 없는 성장기계"이기 때문이라는 것이다. 이 말을 냉소적으로 비웃는 것은 쉽다. 프리드먼의 아내는 (프리드먼은 아내와 함께 워싱턴 근처에 1,000제곱미터 규모의 저택을 지었다) 아주 적절한 이름을 가진 '제너럴 그로스 프라퍼티스(General Growth Properties)'의 상속인이다. 이 회사는 미국 전역에서 쇼핑몰을 운영한다. 예를 들면, 뉴멕시코 주 파밍턴에서는 "고대 아나사지 교역인들이 세 개의 강에서 만나서 물건과 서비스를 교역하던 곳"에서 이제는 "아니마스 밸리 몰이 오래된 그 전통을 이어간다." 딜라즈와 퍼드러커스 등을 통해서 말이다. 또 라스베이거스 베네치안 호텔의 '그랜드 캐널 숍스' 쇼핑몰도 있다. 아나사지? 베네치아? 말했듯이 이런 걸 비웃기는 쉬운 일이다.

하지만 프리드먼 류의 사고방식은 어떤 면으로 보자면 꽤 설득력 있는 생각이다. 현재 우리 경제가 작동하는 방식 아래에서는 성장이 중단되면 비참함이 따른다. 퍼드러커스에 고객이 줄면 그곳 요리사는 의료보험을 잃게 될 것이다. 또 성장하지 않으면 막대한 부채도 쉽게 갚을 수 없다. 레이건을 따라 경제의 엔진에 한 번 더 불을 지피면 좋을지도 모른다. 하지만 성장은 이제 **불가능**하다. 제너럴 그로스 프라퍼티스는 금융 위기가 닥쳤을 때 주가가 주당 51달러에서 35센트로 떨어졌다. 그리고 파산했다.[167] 세상에는 균열이 너무 많다. 세상 사람 모두 오르막 지구에 살고 있다. 그러니 우리도 변화하는 게 좋을 것이다.

언젠가는 하강한다

최근 이스터 섬이나 그린란드 노스 이야기, 또 그밖에 붕괴 판타지라 불릴 만한 이야기들이 인기를 끌었다. 재레드 다이아몬드의 《문명의 붕괴(Collapse)》, 짐 쿤슬러의 어둡지만 재밌는 소설 《손으로 만든 세상(World Made by Hand)》 등 아슬아슬한 우리 삶을 그려보게 하면서 약간은 소름끼치는 책들이 많이 나왔다. 〈가디언〉에서 로리 캐롤은 이렇게 언급했다. "(재레드 다이아몬드에 따르면) 우리처럼 마야 사람들도 상황이 흔들리기 시작할 때 정점에 있었다. 주식시장이 전례 없이 널을 뛰고 빙하가 계속해서 녹으면서, 학자들과 논평가들이 내놓는 분석은 점점 더 마야를 떠올리게 한다"[168](왠지 모르지만 나는 마야의 버니 매도프를 생각하면 웃음이 난다). 〈뉴요커〉는 "새로운 디스토피아주의자들"에 대한 특집기사를 실었다. 이들 "운명적 종말주의자"들은 권총을 준비해두거나 금을 모아두거나 땔감을 사재기하라고 권고한다.

나는 그런 붕괴가 불가능하다고 말하는 것이 절대로 아니다. 오히려 《성장의 한계》에 나오는 모든 그래프가 붕괴의 불가피성을 보여주는 듯하다. 기회가 있었을 때 우리가 발을 빼지 않았기 때문이다. 그리고 우리 문명이 견고해 보이는 것도 사실은 환상일 수 있다. 재레드 다이아몬드가 방대한 사례를 들어 보여주었듯이 "마야, 아나사지, 이스터 섬 등의 붕괴에서 배울 수 있는 주된 교훈은, 어느 사회의 급격한 하락은 인구, 부, 권력에서 정점을 찍은 지 불과 10년이나 20년 뒤에 온다는 점"이다(사실 지금 우리 사회도 정점을 찍은 뒤 10, 20년 뒤면 급락하기 시작할 것으로 예상된다. 부유함이 정점을 찍는 때는 환경에 미치는 영향도 정점을 찍는 때이기 때문이다).[169]

우리는 과거의 그 문명들과 닮은 방식으로 과도하게 차입을 했다. 솔직히 그들은 우리에 비하면 그나마 조심스러운 사람들이었다. 아나사지 사람들이 기후 변동으로 죽었을지는 몰라도, 그들이 그 기후변화를 일으킨 것은 아니니 말이다. 우리 사회가 무너지기 시작하면 이전의 문명들이 무너졌을 때보다 더 안 좋은 양상을 보일 것이다. 우리의 위기는 전 세계적이어서 도망갈 곳이 없기 때문이다. 게다가 우리 대부분은 무얼 어떻게 해야 할지 잘 모른다. 표준 붕괴 시나리오대로라면, 곡식 기르는 방법을 알아두면 좋을 수도 있겠다.

하지만 붕괴 생각에만 집착하다보면 다른 가능성들을 생각하지 못하게 된다. 귀를 틀어막고 있거나 지하실에서 총에 기름칠을 하고 있는 데서는 창조적인 아이디어가 나올 여지가 없다. 붕괴를 믿는 사람들은, 붕괴란 자동적으로 어쩔 수 없이 오는 것이라고 생각한다. 성장을 믿는 사람들이 성장에 대해 그렇게 생각했듯이 말이다.

이 책의 3장과 4장은 '다른 가능성'들을 생각해보는 데에 초점을 맞췄다. 우리는 체념하기보다는 인류의 하강에 잘 대처하기 위해 노력하는 쪽에 집중할 수 있을 것이다. 우리는 '비교적 우아한 하강'을 목표로 할 수 있을 것이다. 엔진이 꺼지기 시작했을 때 비행기를 더 높이 몰려고 하지도 말고, 그렇다고 아파트 단지에 추락하도록 그냥 놔두지도 말고, 착륙할 만한 안전하고 부드러운 강줄기를 찾아볼 수 있을 것이다. 존 글렌(우주비행사)은 잊어라. 우리에게 필요한 영웅은 2009년 1월에 유에스 항공여객기를 허드슨 강에 성공적으로 비상 착륙시킨 설리 설른버거다(그가 조용한데다 자신을 내세우지 않는 사람이라는 점에서 더욱 좋다).

물론 우리는 많은 선택지를 닫아버렸다. 로마클럽 창립자들의 말대로 "미래는 전에 우리가 생각하던 대로가 더 이상 아니며, 인류가 두뇌와 기회를 더 효율적으로 사용했더라면 갖게 되었을 미래도 더 이상 아니다."

eaarth 우주의 오아시스, 지구

하지만 우리에게 가능성이 완전히 없는 것은 아니다. 숲에서 길을 잃은 사람들이 그렇게 하듯이, 우리는 무작정 뛰지 말고 잠시 멈춰 앉아서 주머니 안에 뭐라도 쓸 만한 것이 있는지를 살펴보고 그 다음에 어떤 조치를 취해야 할지 알아내야 한다.

첫 번째로 필요한 것은 성숙이다. 우리는 200년을 성장이라는 개념에 꿰여 살아왔다. 성장은 좋은 결과와 나쁜 결과 모두를 가져다주었지만, 무엇보다도 우리 내부에 깊이 들어와서 우리를 영원한 청소년 상태로 만들어버렸다. 특히 미국인들이 그렇게 되었다. 1840년에 매사추세츠 주 주지사 에드워드 에버렛은 한 연설에서 이렇게 말했다. "예술과 과학에서 이제까지 이뤄진 진보는 실로 광대하다. (예술과 과학의) 목표가 이제 손에 잡힌 것처럼 느껴질 정도다. 하지만 (예술과 과학에) 목표 같은 것은 없다. 그리고 쉼표도 없다. 예술과 과학은 그 자체로 진보적이고 무한하다. 그 무엇도 사회질서 전체를 야만으로 빠뜨리지 않으면서 예술과 과학의 발목을 잡을 수는 없다."[170]

무슨 말인지 현대용어로 풀어보기 위해 경제칼럼니스트인 로버트 사무엘슨이 〈뉴스위크〉에 쓴 글을 보자. "미국인들은 진보 중독이다. 오늘이 어제보다 나아야 하고 내일은 오늘보다 나아야 한다고 생각한다."[171] 이제껏 모든 정치인들은 이렇게 말해왔다. "가장 좋은 날들이 우리 앞에 있다." 하지만 그렇지 않다. 우리가 "가장 좋은"이라고 말할 때 떠올리는 식의 좋은 날은 우리 앞에 있지 않다. 유한한 지구에서 가장 좋은 날은 하강이 시작되는 날이다. 그런 날이 오긴 온다. 우리가 살아 있는 동안에 올지 아닐지는 순전히 우리의 운이다. 물론 하강에서 살아가는 것은 힘들다. 하지만 다른 시대와 장소에서도 사람들은 늘 힘겨웠다.

2008년(아니면 2011년이든 2014년이든 2024년이든 간에)이 성장이 끝나는 해로 판명난다면 그때는 제동이 걸린 것이다. 미국인보다는 중국인들에게 더 힘겨울 것이다. 그들은 이제 막 편리함과 안락함의 맛을 알았으니 말이다. 어쩌면 반대로 그들에게 더 쉬울 수도 있다. 안락함에 아직 덜 익숙해져 있으니 말이다. 하지만 어쨌든 성장이 멈추고 하강하는 일은 분명 일어난다. 직시해야 한다. 환상, 멜로드라마, 몽상은 안 된다.

물론 말이 쉽지, 실제로 그런 성숙을 이루기는 어렵다. 우리는 '그래도 어떻게든 되겠지'라는 모호한 생각을 놓치지 않으려고 한다. 당신이 선진국 사람이라면 '지구공학' 체계를 도입하면 되지 않겠느냐고 생각할 것이다. 대기에 황을 채워서 태양 빛을 막거나(스모그를 일부러 만드는 것이다), 바다에 쇠줄밥을 넣어서 탄소를 흡수하는 플랑크톤을 증식시킨다는 등의 생각이다. 하지만 초기실험 결과, 이런 것들은 미미한 효과밖에 없었다.[172] 그리고 비용이 너무 많이(10조 달러 단위) 든다.[173] 게다가, 우리가 내놓은 탄소를 상쇄시킬 만큼 대대적인 규모로 이러한 실험을 한다고 생각해보라. 나는 차라리 개발도상국에서 꿈꾸는 백일몽에 더 공감이 된다. 최근에 아시아 기자들 모임에서 누군가가 방글라데시를 통째로 시베리아나 아이슬란드로 옮기는 방안에 대해 이야기했다. 눈이 녹으면 그곳이 곡창 지대가 될 것이라면서 말이다.[174] 툰드라가 사실은 메탄을 뿜는 늪지가 되고 있어서 문제지만.

두 번째로 해야 할 일은 무엇을 버려야 하는지 알아내는 일이다. 버려야 할 것들 중에는 소비 위주의 생활양식 같은 작은 것들도 있다. 하지만 목록에 들어와야 할 큰 것들도 점점 분명해지고 있다. 우리 시대의 특징은 복잡성이다. 하지만 그 복잡성은 막대한 잉여 식량을 가능하게 해준 안정적인 기후와 값싼 화석연료에 의존하고 있었다. 그러한 안전망이 있었기에, 리처드 하인버그의 말을 빌리면 "사회의 복잡성을 예술의 경지로 끌어울릴 수 있었다." "아침에 일어나서 단순히 식량을 찾아 어슬렁거리는" 다른 동물들과 달리, 우리는 "아침에 일어나서, 음, 그 다음에 여기에서 수백만 가지 방식으로 이야기가 달라진다. 누구는 자동차를 타고 사무실이나 공장으로 출근하고, 누구는 우리가 모는 자동차를 만들거나 수리하는 일을 하고, 누구는 우리가 고속도로를 달리면서 듣는 라디오 뉴스를 전한다."[175]

이 복잡성은 우리의 영광이지만 우리의 취약점이기도 하다. 유가 급등과 2008년의 신용 위기 등을 겪으면서, 우리는 너무나 많은 것들을 촘촘히 연결되게 만들어놓은 나머지 작은 부분이라도 망가지면 전체 시스템에 파장이 미친다는 것을 깨닫게 되었다. 옥수수의 일부를 에탄올 제조에 쓰겠다는 미국의 멍청한 결정 하나가 37개국에서 식량 폭동을 일으키는 데 일조했다면, 또 네바다 주의 모기지에 단견으로 투자했다가 중국의 실업률을 두 배로 만들었다면, 이는 우리 시스템이 너무나 많이 상호 연결되어 있다는 말이다. 미국인의 운전 습관이 아대륙의 계절풍 기후를 없애버리고 북극의 빙하를 녹였다면…… 음, 무슨 말인지 알아들으셨을 것이다.

우리는 달콤한 지구를 그보다 좋지 않은 지구우로 만들었다. 인간이 자연을 몰아대던 세계를, 자연이 인간을 몰아대는 세계로 만들었다. 자연이 인간을 몰아대는 힘이 훨씬 더 강력하다. 하지만 우리는 이 세상에서 계속 살아야 한다. 그러니 어떻게 살 것인지를 빨리 알아내는 수밖에 없다.

BILL McKIBBEN

작은 것이 아름답다

eaarth

상상과 다른 미래에 직면하면 사람들은 움찔 물러선다. 그리고 여전히 옛 지구에서와 비슷한 방식으로 살고 있는 한, 새 지구의 삶을 적극적으로 받아들일 마음을 먹기가 쉽지 않다. 그래서 과학자들이 환경 문제를 과장해 말하는 것일 거라고 생각한다. 혹은 주식시장이 저점에서 회복되기 시작했으니 곧 옛날식의 성장경제로 돌아갈 수 있을 거라고 생각한다. 하지만 앞에서 보았듯이 과학자들은 과장보다는 축소에 훨씬 더 많은 책임이 있다. 그리고 경제 문제들은 생태 문제들과 관련되어 있기 때문에, 성장에는 한계가 있다. 1장과 2장에서 우리가 얼마나 심각하고 근본적인 문제에 직면했는지를 설명했다. 이제 앞에 닥친 일들을 어떻게 헤쳐 나갈 것인지 알아내야 한다. 그 시작은 언어다.

　앞으로의 삶은 지금과는 다른 규모로 영위되어야 하는데, 우리에게는 그러한 삶을 묘사하는 데에 걸맞은 어휘와 은유가 부족하다. **성장**에 너무 익숙해져서 대안적인 단어를 생각해내지 못한다. 기껏해야 '지속 가능'이라는 말을 덧붙일 뿐인데, 이 역시 어쨌든 전처럼 성장을 계속할 수 있으리라는 의미를 함축하고 있다. 그래서 나는 우리의 미래를 쓸모 있는 방식으로 고민하는 데에 도움이 될 만한 몇 가지 다른 단어를 여기에 제안하려고 한다.

오래가는(Durable)

견고한(Sturdy)

안정적인(Stable)

잘 견디는(Hardy)

탄탄한(Robust)

땅딸막하고, 단단하고, 탄탄한 단어들이다. 쑥쑥 성장하기보다는 쭈그리고 앉아서 꾹 참고 기다리는 세상을 떠올리게 한다. 이 단어들은 흔히 젊음보다는 성숙을 연상시키는 단어들이다. 번뜩임보다는 꾸준함을 떠올리게 하는 단어들이다. 흥분시키지는 않지만 편안하게 해준다. 애인보다는 남편 같다.

좀 더 나은 비유도 있다. 서구 세계를 규정해온 경제는 경주마 같았다. 쾌속으로 현란하게 질주하는 경주마는 속도를 잘 내도록 육종되어서, 가늘고 끝이 점점 가늘어지는 다리를 갖고 있다. 엉덩이를 한 번만 차주면 결승선으로 질주한다. 하지만 비가 와서 땅이 진창이 된 곳에서는 이 말을 달리게 하지 않는다. 작은 웅덩이만 있어도 보폭이 헝클어져서 가늘고 빠른 다리를 접질리고 말 것이기 때문이다. 우리 경제와 마찬가지로 고급 순혈종 말은 한 가지 일, 즉 속도를 위해 질주하는 데에만 최적화되어 있다 (또한 우리 경제와 순혈종 고급 경주마 둘 다 대체로 족장들이 소유하고 있다).

우리가 해야 할 일은 경주마를 일하는 말로 바꾸는 것이다. 안장 위에 우리가 앉아 있는 동안에도 그렇게 해야 한다. 의존할 수 있고 온순하며 묵묵하고 불평을 하지 않는 말로, 빨리 가지는 않아도 꾸준히 가고 월계관을 쓰지는 못해도 날마다 무언가를 해내는 말로 바꿔야 한다. 샤이어 종이건 벨잔 종이건 프랑스 페르슈롱 종이건 간에, 일하는 말에 대한 최상의 칭찬은 "이 놈은 꾸준해" "이 놈은 잘 끌어"와 같은 말이다. 우리가 이야기하는 것은 걷고 뛰는 것이지, '구보' 하다가 '전속 질주' 하는 것이 아니다.

우리 시대의 특징은 '가속'이었다. 외륜선에서 기관차로, 비행기로, 로켓으로, 모델T에서 포뮬라 1으로…… 우리 시대에서 뭔가 느린 것을 상상할 수 있는가?(있긴 하다. 슬로푸드 운동이 10년 동안 꾸준히 전 세계에 퍼졌다. 최근에는 수공예로 돌아가자고 이야기하는 슬로 디자인도 펼쳐지고 있다. 또 슬로 시티 운동도 있다.) 호황과 불황이 반복되는 엄청난 오르락내리락도 우리 시대의 특징이었다. 무언가 꾸준한 것을 상상할 수 있는가? 무언가가 꾸준하게 잘 돌아가는 것을 그려볼 수 있는가?

물론 무엇보다도 우리 시대는 큰 것의 시대였다. 커지는 추세도 줄곧 가파른 상승 곡선이었다. 시스템은 커지고, 커지고, 또 커졌다. 경제도, 도로도, 네트워크도, 그리고 집도 계속 커져서 상류층의 말단을 차지하는 사람들을 위한 새내기 대저택 단지라는 세부 분야까지 생겼다. 위장이나 가슴이나 입술도, 자동차나 빚도, 수당이나 보너스도 점점 커졌다. 작은 것을 상상할 수 있는가? 이것이 우리 시대가 오른 시험대다. 실질적으로도 그렇고 심리적으로도 그렇다. 더 이상 커지지 않고 있다는 사실에 어떻게 우리를 맞출 수 있을까? 바람이 더 강하게 불고 있기 때문에 바람에 대한 저항을 낮춰야 한다는 사실에, 태양이 더 밝게 타기 시작했기 때문에 다른 동물들처럼 우리도 크기를 줄여야 한다는 사실에, 석유가 고갈되기 시작했기 때문에 우리가 가진 모든 것이 적당한 정도보다 갑자기 더 커졌다는 사실에 대해서 말이다.

이렇게 사고를 전환하는 것은 쉽지 않다. 슬로푸드는 슬로푸드고, 축소하는 것은 또 다른 문제다. 불황의 고통은 전적으로 현실이다. 우리 경제가 성장을 통해서만 작동하도록 되어 있기 때문이다. 불황을 뜻하는 영어 단어 'recession'의 문자 그대로의 뜻은 '더 작아진다'는 의미다. 불황이라는 단어의 의미상, 불황에서 탈출하는 유일한 길은 다시 팽창하는 것이다.

하지만 다른 한편으로 생각해보면, 우리 경제가 현재 처한 문제는 우리에게 '규모'에 대해 다시 생각하게끔 하는 통찰의 계기가 되어준다. 현 경제의 문제 덕분에 우리는 무언가 전복적인 생각을 하기가 전보다 쉬워졌다. 지난 세월에 우리의 마음에 들러붙은 (그래서 이제는 너무나 성가시게 된) 말이 하나 있다면 '대마불사(大馬不死, 망하게 두기에는 너무 크다)'라는 말일 것이다. 시티은행이나 AIG 같은 거대 금융기관은 너무나 덩치가 커져서 그것이 망하면 전체 금융 시스템이 휘청거릴 판이 됐다. 대마불사라는 말을 그들 입장에서 바꿔 말하면 이렇다. "정부는 우리를 반드시 구제해야 한다." 이를 둘러싼 공방(그들을 지원해서 살려야 하는가 아닌가)이 텔레비전이나 신문지상에 나오는 논쟁의 내용이다. 하지만 대마불사라는 말의 더 단순한 의미는 '너무 크다'이다. 어떤 것이 망하게 두기에는 너무 크다면, 그게 무엇이든 그것은 너무 큰 것이다.

자꾸만 팽창하는 마법

우리는 우리가 중력의 법칙을 유예하는 마법을 일으켰다고 생각했다. 레이건 시절 이래로, 자유주의적 경제학자들은 이기적 동기만으로도 붕괴의 가능성을 막기에 충분하다고 주장했다. 그래서 미국에서 1990년에서 2005년 사이, 소매 매장 공간이 1인당 1.8제곱미터에서 3.5제곱미터로 두 배가 되었다.[1] 이성적으로는 말이 되지 않지만 그 마법이 계속 걸려 있는 동안에는 말이 된다.

그런데 2008년 여름에 마법의 주문이 깨졌고 그 이후로 앨런 그린스펀은 위대한 마법사로 보이기보다는 커튼 뒤의 작고 초라한 마법사로 보이게 됐다. 그린스펀은 자신의 신념 체계에 "오류가 있었던" 것으로 판명됐다고 의회에서 증언했다. "나는 기업 조직의 이기적 동기가, 특히 은행 등의 이기적 동기가 그들의 주주와 자산을 가장 잘 보호할 수 있는 능력을 제공한다고 가정하는 실수를 했다." 그가 거의 가엾게 느껴질 정도다. 우리는 돈을 잃었지만 그는 신념 체계를 통째로 잃은 게 아닌가. 그린스펀이 말했듯이 "지난해 여름에 모든 지식과 정보의 체계가 무너졌다. 위기관리 모델들은 일반적으로 20년간의 자료만을 입력해 분석하는데, 그 20년이 극히 과열된 시기였기 때문이다."[2]

이 문장은 곱씹을 가치가 있다. 큰 규모에서 보면 우리 문명 전체가 붕괴에 직면해 있다. 우리가 위기관리 모델에 입력하는 정보들이 매우 비전형적 시기였던 지난 한두 세기의 자료들이기 때문이다. 들뜬 과열의 시기, 석유에 취한 시기의 자료를 토대로 하고 있는 것이다. 망하게 두기에 너무 커진 것은 은행만이 아니다. 현대 생활의 모든 면이 그렇다. 모든 면에서 우리 시대는 몸이 자라는 케이크를 먹고 거인으로 팽창해버린 앨리스와 같다. 인류 역사 대부분의 시기에서, 인간이 살고 있는 사회는 작고 자연은 컸다. 그런데 몇십 년의 짧은 기간 동안 이 비율이 역전됐다. 대개는 우리가 피부로 인식하지 못하지만, 간혹 이를 깨닫게 해주는 사건들이 벌어지곤 한다.

가장 처음으로 인간과 자연의 역전을 언급한 사람은 아마도 J. 로버트 오펜하이머일 것이다. 뉴멕시코 주의 사막 앨라모고도에서 첫 핵폭발을 보았을 때, 그는 바가바드기타의 구절을 인용해 이렇게 말했다. "우리는 신들처럼 되었다. 세상의 파괴자들이 되었다." 핵폭발이라는 특정한 사례는 그나마 공포를 상상해보기 쉬운 경우여서(특히 히로시마와 나가사키 이후에) 우리는 지금까지 핵폭탄을 막기 위해 애써왔다. 그런데 매분 십억 개의 피스톤이 폭발하는 것으로도 핵폭탄만 한 해를 끼칠 수 있다는 점을 상상하기는 쉽지가 않다. 하지만 그게 우리다. 우리는 너무 크다.

　커지는 마법은 왜 어느 시점이 지나면 문제를 일으키는 것일까?

　우선 규모가 확장되면 유용한 피드백이 줄어든다. 현실에서 너무 동떨어지는 것이다. 금융 위기 초기에 이를 가장 잘 보도한 것으로 2008년 5월 〈디스 아메리칸 라이프〉 라디오 프로그램을 들 수 있을 것이다. '거대한 돈통(Giant Pool of Money)'이라는 제목의 방송이었는데, 기자 알렉스 블룸버그는 모기지 위기가 시작된 선벨트 지역 쇼핑몰부터 시작해 모기지 위기의 관련 당사자들을 아래 위로 꼼꼼하게 취재했다. 어떤 사람은 자신이 상환 능력이 없는데도 은행이 묻지도 따지지도 않고 50만 달러 규모의 대출을 해줬다고 말했다. 업스테이트 뉴욕의 'WMC 모기지'에서 일하던 사람은, 전화 상담소처럼 칸막이가 된 책상들이 수없이 들어서 있는 거대 사무실에서 그런 종류의 모기지 대출을 제공한 후 거대 은행과 브로커들(나중에 납세자들이 이 은행과 브로커들을 구제해주게 된다)에 그것들을 즉시 되파는 일로 매달 7만 5,000달러에서 10만 달러를 벌었다고 했다. 그는 이렇게 말했다. "이 사람들은 자동차 할부금도 상환하지 못하는 사람들이었는데 우리는 그들에게 40만 달러짜리 집을 준 거죠."[3]

　대출을 해준 담당자가 그 돈을 자신이 직접 회수해야 했더라면 그런 식으로 대출해주지는 않았을 것이다. 애초에 모기지 계약을 했던 쪽 사람들을 직접 만나보았더라면 시티은행은 그 모기지를 사들이지 않았을 것이다. 하지만 이 시스템은 너무나 커서, 핵심 정보들이 도달해야 할 곳까지 이르지 못했다. 물론 누구도 자신이 알아야 할 필요가 있는 것보다 더 많이 알기를 원하지 않았다. 한동안은 모두가 짭짤한 수익을 낼 수 있었으니 말이다.

이와 대조적으로, 버몬트 주의 작은 도시 오웰(우리 집에서 산 아래 쪽으로 내려가면 나오는 도시다)에 있는 퍼스트내셔널은행의 경우를 보자. 〈뉴욕타임스〉에 따르면, 금융 위기가 최고조이던 2008년 11월에도 이 은행의 직원들은 여전히 대출 업무를 하고 있었으며, 이 은행이 해준 대출은 여전히 잘 상환되고 있었다. "우리는 무엇에 대해 대출을 하고 있는지, 누구에게 대출을 하고 있는지에 대해 세세하게 따져봅니다." 부행장인 브라이언 영이 말했다. 이 은행은 여전히 출납계 창구 앞에 황동 창살이 있고, 오래된 옛 동전통도 그대로 사용하고 있다. 하지만 절약을 위해서이지 감상적이어서가 아니다. "대출을 받으려는 사람과 바로 마주 앉아 이야기를 나누는 것은 아주 중요합니다. 우리는 55층 어딘가에서 대출을 해주는 거대 중개인이 아닙니다. 누군가의 눈을 보면서 그의 열정이 무엇이고 그가 어디에서 왔으며 자신의 프로젝트에 얼마나 진지하게 임하는지를 아는 것은 저희 업무에 매우 중요한 일이지요."[4]

차를 몰고 직접 나가서 누군가가 당신의 돈으로 짓고 있는 건물의 부지를 볼 수 있다는 점도 중요하다. 퍼스트내셔널은행은 특이한 경우가 아니다. 연방예금보험공사(FDIC)에 따르면, 금융 위기가 악화되기 시작했을 때도 대부분의 소규모 금융기관들은 문제를 겪고 있지 않았다. 시골 은행만 그런 것이 아니었다. LA에 있는 브로드웨이 페더럴은 1940년대에 LA

의 흑인 거주지역에 금융 서비스를 하기 위해 설립되었는데, "거대한 콘크리트 건물, 형광등, 그리고 투박한 로고"가 있는 지점을 다섯 개 두고 있다. 이 은행에 대한 기사에서, 필립 롱먼과 T. A. 프랭크는 소규모 금융 기관들의 피드백 루프를 "정보 자본"이라고 불렀다. 아마도 이것이 큰 은행들(자산 10억 달러 이상) 가운데 파산하는 은행의 비율이, 작은 은행들의 파산 비율에 비해 일곱 배나 된다는 점의 가장 큰 이유일 것이다.[5]

물론 불황은 작고 똑똑한 은행들에도 퍼진다. 무책임한 모기지에서 오는 손실이 경제에 해를 입히고, 그러면 대출금을 잘 갚아나가던 사람들도 일자리를 잃고…… 기타 등등. 하지만 중요한 점은 이 피해가 반대 방향으로 퍼지지는 않는다는 사실이다. 브로드웨이 페더럴이 불황을 촉발시킬 수는 없다. 이는 '작은 것'이 주는 또 다른 이점이다. 거대 시스템에 연결되지 않는 한, 실수는 실수이지 위기가 아닌 것이다.

우리 집 지붕에는 태양열 전지가 있다. 그것에 문제가 일어난다면(아직까지는 문제가 없었다. 이 전지에는 가동부가 거의 없다) 나는 퍽 곤란해지겠지만 이웃에 영향을 미치지는 않을 것이다. 거대한 발전소 한두 개가 갑자기 중단되었을 때와는 다른 것이다. 테러도 문제가 안 된다. 테러리스트가 우리 집 지붕에 와서 망치로 태양열 전지를 부순들, 치명적인 태양열 입자가 누출되는 일 같은 것은 없을 테니 말이다. 작은 것이 많이 있으면 일종의 안정성이 생긴다. 큰 것이 적게 있으면 안정성을 위협한다. 포춘 50만이 포춘 500보다 좋다(당신이 수백억대 연봉을 받는 CEO가 되고 싶다면 또 모르지만).

값싼 화석연료가 아주 많고 기후가 안정적이던 쉬운 세상에서는 거대한 쪽에도 유리한 점이 있었다. 하지만 우리는 그런 지구에 더 이상 살고 있지 않다. 백악기 말기에 운석이 지구와 충돌해서 기후가 급격히 바뀌고 공룡의 오랜 지배가 끝났을 때, 살아남은 포유류들은 크기가 쥐만 하거나 더 작은 동물들이었다. 2004년에 지질학자들이 설명했듯이 "숨을 곳을 찾을 수 없을 정도로 너무 크면, 그것은 곧 사형선고나 다름없기 때문"이었다.[6]

물론 작다고 자동적으로 다 살아남는 건 아니다. 백악기 말기에 작은 조류와 파충류도 많이 사라졌다. 작은 나라인 아이슬란드는 2008년에 경제 위기로 큰 타격을 입었다. 거대한 나라처럼 행동했기 때문이었다. 은행을 카지노로 만들어가며, 의도적으로 커지고, 커지고, 더 커지려고 했기 때문이었다. 당시에 현지를 취재한 레베카 솔니트는 아이슬란드 경제를 망가뜨린 것은 부패가 아니라 "정부가 주도한 무모함과 규제 완화"였으며, "그 배경에는 새로운 부에 고착된 수동적인 국민들이 있었다"고 언급했다. 이제 모든 것이 사라졌고, 아이슬란드 사람들은, 이를테면 어업(오랫동안 이 섬에서 부의 유일한 원천이었던 산업)으로 되돌아가면서, 다시 시작하고 있다.

하지만 아이슬란드의 작은 공동체들은 금융 위기가 최고조일 때도 괜찮았다. 솔니트의 보도에 따르면, 작은 공동체들은 "현재의 경제 위기에 영향을 받지도 않았고, 위기가 오기 전 팽창하던 시기에 그 붐을 같이 타지도 않았다."[7] 라가네스비그드의 시장은 이렇게 말했다. "(우리 시의 일자리 대부분에 사람이 필요합니다) 간호사가 한 명 필요하고 (청소년 및 문화사업 담당자도 필요하고) 바다와 땅 모두에서 일자리를 채워줄 사람들이 필요합니다."[8]

작은 것을 지켰던 초기 미국

큰 것과 작은 것을 논하려면, 가장 큰 것의 이야기를 빼놓을 수 없다. 바로 미국이다. 나는 매사추세츠 주 렉싱턴에서 자랐다. 훌륭하고 진보적인 학교 시스템, 가격이 고평가된 집들, 10대 아이들이 좋아할 법한 것들은 별로 많지 않은 환경 등등, 대부분의 측면에서 전형적인 미국 교외거주지다. 하지만 이곳은 미국 역사의 탄생지이기도 하다. 미국혁명(미국 독립전쟁)의 첫 전투가 벌어졌고, 따라서 근대 제국에 맞서는 모든 혁명이 벌어진 곳이다.

중학교 때 나는 여름이면 렉싱턴 배틀그린에서 삼각모자를 쓰고 관광객들을 안내하곤 했다. 그 당시에 나는 1775년 4월 19일의 역사를 아주 상세하게 알고 있었다. 지금은 다음과 같은 작은 이야기들만 단편적으로 기억날 뿐이다. 조나단 해링턴은 치명적인 부상을 당했는데, 어떻게 기어기어 배틀그린을 가로질러서 자기 집 문간에서 죽을 수 있었다. 존 파커 민병대 지휘관은 실제로는 기념비에 새겨진 말("전쟁이 일어나야 한다면 이곳에서 시작되게 하소서")을 하지 않았고, 대신 해산 명령을 내렸다. 하지만 어쨌든 전쟁은 일어났고, 그는 사촌 조나스가 총검에 죽는 것을 보아야 했다.

날마다 이 이야기들을 관광객들에게 들려주었던 경험은 내게 좋은 일이었다. 애국과 불복종이 반대되는 게 아니라는 것을 확신할 수 있었으니 말이다. 하지만 더 중요한 것은, 이 이야기를 통해 초기에는 미국이 거대한 것에 맞서 작은 것을 지키는 쪽이었다는 사실을 알 수 있었다는 점이다. 민병대는 **미국인**들이 아니었다. 예수가 크리스천이 아니었던 것처럼 말이다. 그들은 자신들의 터전에서, 자신들의 이웃의 옆에서, 자신들의 집을 지키려고 싸웠다. 한 명은 자기 집 문간에서 죽었다.

한 세기 후에 '애국자의 날' 연설을 한 누군가의 말에 따르면, 배틀그린을 지나 진격해온 영국군들은 "액톤 사람, 콩코드 사람, 베드포드 사람, 칼라일 사람, 리틀톤 사람, 첼름스퍼드 사람, 리딩 사람, 서드베리 사람들과 맞닥뜨리게 되었다." "이 위대한 사건에서, 에섹스의 피는 미들섹스의 피와 섞였다." 그는 이렇게 주장했다. "댄버스의 사람들이 렉싱턴의 영웅들과 함께 누워 영예로운 불멸로 다시 깨어날 것이다."⁹ 즉 처음에 민병대는 미국이라는 개념이 아니라, 이를테면 첼름스퍼드, 리틀톤, 콩코드 등의 개념을 지키기 위해 나선 것이었다. 작고 끈끈하게 연결된 공동체 말이다. 또 영국이 부과하는 각종 세금을 감당할 여력이 안 되는 소규모 지역경제를 지키기 위한 것이었다. 그리고 자신들의 운명은 스스로 만들어가겠다는 개념을 지키기 위한 것이었다(이들은 매년 봄이면 마을의 타운미팅에서 자신들의 일을 스스로 결정하기 위해 논의했다).

미국이 '큰 쪽'을 의미하게 된 오늘날, 이 사실을 기억하는 것은 매우 중요하다. 미국은 현재 가장 큰 경제, 가장 큰 군대, 가장 큰 특대 사이즈 음료수, 가장 큰 예산, 가장 큰 부채, 가장 큰 생태 발자국을 가지고 있다. 하지만 미국의 역사는 처음부터 큰 것과 작은 것의 논쟁을 통해 형성되었다. 이제까지 미국은 커지는 방향으로 움직여왔고 그 방향은 불가피한 것으로 보였지만, 앞으로 만들어야 할 변화의 씨앗, 무언가 덜 거대한 쪽으로 갈 수 있는 변화의 씨앗도 미국 역사의 처음부터 존재했다.

북미가 덩치 크고 힘센 아기 하나를 만들어내기보다는 여덟 쌍둥이를 여럿 낳는 쪽으로 갈 수 있었을지도 모른다. 다시 말하지만, 미국 독립전쟁에서 사람들이 기꺼이 싸우고 죽은 것은 자유를 원했기 때문이었다. 종교나 인종이나 어떤 긴박한 필요 때문도 아니었고, 봉건군주에 복무하는 봉신으로서 그런 것도 아니었다. 렉싱턴 전투 이후 몇 주일 동안 농민들이 케임브리지 코먼(매사추세츠 주에 있으며, 미국 독립혁명 중 조지 워싱턴 장군이 최초로 군대를 소집한 곳이다—옮긴이)의 새 군대 막사에 모였을 때, 그들은 각기 자기 지역의 부대에 속해 있었고 자신들의 장교를 직접 뽑겠다고 했다. 또 그들은 단기적인 복무 계약에 서명했고 그 기간이 끝나면 종종 군대를 떠났다. 한편, 새 사령관 조지 워싱턴은 버지니아 타이드워터 지역에서 왔는데, 이곳은 일종의 위계 개념이 있는 곳이었다. 워싱턴은 원래 이발사였던 장교들이 사병들의 수염과 머리를 깎아주고 있는 것을 보고 깜짝 놀랐다.[10]

이런 미국인들은 자신의 자유를 또 다른 먼 당국에 쉽게 넘겨주려 하지 않을 터였다. 실제로 이들이 스스로를 뉴욕 사람, 조지아 사람이 아니라 '미국인'으로 생각하지는 않았을 것 같다. 런던의 지배를 받지 않을 권리를 위해 싸운 그들은 조금 덜 먼 미국 수도의 지배도 받고 싶어 하지 않았다. 미국의 첫 번째 정부 문서인 미국연합규약은 대체로 이런 급진주의자들이 초안을 마련했고, 한 역사학자는 연합규약에 "독립선언의 철학이 헌법적으로 표현돼 있다"고 설명했다. 연합 의회가 있었지만 돈을 많이 징수할 수는 없었고, 아주 제한된 권력만 가지고 있었다. "규정되지 않고 열거하기 어려운 권력들이 광대하게 각 주에 분산되어 있었다."[11]

하지만 강력한 중앙정부를 원하는 연방주의자들도 처음부터 존재했다. 워싱턴, 해밀턴, 로버트 모리스, 찰스 캐롤 등의 저명한 보수주의자들은 영국의 지배가 사라지면서 함께 사라진 무언가를 열망했다. 그것은 "각 주의 법에 대해 합법적인 거부 권한을 갖고, 일반적이고 공통적인 연합 차원의 입법을 할 권한을 가지며, 연합 내에서 일어나는 저항 세력을 무력으로 진압할 수 있는 권리를 가진 중앙정부"였다.[12] 처음에는 이 논쟁에서 연방주의자들이 졌지만, 독립 이후 10년 정도의 기간 동안 그들은 이런 주장에 힘을 실을 수 있는 몇 가지 계기를 맞게 된다.

우선 독립 후에 미국의 주들이 서로 싸움을 했다. 식민지 시절에 지역 구획이 분명치 않았기 때문에, 코네티컷 주는 자신이 와이오밍 계곡을 소유하고 있다고 생각했는데 이제는 와이오밍 계곡이 펜실베이니아 주에 속하게 되었다. 버지니아 주는 펜실베이니아 주의 또 다른 지역들에 대해 자신의 땅이라고 생각했고, 또한 메릴랜드 주는 버지니아 주에 속한 몇몇 지역들에 대해 그렇게 생각했다. 상업과 교역을 둘러싸고는 땅 분쟁보다 더 큰 분쟁이 일어났다. 뉴욕 시는 코네티컷 주에서 장작을, 뉴저지 주에서 식량을 구매했다. 하지만 뉴욕 시의 일부 사람들은 자신의 사업을 외부와의 경쟁에서 보호하고 싶어 했고, 그에 따라 "헬 게이트를 지나 내려오는 모든 양키 범선과 폴러스후크에서 코트랜트 가로 가는 저지 마켓의 모든 배는, 런던이나 함부르크에서 오는 배와 마찬가지로 의무적으로 사용료를 내고 세관에서 허가를 받아야 하는" 관세 규정이 통과됐다. 이 관세에 영향을 받은 업스테이트와 강 건너편 사업가들은 이에 저항했고, 이는 보스턴 차 사건과 매우 비슷해 보였다. 역사학자 존 피스크는 "(제헌협의회에서의 중재가 없었더라면) 5년도 못 가 총 소리가 나고 맨해튼 섬을 향한 해변에 증오의 씨앗이 뿌려졌을 것"이라고 설명했다.[13]

한편, 해외에서는 존 애덤스가 전쟁 부채를 상환할 돈을 마련하느라 고전하고 있었다. 하지만 "신문에는 (미국)의회의 문제와 각 주들의 분쟁 소식이 가득해서 모두가 미심쩍어했다. ……애통하게 고백하건대, 미국의 신용은 죽었다는 것이 너무나 명백했다." 돈을 마련하기 위해, 1781년에 의회는 수입품에 부과하는 세금을 5퍼센트 인상하고자 했다. 하지만 연합 규약에 따라 이러한 조세 변경은 모든 주의 동의를 얻어야 했다. 이 세금

인상안은 1년간 이어질 격렬한 논쟁을 촉발했다. 다음과 같은 질문이 계속 제기되었다. "어차피 우리 주 이외의 권력으로부터 세금이 계속 부과될 거였다면, 왜 우리가 인지조례(1766년 영국이 북미 식민지에 강제로 실시한 최초의 과세법)나 차 관세에 대해 반대했단 말인가?" 매사추세츠 주는 결국 동의했지만, 로드아일랜드 주와 버지니아 주는 거부했다.[14]

그러고 나서, 정말로 큰 교훈이 된 사건은 셰이스의 반란이었다. 1786년에 부채로 짓눌린 매사추세츠 주 농민들이 스프링필드에 있는 미국 무기고에서 무기를 갈취하려 한 사건이었다. 그들은 쉽게 진압됐지만 반란이 퍼질지 모른다는 우려가 깊이 자리 잡았다. 영국이 이러한 내분을 기회로 이용해서 다시 미국을 식민지로 삼으면 어쩌냐고 많은 사람들이 우려했다. 셰이스의 반란은 여론을 눈에 띄게 바꾸어놓았고, 연방주의에 반대하는 사람들도 이런 분위기를 느낄 수 있었다. 버지니아 주의 윌리엄 그레이슨은 당시에 이렇게 기록했다. "미국인들의 성향이 상상 이상으로 바뀌었다. 나는 그들이 거의 무엇이라도 포기할 준비가 되어 있다고 생각한다."[15] 9.11 테러 직후의 분위기를 생각해보라. 갑자기 자유가 질서보다 조금 덜 중요해 보이지 않았던가.

'연방주의자 신문 10호'에서 제임스 매디슨은 다음과 같은 주장을 펴면서 새 헌법과 더 강력한 연방정부의 필요성을 강조했다. 그에 따르면, 국가가 충분히 크다면 어떤 '파벌'의 세력이라도 완화할 수 있어서 나라 전체가 잘못된 방향으로 가는 것을 막을 수 있다. 반면 작은 민주주의 체제에서는 모든 사람이 참여할 수 있는데, 그것은 나쁜 것이다. "입법과 행정에 직접 참여하는 시민들로 구성된 소규모 사회는, 파벌의 잘못을 저지하는 해결책을 승인할 수 없다. 공공의 열망과 이득은 거의 언제나 다수의 의사에 따라 결정된다." 하지만 큰 공화국에서는 그 개념상 각 지역에서 대표자들이 중앙으로 이동해올 수밖에 없고, 그러는 과정에서 "시야가 확장되고, 다양한 입장과 이해관계를 인정하게 된다. 그러면 다수가 다른 시민의 권리를 침해하려 하는 일이 덜 발생할 것이다. 혹은 그런 분위기가 존재한다 해도 그들이 충분한 영향력을 발휘하기가 더 어려워질 것이다."[16] 수십 년 동안 혁명의 혼란기를 살아온 사람들에게, 자신들이 약간 덜 정치적이어도 좋다는 이 전망은 충분히 매력적이었을 것이다.

성장과 권력에 대한 열망

하지만 연방주의자들은 '해야 할 일이 너무 많다'는 점을 이유로도 직접 민주주의를 누르고 중앙집권화된 효율성을 주장할 수 있었다. 사실은 이것이 핵심이었다. 영국과의 단절이 완성되었으니, 이제 명백한 '국가적 사업'에 착수해야 했다. 이런 사업들은 인류가 전에 본 적이 없었을 대대적인 프로젝트였다. 300만 명의 유럽인들이 광대하고 풍부한 대륙이라고 여겨지는 미 대륙의 가장자리에만 모여 있었다. 미 대륙을 성공적인 정착지로 만들려면 강력하고 통일된 정부가 필요했다. 그리고 '연방주의자 신문 14호'에서 매디슨은, 정부가 그런 거대 프로젝트에 착수할 수 있게만 된다면 미국은 어쨌든 더 작은 세상이 될 것이라고 주장했다. "새로운 진보가 이뤄지면서 연방 내 각지의 상호소통이 촉진될 것이다. 도로가 모든 곳의 거리를 단축해주고 모든 곳을 더 좋은 상태로 유지되게 해줄 것이다. 여행자들을 위한 시설이 몇 배로 많아지고 개선될 것이다."[17]

이런 일은 분명히 필요했다. 예를 들면, 당시 합승마차 한 대가 뉴욕에서 보스턴까지 가는 데에 일주일이 걸렸다. 역사 기록에 따르면 "새벽 3

시에 출발해서, 도로가 좋으면 밤 10시경까지 60킬로미터 정도 갈 수 있었다. 날씨가 좋지 않아서 승객들이 내려서 진흙투성이가 된 바퀴를 구덩이에서 꺼내야 하는 경우에는 속도가 훨씬 더뎠다." 코네티컷 강 같은 곳에는 다리가 없었다. 겨울에는 얼음 위로 건너면 되어서 상대적으로 쉬웠고 여름에는 노 젓는 배로 건너갈 수 있었지만, 떠다니는 유빙을 피해야 하는 몇 개월 동안은 매우 힘들었다. 그러니 "나라의 각 지역이 서로에 대해 거의 아는 것이 없고 지역적 편견이 심한 것"도 이상한 일이 아니었다.

조지 워싱턴이 초대 대통령이 되기 전에 상당 시간을 운하와 유료 도로를 짓는 데 쓴 것도 이상한 일이 아니었다. 그는 산맥 서쪽으로 포토맥 강 항로를 연장하는 방법을 알아내기 위해 버지니아 주에서 인가된 회사를 무보수로 운영했다. 워싱턴은 "이 사람들을 절대 깨질 수 없는 사슬로 우리에게 묶여 있게 하자"고 말했다.[18]

결국 연방주의자들이 성공했다. 헌법이 비준되고 첫 몇 년 동안, (상당 부분은 워싱턴 장군의 엄청난 인기에 힘입어) 거대한 국민주의적 감수성이 솟아올랐다. 하지만 큰 것과 작은 것의 논쟁은 사라지지 않았고, 1790년 알렉산더 해밀턴이 미합중국 은행 설립을 제안했을 때는 최초로 야당이 생겼다. 야당을 이끈 사람은 토머스 제퍼슨이었는데, 1801년에 대통령이 된 그는 권력의 균형을 다시 각 주로 돌리겠다고 약속했고 어느 정도 성공을 거두기도 했다.

하지만 딱 그 정도뿐이었다. 국가적 사업은 이미 진행되고 있었다(그리고 제퍼슨 본인이 상당히 많이 지원했다. 프랑스에서 프랑스령 루이지애나 지역을 넘겨 받았고 루이스와 클라크를 시켜 서부를 탐험하도록 했으니 말이다). 예를 들면, 제퍼슨은 비용이 많이 들고 전쟁을 야기할 수도 있다는 논리에서 해군을 바다에서 철수시키겠다고 약속했다. 하지만 북아프리카 해안에서 해적이 미국의 해외상업에 해를 끼치자, 제퍼슨은 (2세기 후 오바마 대통령이 그랬듯이) 미국 배가 계속 자유롭게 항해할 수 있게 하기 위해 함대를 파견해야 했다. 여기에 비용이 너무 많이 들어서 해밀턴의 은행을 닫으려던 계획도 꼬이게 되었다.

새 공화국이 생기고 약 90년간 이 논쟁은 격렬히 이뤄졌고, 분리 독립 주장으로 이어지기도 했다. 분리 독립을 하겠다는 위협은 남부에서만 나온 것이 아니었다. 제임스 매디슨이 1812년 미-영 전쟁을 선포하자 뉴잉글랜드에서 반대 의견이 고조됐다. 매사추세츠 주지사 칼렙 스트롱은 영국과 비밀협상을 했고, 이곳 대표자들이 1814년에 하트포드에서 만났다. 어떤 사람들은 분리 독립을 주장했고 어떤 사람들은 헌법 수정을 제안했다. 하지만 앤드류 잭슨이 뉴올리언스 전투에서 영국군에 대승을 거둠으로써 바람이 잦아들었다.

그래도 위기일발이었다. 대니얼 웹스터도 정치 인생의 초기에는 연방정부가 군인을 징집할 수 없다고 주장했다. "자신의 군대에 대한 통수권을 지키고 자신의 시민들 위로 외부의 권력이 작용하는 것을 막는 것이야말로 주 정부의 신성한 의무이다."[19] 하지만 20년 뒤에 사우스캐롤라이나 주가 "불경스런 관세"(이 법은 북부 제조업지대의 압력으로 의회가 밀어붙인 것이었다)를 무시하고자 했을 때, 다음과 같은 유명한 연설로 이 흐름을 돌려놓은 사람이 바로 웹스터였다. "자유와 주 연합. 지금도, 그리고 영원히."

분리 독립 주장을 촉발하는 사안은 관세, 전쟁, 노예제였다. 그에 맞서 연합을 밀어붙이는 힘은 언제나 국가적 사업, 즉 빠른 경제성장과 청년기 미국을 특징짓는 서부 개척이었다. 운하를 (그 다음에는 철로를) 짓는 데는 막대한 돈이 들었고, 대개 이는 개인투자자들이 끌어올 수 있는 금액 이상이었다. 중앙정부의 보증과 중앙은행이 제공하는 금융 안정성 없이는 이런 프로젝트가 훨씬 늦어졌을 것이다. 광대한 땅을 길들이는 것은 아주 돈이 많이 드는 일이었다. 수천 개의 신문 사설과 의회 연설에서 '국토 개발'이라는 말이 되풀이됐다. 강에는 바닥을 준설하고 부표를 설치할 필요가 있었다. 해안에는 등대가 필요했다.

하지만 대부분의 지역에서 대부분의 사람들은 돈을 내고 싶어 하지 않았다. 사우스캐롤라이나 주지사는 자신의 시민들이 "슬프게도, 케이프코드를 가로지르는 운하를 짓는 데에 돈을 내도록 되어 있는 것"에 대해 성이 나서 고함을 쳤다. 버지니아 주와 조지아 주 의회는 1827년에 국토 개발, 보호 관세, 그리고 자신의 시민들에게 "다른 주의 시민들을 위한 도로와 운하를 짓는 데 필요한 돈을 마련하기 위한" 조세를 부과하는 것 등을 강력하게 반대하는 결의안을 통과시켰다.[20] 미국인 대다수가 이런 정서를 가지고 있었지만, 거대 계획을 지지하는 소수자들은 한 역사학자의 표현을 빌리면 "열정적이고 욕심이 많고 영향력이 있는 사람들"이었다.[21] 그래서 도로는 건설되었고 하구도 준설되었다. 연방정부는 미국에서 가장 거대한 토지 소유주였다. 그리고 자신이 보고 싶어 하는 방식의 농경과 정착을 촉진하고, 철로에 재원을 대고, 거대한 토지공여 대학들을 세우는 데에 이 땅을 사용했다. 이런 지출은 꾸준히 미국 국가경제의 척추를 늘리면서 "명백한 운명"(Manifest Destiny, 1800년대 미국의 팽창을 정당화한 말―옮긴이)에 돈을 댔다.[22]

어느 면에서는 남북전쟁도 이런 문제와 관련이 있었다. 미국 역사상 가장 거대하고 특이한 악덕이었던 노예제는 실로 남북전쟁의 알파요 오메가였지만, 알파와 오메가 사이에는 다른 알파벳도 많다. 남부는 대체로 노예제 때문에 정적이고 농경 위주였다(나중에 설명하겠지만, 정적이고 농경 위주라는 것은 그 자체로 나쁜 것이 아니다. 사실 지금 우리에게 필요한 것이다). 즉 이 지역은 국가적 사업에 완전히 참여하고 있지는 않았다. 남부의 권력자들은 북부를 특징짓는 역동적인 국가 건설에 참여하기보다는 노예제를 통해 부를 쌓는 것에 만족하고 있었다. 사실 대부분의 북부 사람들도 남부가 노예제를 유지하도록 내버려둘 의사가 있었다.

갈등이 불거진 것은 미국이 팽창하면서 노예제가 서쪽으로 퍼졌을 때였다. 광대한 열린 대륙을, 어떤 사람들은 비도덕적이라고 비난하고 어떤 사람들은 후진적인 제도라고 생각하는 노예제가 오염시킨 것이다. 사람들은 남부에만 한정된다면 노예제가 점차 사라질 것이라고 기대했다. 이미 유럽에서 그랬듯이 말이다. 하지만 1854년의 캔자스-네브래스카 법(네브래스카와 캔자스에서 노예 제도의 가부를 주민들이 직접 결정하도록 한 법. 이를 둘러싸고 남부와 북부에서 의도적으로 이주해오는 사람들이 많아지면서 남북이 대립하고 유혈 사태도 벌어졌다—옮긴이)은 "이 기이한 제도"가 확산될지 모른다는 우려를 야기했고, 이에 대한 반응으로 현대의 공화당(에이브러햄 링컨의 정당)이 생겨났다. 캔자스를 둘러싼 싸움은 존 브라운의 선동적인 정치 여정의 출발이었고, '링컨-더글러스 논쟁'을 촉발시켰으며, 상황을 위기 국면으로 치닫게 만들었다.

그래서 전쟁이 시작됐다. 북부를 부유하게 만든 기술, 효율성, 가차 없는 조직, 산업주의는 북부를 패배하지 않게 만들기도 했다. 게다가 중앙정부가 불가피한 것일 뿐 아니라 좋은 것이기도 하다는 생각이 굳어졌다. 애국의 감수성이 전에 없이 부풀어 올랐다. 미국 국기인 '스타 스팽글드 배너'가 모든 공공 모임에 빠지지 않고 걸렸다. 국가주의가 융성했고 '연합'은 '노예제 폐지'를 한참 넘어서는 외침이 되었다. 〈뉴욕타임스〉 편집자 헨리 J. 레이몬드의 말을 빌리자면, 중앙정부 지지자들의 승리는 대륙을 가로지르고 심지어 멕시코 안으로까지 침투하는 팽창의 핵심이었다. 다른 것은 불가능했다. "성장과 권력에 이렇게 열망을 가진 나라는 없다."[23]

보스턴의 어느 신문이 전쟁 전에 쓴 사설에 따르면 "캘리포니아 주는 …… 태평양 철로를 확보하고 싶어 하는 희망으로 살고 그것을 원한다. 앨라배마 주와 미시시피 주는 반대했지만, 나머지 지역들은 태평양 철로를 지지한다." 실제로, 전쟁이 벌어지고 있는 와중에서도 철도는 서쪽으로 계속 뻗어나갔다. 그리고 애퍼매톡스에서 남부군이 항복하고 4년 뒤인 1869년, 유타 주의 프로먼토리 서밋에서 골든 스파이크(Golden Spike, 대륙횡단철도의 마지막 못. 황금으로 만들어졌음—옮긴이)를 박아 넣으면서 드디어 미국 대륙은 태평양에서 대서양까지 이어지게 되었다.

국가적 사업이 꼭 좋은 것이어서 이렇게 된 것은 아니었다. 그중 어떤 부분(이를테면 인디언 학살)은 노예제만큼이나 나빴다. 또 미국은 세계에서 가장 거대한 온대 삼림을 베어냈고, 버펄로를 사라질 위기로 몰아넣었으며, 많은 새들도 멸종 위기에 처하게 만들었다. 철로를 지은 거부들은 대체로 사기꾼들이었고, 수천 명의 이민자들이 그들을 위해 노예처럼 일하다 죽었다. 내가 존경하는 사람들은 대체로 이런 국가적 사업들을 상당히 혐오했다. 납세 거부자 헨리 데이비드 소로는 어쩐지 훗날의 로널드 레이건을 연상시키게 하는 다음과 같은 말을 했다. "전혀 통치하지 않는 정부가 가장 좋은 정부다."

작아진 목표와 거대한 정부만 남다

하지만 다 좋은 것은 아니었어도 거의 불가피한 것이기는 했다. 온대의 삼림과 중서부의 비옥한 토지가 부를 약속하고 있었고, 그것을 취해야 했다. 그리고 19세기 말에 물리적인 개척이 끝나자 20세기에는 테크놀로지의 새로운 개척지가 열렸다. 미국의 산업을 빠르게 성장시키는 것이 새로운 국가적 사업이 되었고, 이는 거의 20세기 말까지 계속 이어졌다.

거대함을 둘러싼 논쟁은 계속 이어졌지만 국가적 사업은 언제나 미국의 '거대함'을 정당화했다. 이를테면 드와이트 아이젠하워의 주간 고속도로 체계를 위한 싸움을 생각해보자. 그는 1919년에 처음으로 나라를 가로질렀는데, 도로가 너무 안 좋았기 때문에 62일이나 걸렸다. 그의 마음속에서 거대한 도로 네트워크를 건설한다는 아이디어가 자랐다. 그리고 이를 위해 휘발유에 세금을 부과한다는 아이디어도 생겼다. 전통적으로 그런 세금은 각 주가 부과하고 있었고, 각 주는 그 통제권을 유지하고 싶어 했다. 위스콘신 주지사 월터 콜러 주니어는 이렇게 말했다.

"세금의 철학에서, 연방정부는 탐욕스런 괴물이 되었다. 더 많은 수입을 얻으려는 그칠 줄 모르는 굶주림을 채워줄 것이면 어느 것도 그냥 지나치지 않는다. 솔직히 우리 위스콘신 주는, 마땅히 주 정부의 권한이어야 하고 이제까지도 그래왔던 일에 연방정부가 개입하는 데 대해 진력이 났다."

그러거나 말거나. 국가적 사업은 월터 콜러를 위해 멈춰주지는 않았다. 여기 미 육군 공병대장과 미국 도로건설업협회 임원을 지낸 유진 레이볼드의 이야기를 들어보자. "아이젠하워 대통령은 거침없는 추진력으로, 과단성 없고 조각조각 진행되는 계획을 날려버렸다. ……도로건설 계획에서 그런 소심함은 이제 더 이상 설 자리가 없다."[24] 과연 그랬다. 1992년에 드디어 I-70이 글렌우드 캐년까지 포장되면서 세계 역사상 가장 큰 공공 사업이 완성되었다. 비용이 5,000억 달러 가까이 든 이 프로젝트를 통해, 고도 3,400미터의 콜로라도 주 그린우드 컨티넨탈 디바이드에서부터 해수면 아래 32미터인 볼티모어 이너하버 터널까지 이어지는 길이 만들어졌다. 이 길의 여러 정맥들을 따라 가다보면 세계 최대의 커피 주전자, 세계 최대의 딸기와 수박과 아티초크, 세계 최대의 고무공을 볼 수 있다. 노스다코타 주 뉴살렘 근처에 I-94를 굽어보는 곳에서는 세계에서 가장 큰 젖소(동상) 살렘 수를 볼 수 있다. 이 소는 11미터나 되며 "강화 유리섬유 피부는 탄탄하고 빛난다."[25] 너희 강대한 자들이여, 내 위업을 보라, 그리고 절망하라('Look on my works, ye mighty, and despair', 영국 시인 셸리의 시 〈오지만디어스〉의 구절임—옮긴이).

하지만 이제 그것은 다 완수됐다. 고속도로를 더 낼 곳은 남아 있지 않다. 그뿐 아니라 다른 것들도 거의 모두 끝났다. 미국에서 국가적 사업이라 할 만한 가장 최근의 프로젝트는 사람을 달에 보내는 것과 소비에트 제국을 무너뜨리는 것이었다. 이것들은 거대 사업이 갖는 유전적 특성을 공유한다. 아주 팽창적이고, 거기에 필요한 돈은 개인적으로나 민간 수준에서는 조달할 수 없으며, 어느 정도 중앙정부를 필요로 한다. 버몬트 주는 달에 사람을 보낼 참이 아니었고 델라웨어 주는 소련을 겁줄 수 없었다. 달 프로젝트와 대 소련 프로젝트는 우리의 경관을 밀어붙이고 확장했다. 달 프로젝트에서는 인간을 중력의 경계 너머로 들어올렸다. 대 소련 프로젝트에서는 민주주의의 경계를 확장했다. 이러한 경이로운 일들을 제퍼슨과 함께 할 수는 없었다. 미국인들은 제퍼슨에 대해 이야기하기를 좋아한다. 소규모 민주주의, 신사적인 시민 등등. 하지만 제퍼슨은 고속도로를 지을 수 없었다. 소련을 이기고 달에 가고 싶다면 해밀턴이, 즉 거대 자금과 거대 정부라는 틀거리가 필요했다. 그리고 미국이 가진 것은 해밀턴이었다.

하지만 국가적 사업의 목록은 이제 수그러들고 있다. 이슬람 테러와 싸우는 것도 알고 보니 소규모의 조심스러운 타격이 필요했지, 거대한 무력이 필요한 것이 아니었다. 원칙적으로는 미국이 인간을 화성에 보내는 일을 계속하고 있긴 하지만 그걸 믿거나 그것에 관심을 가진 사람을 나는 거의 본 적이 없다.

새로운 국가적 사업으로 가능할 법한 유일한 후보는 스마트 에너지 연결망, 지평선을 가로지르는 고압선 등 토머스 프리드먼이 제시한 비전이다. 하지만 에너지는 지역적으로 조달하는 것이 더 합리적이다(4장에서 설명하겠지만, 물리적 특성상 전기는 이동 중에 누수되기 때문에 원거리 전략은 불리하다). 지구우에서 생존하려면 우리는 아주 많은 일을 해야 한다. 하지만 그중 가장 필요한 일들은 집 가까운 곳에서 해야 할 일들이다. 큰 것이 아니라 작은 것, 집중이 아니라 분산이 필요한 것이다.

그래서 지금 미국에 남겨진 것은 작아진 목표들과 거대한 정부다. 아주 안 좋은 상황이다. 보수주의자들 말대로, 큰 정부에는 내재적인 비효율이 있기 때문이다. 제퍼슨이 대통령이 되었을 때 재무부는 직원이 80명이나 되는 조직으로 변해 있었다. 역사학자 론 셔노에 따르면 "비판자들은 재무부를 '만들어지고 있는 괴물'이라고 비판했고", 새 대통령 제퍼슨은 "가지치기를 도입"하겠다고 약속했다.

그러면 지금은 어떤가? 정치학자 폴 라이트는 지금의 정부에 대해 "팀장급의 직급이 이렇게 많았던 시기는, 아니 직급마다 이렇게 팀장이 많았던 시기는 전에 없었다"고 언급했다. "위계가 길면 무엇이 잘 되고 잘못되어가는지에 대한 책임 소재를 희석시키고, 지휘명령 체계를 약화시키며, 의사소통을 어린 시절 전화놀이(다음 사람으로 갈 때마다 매번 메시지가 왜곡되던 놀이) 수준으로 떨어뜨린다."[26] 이것은 〈몬티 파이슨(Monty Python)〉세상이다. 라이트는 이렇게 설명했다. "이런 위계에서 가장 널리 퍼지고 있는 직책 이름은 '최고(chief)'다. 실로 이것은 층층의 위계를 만드는 최신의 혁신이다. 미국 보건복지부에서 1981년에 최초로 고안된 이 직책은 그 이후로 널리 퍼졌다. 1987년에 장관 최고부비서라는 직책이 등장했고, 최고부비서관, 최고차관, 부최고차관 등이 1990년대 초에 생겼다." 2004년에는 "빈자리로 있는 직책"이 64개나 있었는데 "각 직책명은 '최고' '보' '부' '수석' 등을 이리저리 조합한 것이었다." 그래서 차관보최고비서라든가 최고차관보비서자문, 혹은 부부차관, 차관보수석비서관 등의 직책이 나오는 것이다.

당신이 보훈병원의 간호사라고 생각해보자. 라이트에 따르면 "보고 체계에 수간호사부터 원호장관까지 위로 17단계가 있다(이중 아홉 층은 대통령이 지명하는 직책이다)." 좋은 소식이라면, 이 사람들이 일을 잘하고 있는 모양이다. 한 조사에서 연방 지명직 공무원 대부분이 스스로에 대해 "매우 훌륭"하거나 "평균 이상"이라고 답했다. 그들의 상사도 분명히 동의했다. 2001년에 '통과/실패' 기준으로 평가 받은 70만 명의 연방정부 공무원들 중 0.06퍼센트만이 '실패'를 받았다. 또 5점 척도로 평가 받은 80만 명 중 0.55퍼센트만이 "최소한도로 성과를 냄"과 "받아들일 수 없는 수준"을 받았고, 43퍼센트는 "뛰어남"을 받았다.[27] 브라우니, 자네 참 잘했구만('Heckuva job, Brownie', 부시 대통령이 허리케인 카트리나 이후 연방재난관리청장 마이클 브라운에게 이렇게 말한 이후, 엉망으로 해놓은 일을 비꼬는 반어적 의미로 쓰임—옮긴이).

대의가 거대하다면 이런 비효율성을 정당화할 수 있을지도 모른다. 국방부의 과다 고용을 상당 부분 눈감아주게 만드는 것은 "자유세계를 수호하기 위해서"라는 논리다. 하지만 이제 우리는 거대 명분들을 신뢰하지 않는다. 거대 프로젝트들의 혜택은 주로 소수의 상류층에게만 돌아가는 것 같으니 말이다(이라크 전쟁에서의 할리버튼 등). 그리고 중앙집중화는 진보이기도 하지만 그만큼 약탈적이기도 하다. 어떤 면에서 미국은 쓸모 있는 정도보다 훨씬 큰 중앙정부를 가지고 있다. SUV 소유자 중 95퍼센트가 그 차로 오프로드를 탐험해본 적이 없는 것과 비슷하다. 자유세계를 수호하거나 대륙 곳곳에 도로를 내려는 게 아니라면, 60센티미터의 차체 높이나 V8엔진이 필요하지는 않을 것이다. 에스코트(소형차 브랜드 이름)면 충분할 것이다.

지구상에는 여전히 거대 프로젝트를 가진 곳들이 있다. 예를 들어보자. 흔히 중국 사람들은 중국이 가난을 몰아내야 하는 신흥경제국가라는 점을 들며, 독재적일 정도로 강력한 중앙정부를 정당화한다. 중국 정부는 미국이 대륙 개척을 하던 때와 비슷한 규모로 산을 옮기고, 삼협댐을 짓고, 이제는 건조한 북쪽에 물을 대기 위해 남부 지방을 흐르는 큰 강들의 물길을 돌리려 하고 있다. 이것은 그리 현명한 계획이 아닐지도 모르지만 큰 계획임에는 분명하다. 내가 알기로 중국 사람들은 자신이 빠르게 앞으로 나아가고 있다고 생각한다. 미국이 19세기와 20세기에 걸쳐 이룩한 진보를 자신들은 불과 몇십 년 만에 이룰 수 있을 것이라고 생각한다.

하지만 그 결과는 비극이 될 것 같다. 중국도 미국이 이미 맞닥뜨린 것과 같은 환경의 장벽에 부딪치고 있으니 말이다(녹고 있는 히말라야 빙하를 생각해보라. 그 때문에 황허 강과 양쯔 강이 마르기 시작했다). 하지만 중국인들은 지금으로서는 현재의 미국인이나 유럽인과 퍽 다르게 느끼는 것 같다. 나는 2008년 여름에 거의 완공된 올림픽 주경기장(베이징 국가체육장) 옆에서 수천 명이 경기장을 배경으로 사진을 찍는 것을 보았다. 미국에서는 올림픽을 유치한다고 사람들이 이렇게 열광하는 것을 상상하기 힘들다. 메달을 몇 개 땄는지에 관심을 갖는 것조차 상상하기 힘들다. 미국인이 그런 것들에 열광하던 것은 과거의 일이다. 미국은 롤러코스터의 가장 높은 곳을 지나쳤고 공중에서 손을 흔들고 있다. 신 나서가 아니라 무서워서다.

무엇을 가장 지키고 싶은가

물론 미국도 아직 해야 할 일들, 프로젝트들이 있다. 하지만 적어도 선진국에서는 그러한 프로젝트들이 더 이상 확장과 성장에 방점을 두는 것일 필요는 없다(가난한 나라에 대해서는 4장에서 다룰 것이다. 하지만 어쨌든 가난한 나라들은 글로벌 북부 지역이 한발 뒤로 물러서주기를 무엇보다도 바랄 것이다). 지금부터 우리는 가진 것을 잘 보존하는 데에 중점을 두어야 한다. 유지보수가 우리의 모토다.

오바마 대통령이 2009년에 취임했을 때, 그리고 경기 부양책을 내놓아야 했을 때 대통령과 의회는 수리에 초점을 맞췄다. 새로운 다리를 짓는 것이 아니라(다리가 있어야 할 곳에는 모조리 다 지었다. 그래서 부시 행정부 시절에 엉뚱한 데다가 다리를 지었던 것이다) 낡은 다리들이 허물어지지 않도록 하는 것이다. 그리고 그 프로젝트는 점점 더 중요해지고 점점 더 어려워지고 있다. 지구가 더 험한 곳이 되어가기 때문이다. 바람이 더 강하게 불고 번개가 더 자주 치고 비가 더 많이 오고 해수면이 높아지면, 수리와 유지보수는 한시도 쉬지 않고 해야 하는 일이 된다.

이렇게도 생각해볼 수 있다. 미친 듯한 성장을 오랜 기간 겪고 나서, 우리는 갑자기 나이가 들었다. 심지어 노인이 되었다. 그런데 일반적으로 노인들은 더 많이 갖는 것에 덜 집착한다. 그보다는, 가지고 있는 것을 유지하는 데에, 혹은 가진 것들을 가능한 천천히 잃는 것에 관심을 가진다. 그래서 노인들이 주식보다는 채권에 돈을 넣는 경우가 많다고들 하는 것이다. 성장은 중요하지 않다. 안정과 안전이 역동보다 중요하다. 당신이 대체로 성공적인 삶을 살아왔다고 생각해보자(미국은 그랬다. 어떤 다른 사회가 이전에 성공했던 것보다도 더 성공했다). 당신의 목표는 가지고 있는 부를 잘 관리하는 것이다. 되도록 오래 우아한 노년을 보내는 것이다.

국가나 지구의 차원에서, 이는 연대기적인 나이를 말하는 것이 아니다. 미국은 아직도 젊은 나라이고 인류는 여전히 신생종이다. 하지만 지구온난화와 석유의 종말, 이 두 가지로 인한 경제적 여파 사이에서 우리는 등이 휘고 천천히 움직일 수밖에 없는 만성질환에 걸린 사람처럼 되었다. 우리는 치료의 우선순위를 정해야 한다. 과거의 삶에서 가장 지키고 싶은 것이 무엇인지를 정하고, 그것을 지킬 방법을 찾아야 한다.

나는 얼마 전 팔순이 되신 어머니가 수십 년간 지내온 큰 집에서 이사를 나가시는 걸 보고 이 은유를 실감했다. 사실 전에 사시던 집도 교외 지역의 기준으로 보면 큰 집이 아니었다. 평균보다 한참 아래였을 것이다. 하지만 어머니에게는 너무 컸다. 어머니의 인생을 지배했던 프로젝트(대체로는 자녀에 대한 것)들은 이래저래 거의 완수되었고, 어머니는 더 아이를 낳을 계획이 없었다. 그래서 은퇴자들이 사는 곳으로, 중심부가 아닌 곳으로 이사했다. 가장 명백한 차이는 집의 크기였다. 옛 집을 채웠던 물건의 8분의 1쯤 들어갈 정도였다. 하지만 어머니가 필요로 하는 것은 다 들어가고도 남았다.

  내 첫 번째 주장은 간단하다. 제도, 기관, 정부의 크기는 프로젝트의 크기에 따라 정해져야 한다. 두 번째 주장은 좀 복잡하다. 우리가 지금 착수한 프로젝트(유지보수, 우아한 하강, 움츠러들어서 지켜보기, 폭풍에 맞서서 버티기)에는 전과 다른 종류의 규모가 필요하다. 우리는 대륙과 광대한 국가가 아니라 주, 소도시, 동네, 이웃을 생각해야 한다. 큰 것은 역동적이다. 프로젝트의 목표가 성장이라면 부작용을 감수할 수 있을지도 모른다. 하지만 지금은 기후변화와 같은 "규모의 부작용"이 우리를 약화시키고 있다. 쫓기는 와중에 숨어서 쉬어갈 곳을 찾기 위해서는 규모를 줄여야 한다.

  지금 갖고 있는 부를 가지고 그것을 어떻게 잘 사용할 것인지 알아내야 한다. 바퀴를 한 번 더 굴리기 위해서가 아니라 바퀴의 속도를 줄이기 위해서 말이다. 성장을 희생해서라도 위험보다는 안전성을 선택해야 하고, 그것도 빨리 그렇게 해야 한다. 옛날의 큰 집도 새 지구우의 환경에 맞는 것으로 바꾸어야 한다. 우리의 취약함을 인정해야 한다. 가난한 나라만 취약한 것이 아니라 우리 모두가 그렇다. 우리는 사회를 더 안전하게 만들어야 하는데, 이는 사회를 더 작게 만들어야 함을 의미한다. 그리고 우리가 이제 다른 지구에 살기 때문에, 이는 다른 종류의 문명을 의미한다.

  이 책의 나머지 부분에서, 지금과 매우 다른 그 문명을 우리가 어떻게 일궈나갈 수 있을지에 대해 설명할 것이다. 어떻게 우리가 계속해서 불을 켜고 곳간을 채우고 영혼을 합당한 수준으로 고양시킬 수 있을지 말이다. 모두 힘든 과제이다. 성장을 먹고 사는 시스템에서 성장 없이도 살아갈 수 있는 시스템으로 전환하는 것은 고통스러운 일이다.

  하지만 가장 고통스러운 점은 내리막을 간다는 간단한 개념 그 자체다.

우리는 개인으로서는 노화를 싫어하고 사회로서 노화를 두려워한다. 1970년대에 지미 카터가 처음으로 내리막에 대해 우려를 내비친 이래로 미국은 경제에 채찍질을 해서 계속 살아 있게 하려고 안간힘을 썼다. 오염이야 어찌됐든 규제를 완화했다. 불평등이 얼마나 심화되든 세금을 감면했다. 지금은 명백해진, 그 골치 아픈 결과야 어찌되든 값싼 모기지를 뿌려댔다. 비아그라를 계속 투입해가며 경제를 부양해온 것이다. 이미 생식 가능한 시기가 지났기 때문에 계속해서 정력을 촉진하는 것이 더 이상 그렇게 필요하지 않다는 사실을 회피하면서 말이다(나는 지구온난화가, TV 광고에서 그 위험성을 경고하는 "4시간 이상 지속되는 발기" 상태와 비슷하지 않나 생각한다).

이런 두려움에도 내가 비교적 패닉에 빠지지 않는 데는 흥미로운 이유가 있다. 여전히 젊은이였던 시절에 나는 업스테이트 뉴욕의 애디론댁 산으로 이사를 갔다. 이곳은 아름다움, 황야, 가난뿐 아니라 역사적으로도 유명한 곳이다. 애디론댁의 인구는, 적어도 내가 거기 살았을 때는 한 세기 전보다 훨씬 적었다. 호황이 왔다가 지나갔고, 사실 모두 잊혀졌다. 언젠가 나는 사칸다가 강 상류쪽 줄기에 있는 그리핀이라는 곳에서 야영을 한 적이 있다. 전에 그 지역의 모습을 좀 알고 있었다면 옛 지하 저장고 자리들과 옛 공장문이었을 화강암에 볼트로 조여져 있는 철 고리 등을 알아볼 수 있을 것이다.

1870년대에 이곳에는 학교와 댄스홀이 하나씩 있었고 사무실도 줄줄이 있었다. 날마다 말들이 와서 솔송나무 껍질을 가득 실어 내가곤 했다. 솔송나무 껍질은 가죽을 부드럽고 유연하게 만들어주는 탄닌의 원료였다. 여기 살았던 사람들의 사진도 남아 있다. 그들은 자신의 역사를 남겨놓았다(지역 역사기록에 따르면, "한번은 37킬로미터 떨어진 노스빌에서 밴드가 와 축하

행사장에서 연주를 했다. 그랬더니 벌목공들이 음악을 듣다가 권투를 하기 시작했다. 권투는 당시에 흔한 취미였다. 음악이 멈추면 모두 권투를 멈췄다. 그러다가 음악이 다시 연주되면 다들 다시 권투를 했다. 연주자들은 웃음을 참기가 힘들었다").[28]

하지만 19세기 말에 가죽을 더 싸게 무두질할 수 있는 화학물질이 발견됐고, 한두 해 사이에 그리핀은 버려졌다. 아리에타와 저든도 마찬가지였다. 그런데 그냥 버려지는 것으로 끝이 아니었다. 비가 많은 동부 지역이었기에, 옛 공장과 집들이 썩어서 넘어지고 옛 드럼통의 쇠고리에 녹이 슬고, 낡은 지하 저장고에서 자작나무가 싹을 틔우고 잎이 무성해지기까지는 오래 걸리지 않았다.

애디론댁 지역 대부분이 그랬다. 땅에 돌이 많은 이곳의 농장은 중서부에 비옥한 표토 지대가 떠오르자마자 버려졌다. 이 책 서문과 《자연의 종말》에서 묘사한 애디론댁 개울은 이제 허드슨까지 21킬로미터를 그냥 흘러가지만, 한때는 이 물줄기를 따라 공장이 26개나 있었다. 허드슨 자체도 한때는 거대한 벌목 지대여서 뗏목들이 글렌스폴스의 공장들에까지 오가곤 했다(나는 젊은 시절에 그곳 공장에서 일했던 노인들을 만난 적이 있다). 지금은 뗏목이라고는 급류 관광객들이 타는 고무 래프트뿐이고, 예전의 그 공장들은 모두 조용하기만 하다.

하지만 그것은 괜찮다. 그 벌목공들은 잘 살았고 이제 그들을 대신하고 있는 숲도 잘 살고 있다. 그때는 공장 노동자가 있었고 이제는 사슴이 있다. 나는 작은 감리교회에서 주일학교 교사를 했지만, 애디론댁은 항상 내게 힌두교적인 장소처럼 느껴졌다. 서구의 직선적인 화살이 아니라 돌고 도는 동양의 바퀴 같은 곳으로 말이다. 내게는 이런 달콤함이 하강의 두려움에 대해 조금이나마 예방접종 역할을 해주었다.

철학적으로 생각하자면 그렇지만, 그래도 현실을 볼 때면 걱정할 일이 많다. 우리 선조들은 지구의 유한한 자연을 무시하면서 부를 막대하게 쌓았다. 우리도 일부러 무시해가며 부를 쌓았고, 그러면서 미래의 성장 전망을 망가뜨렸다. 그래서 우리는 부를 갖게 되었지만, 그 부를 만드느라 손상되어버린 지구도 갖게 되었다. 우리는 그 부를 잘 지켜야 한다. 그러니 가지고 있는 것들을 부주의하게 내버리지 않는 편이 좋을 것이다. 그리고 우리의 번영이 야기한 환경 문제로 인해 고통 받는 사람들과 그 부를 나누는 편이 좋을 것이다.

이는 우리 사회의 양태를 다시 구성해야 함을 뜻한다. 성장과 확장은 자원의 집중화를 필요로 한다. 미국은 고속도로와 철로를 짓기 위해 대륙 전체의 자본을 모아야 했고, 지역 중심주의와 지역 이기주의의 장벽을 최소화해야 했다. 이를테면, 테네시 주 사람들이 몬태나 주를 가로지르는 철로에 돈을 내야 했다. 결국에는 자신들에게도 이득이 될 것이라고 생각하면서 말이다. 지역을 넘어서기 위해서는 중앙정부가 필요했다. 주간 고속도로 시스템을 토지수용권 없이 짓는다고 상상해보라. 수백만 명의 농민에게 "안됐지만 그냥 견디라"고 말하는 권력 없이 가능했겠는가. 웨스트버지니아 주에 사시는 친척 할머니 한 분은 소를 키우는데, 소들을 위해 새 도로 위로 다리를 짓도록 입안자들을 설득할 수 있었다. 하지만 그 도로를 막을 수는 없었다. 사실 할머니는 새 도로를 막고 싶지 않았다. 그게 진보라고 생각했기 때문이다.

반면, 유지보수에는 자원을 분산시키는 것이 필요하다. 한두 개에 모두 거는 것은 너무 위험하다. 잃으면 회복할 수 없기 때문이다. 그리고 지구 우에서는 잃을 확률이 계속 높아진다. 뉴올리언스는 한두 개의 방파제에 배팅을 했다. 하지만 우리는 위험을 가능한 한 널리 분산시킬 수 있는 수백만 개의 작은 배팅이 필요하다.

이후의 4장에서는, 에너지 시스템과 식품 시스템이 어쩌다 이렇게 "망하게 놔두기에는 너무 큰" 상태가 되었는지를 설명할 것이다. 은행이 그랬듯이 말이다. 해결책도 은행의 경우와 마찬가지다. 더 큰 은행이 아니라 더 작은 은행, 실패해도 그 충격이 흡수될 수 있는 작은 은행들이 답이다. 길고 취약한 유통망을 따라 이동해오는 식품이 아니라, 집 가까운 데서 오는 식품이 답이다. 우리 집 지붕이나 우리 동네 산마루에서 오는 전기가 답이다. 석유가 내는 것만큼의 에너지는 못 낸다 해도, 전기를 계속 공급하기 위해 군대를 동원해야 할 필요는 없는 에너지가 답이다. 우리가 현명하다면, 우리의 프로젝트는 거대하고 전 세계의 눈에 잘 띄는 한두 개의 프로젝트가 아니라 수없이 많은 조용한 프로젝트들일 것이다.

이런 작은 프로젝트들이 진행되면(오르막 지구에서는 반드시 이렇게 될 것이라고 생각한다) 워싱턴에 집중된 권력은 더 낮은 수준의 정부로 다시 돌아가기 시작할 것이다. 해밀턴식 미래라기보다는 제퍼슨식 미래일 것이다. 버락 오바마 대통령이 집권하면서 드디어 중앙 집중화된 권력을 좋은 목적에 쓰게 되었음을 생각하면 아이러니한 일이다. 하지만 오바마라고 해도 역사의 조류를 거스를 수는 없다. 특히 바다가 이미 한참 올라왔음을 생각하면 말이다. 가장 급진적인 문서(미 독립선언문)의 가장 급진적인 말은 맨 앞에 나온다. "인간사의 과정에서, ……해야 할 때……." 시대는 달라지고, 우리가 어떻게 해야 하는지도 그에 따라 달라진다.

버몬트 주의 특별한 힘

우리 가족은 애디론댁을 떠나 챔플레인 호의 반대편으로 이사했다. 같은 버몬트 주에 있고, 불과 80킬로미터 떨어진 곳이었지만 애디론댁과는 매우 다른 지역이었다. 우선 지리적으로 달랐다. 우리가 사는 애디슨 카운티는 마치 오하이오 주가 어쩌다가 뉴잉글랜드에 오게 된 듯했다. 낙농 농장들이 가득한, 넓고 평평한 계곡이었다. 그리고 기후도 달랐는데, 전에 살던 데처럼 험하지는 않았다.

나는 현대 버몬트 주의 사례를 이 책 뒷부분에서 많이 인용할 것이다. 부분적으로는 내가 사는 곳이기 때문이다(그러니까 이 사례들은 내가 일상에서 겪는 이야기들이다). 하지만 버몬트 주가 특히나 좋은 사례이기 때문이기도 하다. 전형적이어서가 아니라 특이해서다. 버몬트 주는 역사적으로 내내 특이했다. 작은 버몬트 주는 그 특이한 과거 때문에 '미래의 규모'를 생각할 때 사례로 삼기에 세계적으로도 매우 좋은 장소다.

버몬트 주는 1777년 7월에 28개 마을이 뉴욕 주에서 독립을 선언하면서 생겨났다. 뿌리를 파보면 이유는 부동산 분쟁이었다. 뉴햄프셔 주와 뉴욕 주가 이곳을 놓고 분쟁을 벌였는데, 1764년에 추밀원이 뉴욕 주 동쪽 경계를 코네티컷 강으로 정하면서 뉴욕 주의 손을 들어줬다. 이 때문에 뉴햄프셔 주로부터 농장 소유권을 부여 받았던 많은 농민들은 재산을 잃게 됐다. 그들은 저항하기 시작했다. 이든 앨런과 버몬트 의용군이 독립전쟁 초기의 핵심적인 전투 중 하나에서 승리했기 때문에(영국군을 공격하기 위해 포트 티콘데로가에서 대포를 탈취해서 보스턴으로 옮겼다), 버몬트 사람들은 새 연합에서 환영 받을 줄 알았다. 하지만 뉴욕 주는 소유권을 내놓으려 하지 않았고 의회는 뉴욕 주에 반대하려 하지 않았다. 그래서 14년 동안이나 버몬트는 항상 위협하고 위협당하면서 자체적인 공화국으로 존재했다.

버몬트 주의 지도자들은, 특히 이든 앨런은 카리스마가 있고, 폭력적이며, 종종 술에 취해 있었다. 하지만 명민했고 창조적이었다. 다시 영국령에 들어가려는 협상을 영국과 벌이기도 했지만, 이는 대체로 미국을 우려하게 만들기 위한 위협용이었다. 이든 앨런의 동생 이라 앨런이 언젠가 말했듯이, 영국은 북단을 대표했고 미국은 남단을 대표했다. 남쪽에서 폭풍이 치면 남쪽으로 난 문을 닫고 북쪽으로 난 문을 열었다.[29]

당시에 대해서는 여러 이야기가 전해진다. 이를테면, 순찰대에 잡힌 어느 침입자는 두 시간 동안 7미터 높이에서 뉴욕 주 경계를 바라보면서 술집 간판에 매달려 있었는데, 이는 구경꾼들에게 적지 않은 재밋거리였다고 한다.[30] 결국 버몬트 사람들은 뉴욕이 양보하게 만들었고, 뉴욕은 토지에 대한 권한을 포기했다. 그리고 버몬트 주는 연방의 14번째 주가 되었다.

하지만 그 이전 14년간 버몬트는 자체적으로 자유롭게 운영되는 곳이었다. 귀족 과두제가 있는 이전 식민지도 아니었고, 미국 연방의 구성원도 아니었다. 버몬트 주의 어느 역사학자가 말했듯이 "유일하게 진정한 미국적 공화국이었다. 버몬트 주만이 진정으로 자기 자신을 창조했기 때문이다."[31] 다른 말로 설명하자면, 버몬트 주는 그 모든 '국가적 사업'에 골몰하지 않았더라면 미국이 택했을지도 모르는 길을 보여준다.

나중에 버몬트 주는 전 국가적으로 영향을 미치는 중요한 일을 하기도 하지만(존 디어의 강철 쟁기), 특이한 역사 덕에 역사학자 피터 오너프는 "미국에서 이렇게 높은 수준의 정치적 자기결정권에 익숙해진 지역 공동체는 버몬트 주뿐"이라고 말했다.[32] 처음부터 버몬트 주는 고집이 셌다. 노예제를 금지한 최초의 주인데다(1777년에 노예제도 폐지를 담은 미국 최초의 주 헌법을 제정했다), 모든 남성에게 참정권을 준 최초의 주다. 거주자는 주로 백인인데도 최초의 미국 흑인 대학졸업생을 배출한 주다(1823년 미들베리 칼리지를 졸업한 알렉산더 트와일라잇). 최초의 흑인 선출직 공무원도 이곳에서 나왔다. 더 중요하게는, 주 경계를 넘어오면 누구나 자유인으로 인정함으로써 연방 도망노예법을 거부한 주이기도 하다. 최근의 사례를 보면, 버몬트 주는 미국 최초로 시민결합법을 통과시키고 법원의 판결 없는 동성 결혼을 최초로 허용한 주다. 그렇다고 버몬트 주가 무정부주의적인 자유주의를 지향하는 것은 아니다. 광고판과 토지개발에 대해 가장 엄격하게 규제하고 있는 곳이기도 하다(그리고 이곳의 주도인 몬트필리어는 미국의 주도 중에서 맥도날드가 없는 유일한 도시다).

버몬트 주는 항상 애국적이었다. 남북전쟁과 이라크 전쟁 모두에서 인구 대비 가장 많은 수의 군인이 숨졌다. 하지만 미국 다른 지역들 대부분과 달리, 버몬트 주의 애국심은 거대한 국가사업과 뒤섞이지 않았다. 버몬트 주 역사상 가장 자랑스러운 순간은 대공황의 혼란기인 1930년대에서 찾아볼 수 있다. 국가부흥청의 돈(오늘날 같으면 '경기부양 자금'이라고 불렀을 것이다)을 받기 위해서, 버몬트 주 경기부양 담당자들은 그린산맥을 초승달 모양으로 따라가는 고속도로를 짓기로 했다. 남부 애팔래치아 산맥의 블루리지 고속도로처럼 말이다. 지지자들에 따르면 새 도로는 수천 개의 일자리를 창출할 뿐 아니라, 시야가 좁고 보수적인 버몬트 사람들을 더 넓은 경관에 쉽게 접하게 해주어서 버몬트 주 상공회의소 회장이 말한 "골짜기 마인드"를 고칠 수 있을 것이었다. 또 지지자들은 주에서 50만 달러만 내면 워싱턴이 1,800만 달러를 풀 준비가 돼 있다고 주장했다. 그래서 이 도로 건설안은 주 의회를 아슬아슬하게 통과했다. 하지만 조건이 하나 있었다. 3월에 열릴 248개 마을의 연례 타운미팅에서도 지지를 받아야 한다는 것이었다. 하지만 최종 투표 결과는 찬성 3만 1,101표, 반대 4만 3,176표였다. 오늘 오후에 나는 포레스트 서비스 스키장에 스키를 타러 갔는데, 그 고속도로가 날 뻔했던 곳에서 보브캣과 무스(말코손바닥사슴)를 보았다.

버몬트 주의 독특한 역사 때문인지, 다시 분리해서 자치를 하자고 주장하는 주민들이 꼭 있었다(다른 주에도 버몬트 주에 대해 같은 생각을 가진 사람들도 있었다. 버몬트가 공식적으로 노예제 폐지 운동을 승인한 1854년에, 조지아 주 의회는 버몬트 주를 "떼어내서 바다로 끌고 가 섬이 되게 해야 한다"고 주장했다). 지금도 분리독립 의견이 존재한다. 여론 조사를 어떻게 하느냐에 따라 달라지긴 하지만, 주 유권자의 5분의 1은 분리독립을 찬성하는 것으로 알려졌다(사실, 미국 전역에서 18.2퍼센트의 주민들이 자신의 주가 분리독립 노력을 편다면 지지하겠다고 말한다).[33]

몇몇 버몬트 주의 독립 지지자들은 이든 앨런처럼 잘 차려입는 것을 좋아하고, 옛 남부 연합으로 돌아가는 것을 오매불망 기다리는 남부의 보수주의자들, 혹은 알래스카 독립당의 새러 페일린 친구들, 혹은 텍사스 주지사 릭 페리 같은 사람들과 계속해서 컨퍼런스를 연다. 페리 주지사는 오바마 정부 초기에 이렇게 공언했다. "워싱턴이 계속해서 미국인을 비웃으면, 아시겠어요? 그 결과가 어떻게 될지 두고 봅시다."[34]

버몬트 주의 공공연한 분리 독립주의자들 중에는 9.11 테러를 미국 정부가 벌인 것이라고 주장하면서, 합중국 연합체를 성공적으로 지켜낸 에이브러햄 링컨을 비난하는 사람이 너무나 많다(남북전쟁 전투지인 앤티텀이라든가 불런 등의 지명이 등장하는, 이 동네에 있는 수많은 무덤에 대한 모욕이다). 그들은 이런 음모론으로 '독립'이라는 말의 의미를 훼손한다.

하지만 내 이웃들 상당수는 "기능상의 독립"이라고 부를 만한 더 조용한 운동을 벌이고 있다. 이들은 버몬트 주가 어떻게 더 많은 식품을 지역에서 조달하고 어떻게 더 많은 에너지를 자립할 것인지를 알아내려고 노력하며, 존엄성 있는 생활에 필요한 재화와 서비스의 대부분을 자체적으로 조달할 방법을 찾으려고 한다. 이들은 연방정부가 거대 농업에 제공하는 막대한 보조금에 반대하고, 지역 식품네트워크를 일구려는 운동을 한다. 이들은 거대한 발전소에 반대하고, 짓기 쉬운 풍력터빈을 설치하는 법안에 찬성한다. 모든 주에서, 모든 카운티에서, 농촌에서뿐 아니라 도시와 교외에서도 이런 사람들이 생겨나고 있다(4장에서 이런 사람들을 일부 소개할 것이다). 이들은 진취적이고 영민하다. 무엇보다도 이들은 서로가 연결되어 있으며 공동체를 지탱한다.

우선되어야 할 지역경제

공동체는 아마도 사전에 나오는 단어 중 가장 심하게 오남용되는 말일 것이다. 나쁜 식당이 좋지 않은 식재료를 감추기 위해 MSG를 뿌려대듯이, 좌우파를 막론하고 정치인들은 연설할 때마다 공동체라는 말을 여기저기 뿌려댄다. 하지만 우리는 이 단어를 구해야 한다. 공동체가, 괭이나 자전거나 컴퓨터처럼, 이 험난한 지구에서 아주 평범한 단어 중 하나가 되게 만들어야 한다.

방대한 양의 값싼 에너지는 우리를 부유하게 만들었고 기후를 망가뜨렸을 뿐 아니라, 인류 역사상 최초로, 실질적인 도움의 측면에서 이웃이 사실상 필요 없어지게 만들었다. 마지막 호황의 정점이던 시절에는 동네 사람들이 알 수 없는 전염병으로 하루아침에 다 죽었다 해도 당신은 (슬프기는 할지언정) 아무런 불편을 끼치지 않았을 것이다. 이전의 어느 경제와도 다르게 오늘날의 경제는 이웃의 도움 없이도 잘 살 수 있게 되어 있으니 말이다.

값싼 석유를 먹고 자란 식품은 마법처럼 아주 먼 곳(일반적으로 3,200킬로미터 떨어진 곳)에서 온다. 신용카드와 인터넷만 있으면 필요한 것들을 주문해서 누군가가 내 집 문 앞에 놓고 가게 할 수 있다. 우리는 이웃 없는 생활양식으로 진화했다. 평균적인 미국인은 50년 전에 비해 가족이나 친구들과 함께 식사하는 횟수가 절반으로 줄었다. 평균적인 미국인은 친한 친구도 절반으로 줄었다.

《심오한 경제》에서 나는 이러한 극개인주의가 심리적으로 어떤 영향을 미치는지에 대해 자세히 설명했다. 간단히 말하면, 우리는 전보다 덜 행복하다. 이상한 일도 아니다. 우리는 고도로 진화된 사회적 동물이니 말이다. 잃어버린 우정을 보상하기에 충분한 아이팟은 지구상에 없다. 하지만 이 책에서는 실질적인 측면에만 초점을 맞추기로 했다. 번성하는 것에 대해서가 아니라 살아남는 것에 대해 이야기하기로 말이다.

그런 점에서, 전 세계에서 사람들이 (피크오일과 기후변화가 유발하는 악영향들에 대해 어느 정도 완충이 되기를 바라면서) 소규모 공동체들을, 실질적으로 기능하는 경제 단위로서 재건하기 시작한 것을 보면 힘이 난다. 영국에서 시작돼 북미와 아시아로도 퍼진 트랜지션타운(Transition Town, 석유 의존을 벗어난 마을) 운동에서, 사람들은 물물교환 네트워크를 다시 일구고 공동체 정원을 확장하고 있다. 이들은 교외 지역에도 동일한 정도의, 아니, 더 큰 관심을 보인다. 어쨌든 선진국에서는 사람들이 가장 많이 사는 곳이 교외 지역이니 말이다. 애초에 교외의 확산은 자동차를 염두에 두고 이뤄졌지만, 이 수천만 채의 집에 들어간 투자를 생각할 때(자산 관성을 생각해보라) 휘발유가 비싸졌다고 해서 교외 지역이 그냥 없어지지는 않을 것이다. 교외 지역은 없어지기보다는 변화해야 한다. 저명한 경제학자인 제프 배일은 "회복력 강한 교외 지역"의 비전을 다음과 같이 설명했다.

"교외 지역을 물질적 소비의 모델로 만드는 것이 아니라 생산적인 토지의 소유권이 더 분산적이고 평등하게 분배된 법적·사회적 격자구조로 재구성한다면, 이는 (어려운 환경에) 혁신적으로 적응하는 데에 기초가 될 수 있을 것이다."[35]

사실, 일부 진지한 경제학자들은 아주 세계화된 것으로 보이는 우리 경제도 사실은 생각보다 훨씬 지역적이라고 주장하기 시작했다. 이를테면 윌리엄 반스와 래리 르데버는 "하나의 미국 경제권이라는 널리 퍼진 이미지"에도 불구하고 "지역경제들, 특히 대도시 중심으로 강하게 상호 연결된 지역경제들이 미국의 진정한 경제권들"이라고 말했다. 이런 경제학자들은 풍부한 통계 자료로 뒷받침해가며 제인 제이콥스 같은 학자들이 언급했던 통찰을 이어가고 있다. 제이콥스는 '우리 경제생활의 기초는 도시'라고 항상 주장했던 학자다.

이러한 '지역경제권들'은 교통과 통신의 연결망, 그 지역 교육기관들의 연결망, 그리고 심리적인 연결망(버몬트 주의 내 이웃들은 올림픽에서 미국이 금메달을 몇 개 땄는지는 별로 관심이 없지만, 레드삭스가 지난밤에 득점을 얼마나 했는지에 대해서는 아주 관심이 많다)으로 구성된다. 지역경제권들은 원래 항구, 강, 혹은 운하를 팔 수 있는 산 아래 저지대 등과 같은 지리적 특성을 기반으로 생겨났다. 한동안 이러한 지리적 자산들은 덜 중요해 보였다. 값싼 에너지가 무한히 있으면 트럭이나 비행기로 실어 나를 수 있으니 말이다. 하지만 초기의 지리적 패턴을 따라 지어진 도시들은 여전히 남아 있다. 이 역시 자산 관성이다. 누구도 단지 고속도로가 이리운하를 통과하지 않는 다는 이유만으로 버펄로를(미술관, 대학, 주택 등 모든 것을) 통째로 옮기려고 하지는 않았다.

그리고 옛 지리적 자산들이 다시 중요성을 되찾게 될지도 모른다. 예를 들어, 이리운하는 유가가 오르면서 놀라운 활황을 보이고 있다. 트럭은 디젤 1갤런으로 화물 1톤을 95킬로미터밖에 못 나르지만, 바지선은 디젤 1갤런으로 화물 1톤을 827킬로미터나 나를 수 있기 때문이다.[36] 상하이는 뉴욕에서 1만 1,800킬로미터나 떨어져 있다. 중국 노동자들에게 임금을 한 시간에 1달러만 지급하면 되는 것은 사실이겠지만, 언젠가는 인건비 상의 이득이 (운송비로) 상쇄될 것이다.

비교우위론을 제시해 세계화를 촉진시키는 데에 일조한 19세기 경제학자 데이비드 리카도조차 요즘 우리가 찬양하는 평평한 지구를 상상한 적은 결코 없었다. 영국은 옷을 더 싸게 만들고 포르투갈은 와인을 더 싸게 만드니까 각 나라가 잘하는 쪽에 특화해야 한다고 말하긴 했다. 하지만 (재화는 이동해도) 자본은 본국에 머무는 경향이 있다고 보았다. "모든 인간은 (자신의 터전에서 익숙해진) 그 모든 고정된 습관들을 가지고 있어서, 태어난 나라의 땅과 관계들을 끊고서 낯선 정부와 낯선 법률이 있는 곳에 가서 자기 자신을 내맡기는 것을 자연적으로 싫어하기 때문"이라는 것이었다. 리카도는 이렇게 적었다.

"그러한 감정들(이런 감정들이 약해진다면 나는 유감스러울 것이다) 때문에, 자산을 가진 사람들 대부분은 외국에서 더 높은 이윤을 추구하는 것보다 본국에서 더 낮은 이윤율을 얻는 편을 선호할 것이다."[37]

리카도 씨, 우디 타쉬를 소개할게요. 타쉬는 슬로머니(slow money) 운동의 창립자이자 뉴멕시코 주의 벤처 캐피탈리스트이다. 그는 연간 20퍼센트의 수익률을 올리는 종류의 자금이 아니라 지역 기업이 약간 더 규모를 키울 수 있게 도와주는 자금에 초점을 맞춘다. 20퍼센트의 고수익에서는, 이윤 말고 다른 것은 생각하지 않게 된다. 타쉬가 생각하는 것은 3~4퍼센트 정도의 건전한 수익을 안정적으로 내는 것이다. 또 그 수익이 돈을 투자하는 투자자와 그 돈으로 사업을 하는 사업가 모두가 속해 있는 지역 공동체에 득이 되게 하는 것이다.

타쉬는 이렇게 설명했다. "이런 종류의 지역 사업들은 그 정의상 낮은 위험을 안고 갑니다. 자신들의 공동체에 안겨 있기 때문에 그들은 서로서로 협력을 합니다."[38]

물론 이런 네트워크를 활용해 사업을 '성장'시킬 수 있다. 하지만 어느 정도까지만이다. 그리고 당신도 그 정도까지만 성장하기를 원할 것이다. '벤 앤 제리'는 벌링턴의 아이스크림 가게이던 시절에는 아주 훌륭했고, 인근 지역을 포괄하는 브랜드가 되었을 때도 꽤 괜찮았다. 하지만 이제는 유니레버가 소유하고 있다. 또 당신이 보는 신문이 20퍼센트 수익을 추구하는 기업에 의해 소유되지 않았다면 어떻겠는가? 작은 규모의 연 수익으로 충분한 신문사라면 어떻겠는가? 그래도 그 신문은 여전히 도시 의회를 취재하고 야구경기를 취재하러 기자들을 보낼 수 있을 것이다.

'파머스 다이너' 식당의 철학

하지만 우리 세계에서는 작은 상태로 존재하는 게 생각보다 힘들다. 왜 그런지를 알려면 '파머스 다이너(The Farmers Diner)'를 방문해보자. 내가 아주 좋아하는 식당이자, 최적 지점을 찾아내는 것이 얼마나 어려운지를 잘 보여주는 사례이기도 하다.

파머스 다이너는 어느 정도나 지역적일까? 버몬트 주 키치에 있는 파머스 다이너 매장에 문을 열고 들어가면 가장 먼저 볼 수 있는 것은 주크박스다. 어느 식당에나 있는 것과 같은, 그 번쩍거리는 주크박스로, 윌리 넬슨, 존 쿠거 멜렌캠프 등이 있다. 하지만 앨범의 절반은 버몬트 사람들의 음악이다. 당연히 (버몬트 출신의 유명한 그룹인) 피쉬가 있다. 하지만 가장 인기 있는 것은 그레이스 포터와 녹터널스다. 이는 시작일 뿐이다. 스타라인 리듬 보이스('터번 파킹 랏'), 밴조 댄, 미드나이트 플로우보이스('사이더 송') 등의 음악도 찾을 수 있다. 아, 물론 패티 캐세이도 있다. 누군지 못 들어보셨다고요? 저런, 안타깝군요. 하지만 이게 바로 핵심이다. 음악이 LA나 내슈빌에서 오는 경제에서, 캐세이는 버몬트 사람인 것이다.

파머스 다이너 메뉴판은 언뜻 보면 여느 식당 메뉴판과 같아 보인다. 해쉬 브라운과 달걀, 간과 양파, 베이컨 치즈버거, 팬케이크…… 가격도 여느 식당과 비슷하다. 구운 치즈가 5달러, 직접 튀긴 프라이가 1.75달러. 하지만 좀 더 자세히 보면 거의 모든 품목에 자기소개가 딸려 있다. 블루 치즈는 그린스보로의 재스퍼 힐 농장에서 온 것이다. 요구르트는 위쪽 동네 웨스트필드에 있는 버터웍스 농장에서 온 것이다. 버터웍스는 팬케이크에 들어가는 밀가루도 공급한다. 식당이 쓰는 식재료가 18륜 트럭에 실려서 남부나 중서부의 공장형 농장에서 오는 여타의 경제에서, 파머스 다이너의 치즈 없은 쇠고기 패티는 주크박스의 음악처럼 버몬트 출신인 것이다.

파머스 다이너에는 철학이 있다. 메뉴판의 어느 페이지에는 켄터키 주의 농민이자 작가인 웬델 베리의 유명한 시 〈선언: 성난 농민 해방전선〉이 실려 있다. "그러니 친구들이여, 날마다 무언가를 하라. 계산으로는 가치를 매길 수 없는 것을." 또 다른 페이지에는 1803년에 토머스 제퍼슨이 미국의 '자선' 시설들을 '농업학교'로 만들어서 우리 시민들이 "국가의 산출을 '소비'하는 것이 아니라 '증가'시킬 수 있도록" 하자고 촉구한 편지가 실려 있다. 또 파머스 다이너는 아마 세계에서 설립 취지문을 가진 유일한 식당일 것이다. "지역 농업공동체들의 경제적인 활력을 증진시킨다." 카운터 위에 붙어 있는 범퍼 스티커는 이 취지를 더 간명하게 표현했다. "전지구적으로 생각하고, 이웃의 정신으로 행동하라."

하지만 어려움도 있다. 파머스 다이너 주인인 토드 머피는 이렇게 표현했다. "농민들이 가장 편하게 여기는 방법으로 식품을 조달받고, 고객들이 가장 편하게 느끼는 방식으로 음식을 내놓으면서, 이 모든 것을 모두가 충분히 생활해갈 수 있는 수준의 가격대에서 이뤄내는 식당을 어떻게 만들 것인가?" 나는 어느 날 하룻동안 머피가 식재료 공급자들을 만나러 다니는 것을 따라 다녀보았는데, 그가 이야기한 개념이 얼마나 비전 있는 것인지와 얼마나 어려운 것인지, 둘 다를 여실히 느낄 수 있었다.

가령 어느 날은 스트라포드에 있는 록 바틈 농장에서 하루를 시작한다. 얼 랜섬이 고향 땅에서 운영하는 이 농장에서 소들은 유기농 우유와 크림을 생산한다. 머피는 이렇게 회상했다. "나는 손님들에게 크림이 꼭 하얀색은 아니라는 사실을 알려야 했어요. 소들이 봄에 초원에 나가면 크림의 색이 눈에 띄게 달라져요. 손님들이 기겁할까 봐 종업원들이 걱정을 했지요."

늘 쉽게 재료를 조달할 수 있는 건 아니었다. 예를 들어 돼지를 생각해 보자. 바르에 처음 문을 연 파머스 다이너 매장은 베이컨이 필요했다. 베이컨 없는 저녁식사는 생각할 수도 없다. 문제는, 버몬트 주에 돼지고기를 상업적으로 생산하고 있는 농장이 없었다는 사실이다. 50년 전에는 분명히 젖소를 키우는 모든 농장이 남는 우유로 돼지 한두 마리를 키우고 있었다. 하지만 농업이 기업형 비즈니스가 되면서, 즉 낙농업자는 젖소에 집중하고 돼지 생산업자는 돼지에 집중하면서 상황이 바뀌어버렸다. 버몬트주는 젖소 쪽이었다. 낙농 농장들이 숫자는 줄어들었지만 대신 규모는 아주 아주 커졌다.

다른 주는 돼지 쪽에 집중했다. 《여기에서 먹어라(*Eat Here*)》의 저자 브라이언 할웨일에 따르면, 유타 주에는 150만 마리 규모의 양돈 농장이 있다.[39] 어처구니없는 규모다. 이 돼지들은 하루에 LA 전체가 내어놓는 것보다 많은 고형폐기물을 내놓는다. 그래도 값은 싸다. 너무 싼 나머지, 사람들이 베이컨 가격으로 생각하는 심리적 가격선이 아주 낮아졌다. 머피는 베이컨과 소시지용 돼지를 구매하려고 버몬트 주의 몇몇 농장에 의사를 타진해보았다. 그중 하나는 메이플 윈드 농장이었다. 헌팅턴에 있는 사육장으로 1년에 50마리 규모이고 생산품은 주로 농민시장에서 판매한다. 목초와 유기농 곡물로 키워 만드는 이곳 돼지고기 맛은 절대적으로 믿을 수 없을 정도다. 그리고 비싼 가격에 팔린다.

"농민시장에서 베이컨 1파운드당 7.5달러를 받아요. 폭찹은 8.5달러를 받지요." 남편 브루스 헤네시와 함께 이 농장을 운영하고 있는 베스 화이팅이 말했다. 그래서 머피가 그들에게 파운드당 89센트를 받고 돼지를 몇마리 키워줄 수 있느냐고 물었을 때, 그들은 "터져 나오는 웃음을 참기 어려웠다"고 한다.

하지만 파운드당 89센트는, 전국적인 고급 돈육 생산업자인 니먼랜치가 자사와 계약한 양돈 농민들에게 지불하는 액수보다 높다. 본질적으로 머피의 문제는 곰 세 마리의 집에 들어간 소녀가 맞닥뜨린 문제와 같다. 딱 맞는 크기를 찾아내야 하는 것이다. 머피가 식당을 운영하는 데에 정말 필요로 하는 공급자는 거대한 상업적 생산자도 아니고 너무 소규모의 최고급 농장도 아니다. 그는 "내게 필요한 것은 1950년대 규모의 농장"이라고 설명했다. 100만 마리 규모도, 50마리 규모도 아니고, 300마리나 400마리 규모의 농장 말이다. 꼭 유기농일 필요는 없다. 가족 농경 정도면 된다. 다른 말로, 정확히 최근 몇십 년 동안 사라져버린 종류의 농장이 필요한 것이다.

다행히 채소는 딱 맞는 규모의 생산자를 만났다. 예를 들면, 인근에 약 2만 제곱미터의 농지에서 오이를 재배하는 농민이 있어서 머피는 그 오이로 피클을 담근다. 붉은 육류와 닭고기에 대해서는, 머피는 그런 농장이 다시 생기도록 돕는 비영리재단을 창설했다. 재단 이름은 웬델 베리의 소설에 나오는 등장인물에서 따왔다. '잭 비첨 재단'. 이곳은 농민들에게 사업 계획과 마케팅 전략 등에 대해 도움을 준다. 우디 타쉬도 여기에서 도움을 주고 있다.

이 모든 게 '훈제칠면조 클럽샌드위치'에 들어가는 것이다. 혹은 오늘의 스페셜 메뉴인 '캐벗 지역' 체다 크림소스에 졸인 버몬트 달걀요리에 들어가는 것이다. 메이플 단호박에 들어가는 것이기도 하다. 로컬 그래놀라를 뿌린 '코트랜드 지역' 사과 코플러 파이와 '스트라포드 지역' 아이스크림에 들어가는 것이다. 주크박스에서는 그레이스 포터가 흘러나온다. 10달러를 내면 거스름돈으로 동전 몇 개를 받을 수 있는 가격대의 식당에서 이보다 더 달콤한 것을 맛볼 수는 없을 것이다. 이런 식당은 잘 돌아가야 한다. 널리 퍼져야 한다. 지구우에 식당이 존재할 수 있다면, 그 식당은 파머스 다이너 같은 식당이어야 할 것이다.

다양한 '작은 것'의 예들

미국 각지에서 공동체들이 변화를 만들어나가기 시작했다. 사람들은 머피가 직면한 것과 비슷한 문제들에 부딪치기도 하지만 해결책도 찾아나가고 있다. 농민시장이 공동체를 일구는 데에 촉매 역할을 하는 경우가 많다. 지역 식품이 더 맛있어서 그런 것만은 아니다. 다시 사람들이 서로서로를 만날 수 있게 되었기 때문이기도 하다. 감으로 해보는 말이 아니라 자료를 토대로 하는 말이다.

한 사회학자 팀이 슈퍼마켓과 농민시장에서 각각 장보는 사람들을 분석했다. 당신은 슈퍼마켓에서의 절차를 잘 알고 있을 것이다. 자동문으로 안에 들어가서, 형광등 불빛 아래서 최면 상태가 되어, 늘 가는 코너를 늘 가는 순서로 돌면서 물건들을 담는다. 그리고 신용카드인가요 직불카드인가요, 종이봉투에 드릴까요 비닐봉지에 드릴까요, 물음에 대답한 뒤 밖으로 나온다.

하지만 농민시장에서 장보는 것은 이렇지 않다. 이 연구에 따르면, 평균적으로 농민시장에서는 한 번 갈 때 사람들이 서로 간에 대화를 열 배나 많이 한다. 우리가 '공동체'라고 부르는, 사라졌던 네트워크를 재건하기 시작하는 것이다. 그러니 농민시장이 미국 식품경제에서 가장 빠르게 성장하는 분야라는 것은 놀랄 일이 아니다. 이것이야말로 인간이 늘 장을 봐왔던 방식인 것이다. 칼로리뿐 아니라 세상 돌아가는 이야기와 활력도 얻으면서 말이다.

이러한 지역 시스템은 식품 이외의 영역으로도 퍼질 수 있다. 워싱턴 주의 벨링햄이 좋은 사례다. '지역 생활 경제를 위한 기업연합'의 벨링햄 지부에는 500명의 상인 회원이 있으며, 한 설문에 따르면 벨링햄 거주자 8

만 명 중 60퍼센트가 구매 습관을 크게 바꾸었다고 답변했다. 미시건 주의 그랜드래피즈는 사양화된 공업 지대와 비슷한 느낌을 주는, 히피적인 것과는 아주 거리가 먼 도시다(이곳의 가장 유명한 제품은 제럴드 포드다). 하지만 불과 3년 만에 250개 기업이 '지역이 먼저(local first)' 운동에 참여했다. '지역이 먼저' 네트워크의 설립자이자 친환경 건축업자인 가이 바자니는 〈뉴욕타임스〉와의 인터뷰에서 이렇게 말했다.

"평생을 이 도시에서 살아온 사람들이 많습니다. 이렇게 세대를 아우르는 공동체에는 자생적으로 생겨난 사회적 책임감이 아주 강합니다. 다르게 표현해도 좋습니다. 어쨌든 사람들은 자신의 공동체를 사랑하고 기왕이면 아는 사람에게서 물건을 사려고 합니다."[40]

이 모든 따뜻함을 누리면서, 월마트 경제가 몰고오는 위험은 피할 수 있다. 기후변화와 피크오일만이 아니라, 월마트가 시내를 망가뜨리고 점포들을 몰아내는 위험(월마트는 지구상에서 공실 건물을 가장 많이 갖고 있는 소유주다)도 피할 수 있는 것이다.

경제 지역화 움직임 중 가장 아방가르드한 분야로 지역화폐 프로젝트를 꼽을 수 있을 것이다. 지역화폐는 전 세계적으로 4,000개가 있는데, 대부분은 몇몇 대학 도시에서 일부 진보적 기업인들이 소규모로 취급한다(채식주의자에게 등 마사지를 받기를 원한다면 다행이지만, 스테이플러를 사려면……). 그래도 지역통화 중 어떤 것들은 상당히 정교하고 광범위하다. 1934년으로까지 거슬러 올라가는 스위스 WIR 시스템은 구매자가 물건을 사면 판매자의 계정에 신용이 쌓이는 형태다. 판매자는 다시 그 신용 포인트를 사용해 다른 물건을 구입할 수 있다. 베를린의 컨설턴트 마그리트 케네디에 따르면, 이와 비슷한 프로젝트가 벨기에, 프랑스, 독일 등에서도 이뤄지고 있다.[41] 계정에 포인트를 쌓는 방식이 아니라 손에 쥘 수 있는 실물 화폐가 유통되는 곳도 있다. 영국의 루이스는 이 지역 출신인 토머스 페인의 얼굴을 담은 파운드화를 찍기 시작했다. 〈파이낸셜타임스〉는 이 새로운 화폐가 환경이나 경제에 미치는 영향도 중요하지만 "개인들의 정서적 후생에 미치는" 영향이 더 중요하다고 보도했다. 한 지역상인은 이렇게 말했다. "거주자와 상인들 사이에 인간관계가 형성됩니다. 사람들은 자신의 삶에 대해 서로서로 이야기합니다. 공동체 안에 신뢰도가 엄청나게 높아졌어요."[42]

내가 가장 좋아하는 지역화폐는 매사추세츠 서부 버크셔에서 유통되는 버크쉐어(Berkshares)다. 버크쉐어에는 1달러짜리부터 50달러짜리까지 다섯 가지의 화폐 단위가 있다. 각 화폐에는 지역의 영웅들(모히칸 인디언, 화가 노먼 록웰, 허먼 멜빌, W.E.B. 뒤보이스 등)이 우아하게 인쇄되어 있다. 12개 지역 은행이 이 화폐를 취급한다. 월급 수표를 현금으로 바꿀 때 달러화로 받을 수도 있고, 버크쉐어로 받을 수도 있으며, 달러와 버크쉐어를 섞어서 받을 수도 있다. 현재 총 200만 달러어치의 버크쉐어가 유통되고 있으며, 버크쉐어로 거의 모든 것을 구매할 수 있다.

나는 버크쉐어를 유기농 생협에서도 사용할 수 있었고 미스터딩가링 아이스크림 트럭에서도 사용할 수 있었다. 막대과자 값으로 노먼 록웰을 한 장 내고 허먼 멜빌 한두 장을 거스름돈으로 받을 때, 우리는 세상이 달라질 수 있음을 알게 된다.

지역적인 것을 받아들인다고 해서 더 큰 것과의 연결을 버린다는 의미는 아니다. 지역화폐를 쓴다고 미국 달러를 안 쓰지는 않는다. 그리고 지역의 컴퓨터 제조업자라든가 지역의 기관차 제조업자가 나오려면 아주 오래 걸릴 것이다. 지역경제 지지자인 마이클 슈먼은 이렇게 설명했다. "로빈슨 크루소 경제는 잊어라. 자가 의존적인 공동체는 (고립을 의미하는 것이 아니라) 실제적으로 가능한 수준에서 자신의 경제에 대해 더 많은 통제력을 가지기를 추구하는 것을 의미한다."[43]

그리고 과거에도 지금도 작은 경제들은 아주 잘 작동해왔다. 커크패트릭 세일이 쓴《인간의 규모(Human Scale)》에는 400년 동안이나 "풍부하고 자급이 가능한 농업"과 은행, 교회, 예술가, 음악가를 가진 "저돌적으로 독립적인 공화국"이었던 토스카나의 도시국가 루카 이야기가 나온다. 그러나 루카는 점차로 왕국에 흡수되면서(처음에는 프랑스에, 나중에는 이탈리아에) "취약한 산업 기반과 상당히 수입의존적인 농업을 가진, 잊힌 벽지 신세가 됐다."[44]

나는 토스카나의 마을에 가본 적이 있다. 토스카나는 많은 미국인들에게 좋은 삶의 판타지로 자리 잡은 곳이다. 산탄티모 수도원의 긴 벤치 의자에 앉아 있었던 때가 기억난다. 몬탈치노의 언덕진 마을 시에나에서 멀지 않은 곳이었다. 더운 여름날, 수도사들이 정오의 기도를 낭랑하게 읊는 소리를 들으면서 나는 거기 앉아 있었다. 그러면서 뒤쪽에 난 두 개의 창문을 계속 돌아보았다. 그 창문은 수도원 뒤에 있는 가파른 논밭의 놀라운 경관을 마치 액자처럼 담고 있었다. 한쪽 창문에는 언덕을 따라 줄지어 있는 무성한 올리브나무들이, 다른 쪽 창문에는 깔끔하게 줄지어 선 포도나무들이 보였다. 그 가운데에 십자가상이 있어서, 세 폭짜리 그림을 보는 것 같았다. 예수의 수난뿐 아니라 와인잔 가득한 키안티 와인도, 올리브유로 성유를 바르는 모습도 쉽게 상상이 됐다.

토스카나 지방의 풍경이 왜 이렇게 많은 사람들에게 매력적으로 느껴지는지도 쉽게 알 수 있었다. 이곳의 매력은 '이해할 수 있음'에 있었다. 이곳의 규모는 직관적으로, 그리고 본능적으로 파악이 된다. 토스카나 언덕 마을의 종탑 중 하나에 올라가면, 충분히 품을 수 있을 것 같은 세계가 보인다. 내가 먹은 음식이 어디서 왔는지 강의 경로를 따라 짚어볼 수 있다. 이곳은 그 자체로 충분해 보인다. 그리고 옛날 옛적에는 대체로 정말 그랬다.

이 오래된 수도원에서는 한때 이 벤치에 앉아 있었을 중세인도 쉽게 상상해볼 수 있었다. 그들은 오늘날의 우리는 결코 할 수 없는 방식으로 우주 속에서의 자신의 장소를 이해했을 것이다. 물리적으로 움직일 수 있는 거리에 제약이 있었으므로, 십자군전쟁 기간을 빼면 대부분 사람들은 동네를 평생 떠나지 않고 살았을 것이다(피렌체 사람들은 평생 두오모를 바라보면서 산다는 이야기를 흔히 한다). 물리적인 이동 거리의 제약만큼이나 강한 공동의 신앙에 의해서도 사람들은 자신의 장소에 밀착되어 있었을 것이다. 사람들은 자신의 장소를 알고 있었다.

물론 이 말에는 여러 의미가 있다. 그 세계에 살던 사람들은 태어난 장소에 깊이 뿌리를 내리고 있었다(우리 세계에서 흔하디흔한 정체성 혼란을 겪는 사람들이 거기에도 있었다고는 상상하기 어렵다). 하지만 좋게 여길 수 있는 정도보다 훨씬 더 강하게 뿌리 박혀 있었다. 일단 거기서 태어나면 자신과 잘 맞지 않는다고 해도 떠날 희망이 없었다. 농민은 농민이고 영주는 영주다. 이 둘은 절대 서로 만나지 않는다. 사람은 날 때부터 신분이 다르고, 이에 대한 이의제기는 있을 수 없는 일이었다. 중세의 세계는 파악하고 이해할 수 있는 규모의 세계였지만, 억압적인 세계이기도 했다. 그 때문에 사람들은 500년간 그렇게나 해방을 위해 갖은 노력을 벌여왔다.

그리고 현재 토스카나가 보여주는 "한눈에 이해할 수 있는 모습"(이는 여행지에 대한 환상과 수익성 있는 관광상품을 만들어내는 기반 노릇을 한다) 중 어떤 부분은 엉터리다. 농장은 남아 있지만 대체로 EU의 보조금이나 외국의 부유한 와인 구매자들 덕에 지탱된다. 마을들은 대부분 텅 비었고 노인만 남아 있다. 주말에는 피렌체나 로마에서 시골집으로 오는 사람들로 교통이 미어진다. 성당들도 대체로 과거의 유물이다. 오후 미사에 들러보면 서너 명의 할머니들이 더듬거리는 이탈리아어로 설교하는 아프리카 사제의 말을 듣고 있는 것을 볼 수 있을 것이다. 성직자가 모자란 것이다. 산탄티모 수도원에서 기도문을 읊는 수도사들도 일종의 수입품이다. 프랑스의 형제단이 이 수도원을 10년 전에 인수했으니 말이다. 이런 토스카나는 그다지 '진짜'가 아니다.

하지만 '진짜' 공동체가 토스카나에 되돌아오고 있다. 토스카나는 슬로푸드 운동이 생겨난 곳 중 하나다. 이 운동은 서서히 농장들을 되찾아가고 있으며, 젊은이들에게 매력적인 농장들이 되도록 바꿔나가고 있다. 어떤 면에서 소규모 지역 공동체들은 이제 워싱턴이나 월스트리트를 지배하고 있는 환상의 세계보다 더 현실적이다. 심지어 거대한 글로벌 프로젝트를 해나가는 데에 있어서도 소규모 공동체들이 더 현실적으로 나선다. 미국만 해도, 연방정부보다 주와 도시들이 기후변화에 대해 훨씬 더 중요한 조치들을 시행했다(적어도 오바마 정부가 들어서기 전까지는 그랬다). 주와 도시들은 말뿐이 아니라 실제로 중요하고 의미 있는 변화들을 만들어냈다.

어떤 것들은 작은 변화다. 이를테면, 많은 시 당국들이 신호등에 불빛을 내는 다이오드를 설치해서 에너지를 절약했다. 필라델피아는 연간 80만 달러를 절약할 수 있게 됐다. 또 어떤 것들은 주 차원의 조치인데도 전국적인 정책적 영향력이 있을 만큼 큰 변화다. 미시건 주의 자동차 업체들은 연방정부가 새로운 연비 기준을 세우는 것에 대해 수십 년 동안이나 반대해왔지만, 캘리포니아 주가 그들을 굴복시켜서 더 연비가 좋은 자동차와 트럭을 만들게 했다(당신이 자동차회사 사장인데 캘리포니아 주에서 차를 팔 수 없다면 망한 것이나 마찬가지다). 그리고 여러 주가 연대하는 경우도 많다. 동부의 11개 주는 '온실 가스에 대한 지역적 계획(RGGI)'을 만들어서 처음으로 발전소의 탄소 방출을 효과적으로 제한했다.[45]

모든 주가 연방에서 탈퇴해야 한다거나, 모든 도시가 주에서 독립해야 한다거나, 모든 동네가 자치를 해야 한다는 뜻이 아니다. 위험을 대륙 전체에 분산해서 얻을 수 있는 안정성도 분명히 있다. 뉴올리언스는 혼자서 허리케인 복구를 하지는 못했을 것이다. 우리 동네에 홍수가 닥쳤을 때 연방정부의 돈은 큰 도움이 됐다. 또 중앙정부를 포기하면 그것의 좋은 점도 상당 부분 포기하게 된다. 국가적 계획에는 도로 닦는 것만 포함되는 게 아니었다. 모두에게 시민의 권리를 보장하고, 자연보호 지역을 지정하고, 언론의 자유를 보장하고, 멸종 위기의 생물을 보호하는 것도 국가적인 계획이었다. 이런 일은 미국이 작은 부분으로 나뉘어 있다면 잘 수행하기 어려울 것이다. 알래스카 독립당이 툰드라 지대의 석유를 몽땅 퍼낸다면 순록들은 다 죽어 나갈 것이다. 내가 주장하는 바는, 뜨겁고 힘겨워진 지구에서 이제는 의사 결정이 조금 더 지역적인 수준으로 내려가기 시작해야 한다는 점이다. 이제 핵심적인 프로젝트들은 더 이상 전국적인 사안이 아니기 때문이다.

게다가 곡물 창고가 비지 않게 하고 도로를 좋은 상태로 유지하고 싶다면 국가적 차원에서 오래 저질러온 방탕함을 지속할 수 없을 것이다. 예를 들면, 미군은 바로 다음의 45개국 군대를 합한 것보다 비용이 많이 드는 군대다. 미 국방부는 전 세계 군비 지출의 48퍼센트를 차지한다.[46] 반전평화주의자가 아니라도, 이런 종류의 자금을 계속 댈 수 있을지에 대해 의문을 제기하지 않을 수 없다. 주 의원이나 시 의원이라면 문제제기를 더 잘할 수 있을 것이다.

한 예측치에 따르면, 2009년에 버몬트 주는 "석유 관련 군사활동"에 1억 5,060만 달러를 댔다. 그 돈을, 가령 재생 가능한 전기에 썼더라면 22만 5,000호 가구가 친환경 주택에서 살게 되었을 것이다. 버몬트 주에는 총 24만 가구가 있으므로 그 정도면 꽤 충분하다.[47] 인구가 750명인 매사추세츠 주의 어느 마을은, 이곳에 사는 에세이 작가 미리엄 E. 윌리엄슨에 따르면, 2007년에 이라크 전쟁에 180만 달러를 지불했다. 마을 전체 예산에 맞먹는 수치로, 이 돈이면 1년에 36명의 경찰을 더 고용할 수 있다.[48] 물론 이 마을에 경찰이 36명이나 더 필요하지는 않지만, 어쨌든 지역 경찰이 많으면 이곳 주민들이 더 안전해지지만 미군은 그들의 안전을 꼭 보장해주지는 않는다.

사실, 안전 혹은 안보(security)도 새로운 세상에서 그 개념이 달라지기 시작한 말 중 하나다. 더 많은 음식과 에너지를 집 근처에서 조달할 수 있게 된다면 건국의 아버지들이 개탄했던 종류의 상비군에 대한 필요는 줄어들 것이다. 미국은 페르시아 만에서 8,000킬로미터 길이의 송유관을 지켜야 할 필요가 없을 것이다.

매사추세츠 주 서부가 대부분의 에너지를 자립하고 있다면, 이 지역 사람들에게는 중동의 송유관을 지키는 종류의 군대가 덜 필요할 것이다. 그보다는 다른 종류의 보호가 필요할 것이다. 가령, 팍팍한 미래가 오래 계속되면 당신은 당근을 노리는 무리를 막기 위해 총을 들고 채소밭을 지켜야겠다는 생각이 들지 모른다(경찰에 따르면, 실제로 태양열 전지를 훔치는 도둑이 급증했다고 한다).[49] 그리고 밀렵도 늘었다. "도시에서 온 갱들이 총, 석궁, 사냥용 덫 등을 가지고 시골에 와서" 밀렵을 한다는 것이다.[50] 해병대는 여기에서 그리 도움이 되지 않을 것이다. 해병대의 장비는 매드 맥스를 상대하는 데는 적합하지 않을 테니 말이다. 하지만 당신의 이웃들은 매드 맥스를 상대하는 데 적합한 장비를 갖추고 있을 것이다.

험난한 지구우에서 지역적인 생활을 꾸려간다는 것은, 우리가 스스로의 식품을 조달하는 것뿐 아니라 스스로를 지키는 데에서도 더 책임을 갖게 된다는 것을 의미한다. 예를 들어, 스위스는 모든 성인 남성이 군인이다. '민병대'라는 말은 어쩌다 보니 무장 세력을 의미하는 안 좋은 뉘앙스를 갖게 되었지만, 렉싱턴 배틀그린에서 싸운 사람은 바로 지역 민병대였다. 적어도 벽장에 삼각모자를 가지고 있는 사람들에게 민병대는 이런 의미이다.

초점을 본질적인 것에 맞추라

우리가 만들어낸 새 세상에서, 기온은 더 뜨겁고 가뭄은 더 많고 석유는 더 적은 이 세상에서, 큰 것은 취약하다. 우리가 뿜어놓은 요인들에 파묻혀 가라앉지 않으려면 조금이라도 분산을 해야 한다. 크기는 중요하고, 현재 우리의 크기는 우리의 필요에 맞지 않는다. 포유류는 뜨거운 기후에서 몸집이 작아진다. 정부도 그래야 한다. 핵심 프로젝트들은 이제 지역적인 것이어야 한다.

너무 겁먹을 필요는 없다. 우리는 많은 경우에서 작은 것이 더 낫다는 것을 종종 직관적으로 안다(아이를 큰 학교에 보낼 건지 작은 학교에 보낼 건지 생각해보라). 여론 조사를 보면, 미국인들은 살고 싶은 곳으로 대부분 '소도시'를 꼽는다.[51] 대도시와 교외를 잘 분산해서 좋은 '소도시들'로 만드는 것, 모든 곳의 사람들이 통제력을 가질 수 있고 협력할 수 있게 하는 것(그러한 통제력과 협력은 어려운 시기에 가장 필요한 것이다)이 앞으로 핵심적인 과제가 될 것이다. 이는 불가능한 일이 아니다. 남미 전역에서 거대 도시의 가장 가난한 지역들이 도시 예산에 대해 일부 통제력을 획득하는 사례가 늘고 있다. 4장에서 보겠지만, 이를 위해서 인터넷 등의 테크놀로지가 도움이 될 것이다.

하지만 결국에는 마음과 생각의 문제다. 우리는 굳어버린 이데올로기를 버리고 더 넓게 생각해야 한다. 농민시장, 동네 순찰대, 공동체 소유의 풍력터빈이 자유주의적인 프로젝트냐 보수주의적인 프로젝트냐는 분명하지 않다. 어쩌면 둘 다일 수도 있고, 대체로는 둘 다 아닐 것이다. 고속도로가 그랬듯이, 우리의 정치적 제도와 사상도 끝없는 성장의 시기를 위해 지어졌다. 애덤 스미스만큼이나 칼 마르크스도 우리가 물질적인 낙원으로 가게 될 것이라고 생각했다. 리처드 닉슨과 니키타 흐루시쵸프는 누구의 체제가 더 좋은 부엌용품을 더 많이 만들 수 있는지를 놓고 경쟁했다. 하지만 그 시대는 저물고 있으며, 우리의 희망과 이데올로기도 그와 함께 달라질 것이다.

험한 변화가 몰려오고 있는 와중이지만, 진정한 공동체를 일굴 수 있다는 희망의 여지도 많다. 레베카 솔니트는 《이 폐허를 응시하라(*A Paradise Built in Hell*)》에서, 샌프란시스코 대지진부터 뉴욕의 9.11에 이르기까지, 재앙에 직면하면 사람들이 스스로, 그리고 서로서로 일을 꾸려가는 체제를 만들어간다는 점을 보여주는 역사적 사례들을 소개했다. 정부의 지원이 없을 경우에도 그랬다. 솔니트는 재앙이 닥쳤을 때 서로서로를 밟으려는 사람들보다 서로서로를 도우려는 사람이 훨씬 많다는 것을 발견했다. 당국이 늘 말하는 '약탈과 혼란에 대한 우려'는 거의 다 상당히 과장된 것이었다. 오히려 사람들은 희생자들에게 어떻게 먹을 것과 입을 것과 잠잘 곳을 제공해줄 것인지를 알아내려고 노력했다. 이를 솔니트는 "지옥에 지어진 낙원"이라고 표현했다. 일시적으로 생겨난 임시 유토피아.

어쩌면 그리 일시적이지 않을지도 모른다. 우리가 헤쳐 나가야 할 세상은 긴 재해의 모습일 테니 말이다(그다지 '자연' 재해는 아닐 것이다. 문제들이 겹겹이 산적해 소비자로서의 손쉬운 해결책으로는 소용이 없는 상황일 것이다). 재앙과 위기의 순간에는 "상호 부조야말로 기본적인 운영 원칙이라는 점이 드러난다"고 솔니트는 언급했다.[52] 이런 상황은 우리가 단지 소비자로만 그치지 않을 수 있게 허용해준다. 아니, 소비자로만 그치지 않도록 강요한다. 우리는 이웃이고 시민이어야 한다.

희망이 있다고 해도, 우리가 일궈야 할 전환의 깊이를 과소평가하는 건 아무 도움이 안 된다. 특히 눈앞에 아무 종착점도 보이지 않는 상황에서는 말이다. 모든 인류 문명을 지탱해주었던 기후를 잃고 있기 때문에, 이제 다른 곳으로 이동해 해결할 수 있는 문제가 아니다. 우리 삶에 닥치는 변화는 계속될 것이고, 거대할 것이며, 우리는 육체적으로도 심리적으로도 쉽지 않은 기민함을 갖춰야 할 것이다.

우리는 초점을 옮겨야 한다. 문화적으로나 경제적으로, 우리는 이제껏 추상적인 것들을 많이 유지할 만한 여유가 있었다. 슈퍼마켓 매대에서의 추상적인 것들(런처블, 치토스, 4,000여 개의 고과당 옥수수 시럽의 화신들), 세계 다른 지역과의 관계에서의 추상적인 것들(자유 세계) 등등……. 하지만 추상적인 것을 만들기는 점점 어려워질 것이고 우리는 점점 더 본질적인 것에 초점을 맞춰야 할 것이다. 진짜 식품에, 그리고 '중동'이라 불리는 추상에서가 아니라 바람과 태양과 나무에서 오는 에너지에 말이다.

우리는 '일하는 것(work)'이 아니라 '잘 돌아가는 것(work)'에 초점을 맞춰야 한다. 이전 어느 때보다도 현대인들이 사무실에서 시간을 많이 보내는 것은 사실이다. 여가 시간은 1950년대 이래로 3분의 1이 줄었다[53](대조적으로 수렵 채집인들은 하루에 두 시간 정도 '일' 했다. 또 아미시 농민들은 가장 바쁜 수확기에도 평균 하루에 8시간만 일했다).[54] 하지만 우리가 하는 많은 일들이 꼭 진짜 일인 것은 아니다. 얼마 전에 〈뉴욕타임스 매거진〉은 저물어가는 시대를 잘 보여주는 (그럴 의도는 아니었겠지만) 가상 포럼을 열었다. 패널로 참여한 광고 마케팅 전문가들에게 진행자가 이렇게 설명했다.

"시나리오는 이렇습니다. 저는 경영상 절박한 처지에 있는 '잭의 작업복'이라는 회사의 사장입니다. 기능 작업복을 만드는 회사인데, 기업적 농경의 시대에 기능 작업복 시장은 사라지고 있습니다. 저보다 젊은 부사장이 말하기를, 뉴미디어를 시도해봐야 할 거라고 해서 여러분들에게 조언을 구합니다."

라스 배스톨름(온라인 마케팅 에이전시 전문업체 AKAQ 최고 창조경영자. 그는 엑스박스를 담당한다) : 위아래가 붙은 작업복은 미국인의 필수품이고 문화적인 아이콘이죠. 문제는, 어떻게 그 작업복을 오늘날의 사람들에게도 적용되도록 할 수 있는가입니다.

벤저민 파머(바바리안 그룹 회장. 버거킹 광고 '복종하는 닭'을 만든 회사다) : 그러니까 새로운 시장을 개척하셔야 하는군요. 농경은 아마 사라지고 있는지 모르지만, 새로 떠오르는 수요처가 있지 않을까요? 현재 귀사의 작업복은 농기구를 넣어두기에 좋은 주머니와 홀더를 가지고 있네요. 그것을 도시 농민들이 도구를 넣기 편하게 만들어보세요. 아이폰을 넣는다든가, 블랙베리를 넣는다든가, 헤드폰을 넣는다든가 하는 주머니를 만들 수 있을 거예요.

배스톨름 : 이 작업복을 21세기답게 만들어보죠. 모든 작업복 앞에 샷코드를 삽입하는 건 어떤가요? 샷코드는 바코드와 비슷한 것인데요, 휴대전화에 있는 카메라로 스캔을 할 수가 있어요. 그러면 다른 쪽에서 무언가가 나오죠. 노래일 수도 있고 사진일 수도 있고 웹사이트 링크일 수도 있고.

기자 : 사람들이 나타나서 휴대전화로 내 사진을 찍기도 하고요?

배스톨름 : 그래요, 폰 카메라로요. 샷코드로 사람들을 당신이 선택한 새로운 웹사이트로 이끌 수도 있을 거예요.

로버트 라스무센(나이키, 세가, 제트블루에서 일했다) : 페이스북이나 마이스페이스와 제휴를 할 수도 있겠군요.

파머 : ……페이스북 사용자들은 페이스북 버전의 작업복을 살 수 있을 거예요. 당신의 페이스북 페이지가 들어 있도록 작업복에 미리 코딩되어 나오는 거죠.

라스무센 : 소비자들이 참여할 수 있는 방향으로 웹을 이용하시도록 권하고 싶군요. 소비자들이 당신의 브랜드를 갖고 소유할 수 있게 하는 거예요. 당신은 기존의 사진에 작업복을 끌어다 붙여 입힐 수 있는 장비를 만들 수 있겠군요. 그러니까 "짠! 이게 멜빵 작업복에 청재킷을 입은 모습이야"라고 말하게 되는 거지요.

배스톨름 : 네, '당신은 작업복이 필요합니다'라는 바이럴 마케팅을 해 보세요. 시사적인 사안의 사진을 가져다가, 뉴스 속에 있는 누구에게라도 작업복을 입히는 거지요.

라스무센 : 버락 오바마가 자켓과 작업복을 입고 연설을 하는 모습같이 말이지요. 아마도 사용자가 만든 이미지 샘플을 TV나 디지털 빌보드에 나오게 할 수 있을 거예요. 사진을 당신의 웹사이트에 올릴 수도 있고요. 작업복이 얼마나 다양한 스타일과 어울리는지를 보여주는 이미지 갤러리를 만들 수도 있어요. 메트로에서부터 힙합에 이르기까지, 또 블루칼라에 이르기까지 말이에요. 사람들은 덧글을 달고 가장 좋은 것에 투표하기도 할 거예요.

배스톨름 : 아마도 '이 사람에게 작업복을 입히세요'라는 사이트를 열 수도 있겠군요. 누군가의 사진을 보내면 작업복을 입혀서 되돌려 보내주는 거예요.[55]

아니면, 아마도 우리는 직접 작업복을 입을 수도 있을 것이다. 그 작업복에는 흙이 묻어 있을 것이다. 최신 진화론에 대한 애덤 고프니크의 보도에 따르면, 과학자들은 놀라운 공작 깃털과 사슴뿔을 오래 지속된 고요한 시기의 산물로 보고 있다. 우리의 문명을 키웠던 그 고요함 말이다. 그런 안정되고 풍부한 환경에서는 수많은 공작새가 나올 여지가 있다. "풍부함에서 생겨난 화려한 변종들은 위기가 오면 죽는다. 그리고 밋밋하지만 안정적인 오랜 해결책이 다시 살아난다."[56] 진화적 압력은 화려한 동물이 아니라 생존에 유리한 동물을 만들어낸다. 그리고 샷코드가 아니라 작업복을 만들어낸다. 우리는 우리의 미래에 걸맞은 본질적인 것들로 되돌아가야 한다.

순서대로 말하자면, 식품, 에너지, 그리고…… 그렇다, 인터넷이다.

BILL McKIBBEN

가볍게, 신중하게, 품위 있게

미주리 주의 키프 쿨러스는 산업적 농경의 화신이다. 그는 키가 크고 마른 편이며(그리고 공교롭게도 빅 스미스 브랜드의 작업복을 입는다), 에이커당 대두 생산량에서 세계 기록(2007년, 154부셸)을 가지고 있다. 평균적인 대두 농민은 1에이커 면적의 수확량을 실어내는 데에 픽업트럭 한 대가 필요하겠지만, 쿨러스는 네 대가 필요하다. "사람들은 나를 농업의 본 조비라고 부르기 시작했어요." 약간 쑥스러워하면서 쿨러스가 말했다.[1]

쿨러스는 파이오니어 하이브레드(Pioneer Hi-Bred) 종자와 듀폰의 제초제 광고에 등장했다. 그리고 기업의 후원으로 매년 가을에 열리는 '필드 데이'에 자신의 농장을 개방해서 다른 농민들에게 비결을 공개한다. 비결의 대부분은 믿을 수 없을 정도로 많은 양의 화학물질과 석유다. "쿨러스는 농사철 초기에 잡초를 제거하기 위해서 작물을 심기 전에 제초제를 뿌립니다." 바스프의 판매 담당자가 설명했다. 바스프에 따르면, 쿨러스는 "작물 보호를 위해 바스프가 개발한 혁신의 종합세트"를 모두 활용하고 있다. 여기에는 살충제 리스펙트와 워리어, 제초제 스테이터스, 프라울, 익스트림 등이 포함되어 있다(바스프는 심지어 아직 환경보호청에 등록되지도 않은 신제품 킥소르 제초제를 쿨러스가 사용해보도록 했다). 2007년 필드데이 때는

'옵티멈 GAT' 옥수수 네 그루가 담긴 작은 용기가 등장했다. 아직 시중에는 나오지 않은 파이오니어 브랜드 계열의 상품으로, 옥수수에 손상을 주지 않으면서 심지어 더 많은 제초제를 뿌릴 수 있도록 만든 유전자 조작 품종이다.

쿨러스는 7개 카운티에 걸쳐 밭을 가지고 있는데, 봄에 파종하는 시기가 되면 밭을 살펴보기 위해서 픽업트럭을 타고 1만 7,700킬로미터를 달려야 한다. 그는 15대의 트랙터를 가지고 있는데, 가장 큰 것은 GPS 위성 정보로 스스로 방향을 잡는 기능까지 있으며 시가가 18만 5,000달러나 한다. 또 쿨러스는 농사철 초기에 대두 밭에 물을 대는데, 독립기념일(7월 4일)부터 시작해서 날마다 0.5~0.7센티미터의 물을 뿌린다.[2]

쿨러스를 후원하는 기업이 보기에는 쿨러스(그리고 그가 상징하는 모든 것)야말로 평화로운 지구의 열쇠다. 파이오니어의 연구개발 부문 부회장 윌리엄 니부어는 〈와이어드〉의 빌 도너휴와의 인터뷰에서 이렇게 말했다. "우리는 세계를 먹여야 한다. 그리고 면적당 생산량을 증가시킴으로써 그렇게 할 수 있다. 우리가 사람들에게 식품을 공급하면 정치적 안정성이 생길 것이고, 이는 다시 경제성장의 토대가 될 것이다"[3](보통은 하드웨어나 가상현실에 대한 기사를 쓰는 정보기술잡지 〈와이어드〉에 도너휴는 쿨러스에 대한 존경 어린 기사를 썼다).

역사를 봐도 이 말이 맞는 것 같다. 이제까지 농업 기술의 발전은 산출과 생산성을 엄청나게 늘려주었다. 그리고 무엇보다도 1인당 섭취 칼로리를 엄청나게 늘려주었다. 맬서스는 인구증가가 식량 생산을 압도할지 모른다고 경고했지만, 이후로 아주 오랫동안 맬서스의 말은 맞지 않았다. 18세기 초에 전형적인 프랑스인의 하루 식단은 1,850칼로리를 포함하고 있었다. 한 연구자의 설명대로 "가장 힘센 남성이라고 해도 일을 하기에 충분한 활력을 낼 수 없는 영양 수준"이었다. 신진대사를 하는 데만도 거의 그만큼의 칼로리가 필요하기 때문이다. 그런데 2007년경이면 평균적인 미국 남성은 하루에 섭취하는 칼로리 중 신진대사에 필요한 에너지를 제하고도 2,600칼로리가 남는다[4](그리고 그가 책상 앞에 앉아서 모니터를 들여다보는 일을 할 가능성이 많다는 점을 생각하면 그의 뱃살이 이해가 간다).

2차 대전 이후, 인구가 급증하는 동안 전 세계 곡물수확은 더 급증했다. 대체로 쿨러스가 상징하는 종류의 녹색혁명 기술 덕분에, 그리고 각국이 앞다투어 도입한 '커지거나 나가거나' 정책 덕분에, 1961년에 1인당 연간 285킬로그램이던 곡물의 양은 1986년에 1인당 연간 376킬로그램으로 늘었다. 하지만 1986년이 정점이었고 그 이후로 곡물 산출은 줄기 시작했다. 그런데 인구는 계속 증가해서, 현재 곡물 생산량은 1인당 350킬로그램이다.[5] 이 숫자들을 다시 읽어보자. 지난 30년간 거대 기업형 농업이 빠르게 확산되었는데도, 그리고 워리어, 익스트림, 프라울, 리스펙트, 킥소르 등의 도움이 있었는데도, 게다가 18만 5,000달러짜리 트랙터가 있었는데도 1인당 곡물 생산량이 줄어든 것이다.

전 세계적으로 흉년에 대비하기 위한 곡물 비축분은 1986년의 130일 분에서 2008년에는 40일 분으로 줄었다.[6] 40일이라니, 노아의 방주 이야기도 아니고! 37개국에서 식량 폭동이 일어나고 2007년에 7,500만 명이 추가로 영양부족 인구 대열에 올랐다. 이 역시 성경에서나 본 재난 이야기로 들린다. 먹을 것이 너무 적은 사람들이 현재 줄고 있는 것이 아니라 늘고 있으며, 그것도 빠르게 늘고 있는 것이다. 각국 지도자들은 2000년에 열린 새천년 정상회의에서 2015년까지 기아 인구를 절반으로 줄이겠다고 선언했다. 한두 해 뒤에 유엔 식량농업기구는 시간표를 수정해서, 현재의 추세대로라면 그 온건한 목표를 달성하는 데에도 시간이 2150년까지는

걸릴 것이라고 발표했다.[7]

이는 안 좋은 소식임에 틀림없다. 그런데 우리가 저지른 일들 때문에 앞으로 나타날 결과에 비하면 이것은 시작에 불과하다. 지구온난화를 생각해보자. 기후변화를 웃어넘긴 사람들(주로 전기회사 임원)은 지구가 온난해지면 식량을 더 많이 기를 수 있을 것이라고 오랫동안 주장했다. 한 칼럼니스트가 지적했듯이 그들은 "얼마 안 가서, 당신이 즐겨 먹는 치아바타 빵에 시베리아 산 밀이 들어 있게 될 것"이라고 생각한다.[8] 열대지방에서 식량이 줄어도 시베리아에서 밀을 생산하면 되지 않겠느냐는 논리지만, 사실 과학계의 연구에 따르면 "기온이 올라가면 식량 생산이 늘어서 기후변화와 관련된 다른 피해들을 보상할 수 있게 되기는커녕 오히려 전 세계적인 식량 생산 역량이 심각하게 감소할 것"으로 보인다.[9]

식량 생산 역량이 줄어드는 이유 중 하나는 이산화탄소의 직접적인 영향이다. 2009년 여름, 독일의 농학자들은 금세기 중반에 도달할 것으로 예상되는 이산화탄소 수준에서는 밀이 단백질과 철분을 현저하게 덜 함유하고 대신 납을 14퍼센트나 더 함유한다는 사실을 발견했다. 게다가 가격도 훨씬 못 받을 것이다. 알이 작아서 좋은 값을 받기 어려울 것이기 때문이다.[10]

연타로 발생하는 식품산업의 문제점

하지만 기후변화가 식량 생산 역량을 줄이게 될 가장 간단한 이유는 작물이 자라기에 너무 더워진다는 사실 자체다. 다시 말하지만, 작물들은 아주 오랜 시간 동안 옛 지구에서 잘 자라는 방향으로 진화해왔다. 그런데 모든 기후변화 모델들이 예측하기를 "금세기 말이면 7월의 평균기온이 이제까지 중 가장 심한 폭염 때보다도 더울 것"이라고 한다. 지금까지 그런 폭염이 닥쳤을 때 논밭은 망가졌다. 예를 들면, 2003년에 이탈리아와 프랑스에 수만 명을 숨지게 한 폭염이 왔을 때 옥수수 산출도 3분의 1이 줄었다. 스탠포드대학에서 '식품 안정성과 환경을 위한 프로그램'을 이끄는 로자먼드 네일러는 "작물을 기르기에 너무 뜨거운 날씨였기 때문"이라고 설명했다. 폭염은 작물이 충분한 산출을 낼 수 있는 능력을 손상시킨다는 것이다.[11]

또 2009년에 발표된 한 연구는, 아프리카에서 100만 제곱킬로미터 정도 면적의 땅이 너무 뜨거워서 곧 작물을 재배할 수 없는 곳이 될 거라고 예측했다(100만 제곱킬로미터는 미국의 8대 주요작물 재배 면적을 다 합한 것보다도 넓은 면적이다). 이 연구는, 단지 더운 날이 너무 많아져서 옥수수 재배가 불가능해지는 지역이 많을 것으로 내다봤다.[12] 물론 파이오니어와 몬산토는 상승하는 기온에 대처하기 위해 뭔가를 만들어내려고 할 것이다. 리액터, 선스타, 히트실드, 레이파이터 등등. 하지만 이런 것들도 어느 정도를 넘으면 효과가 없을 것이다.

최근 연구들에 따르면 열대와 아열대지방에서 2100년 작물 재배철 평균기온이 "그곳에서 현재까지 기록된 어느 기온보다도 높을" 가능성이 90퍼센트나 된다. 어떤 온도를 넘으면 옥수수는 생식을 하지 않고 쌀은 자라지 않을 것이다.[13] 그리고 사람들은 일을 할 수 없을 것이다. 적어도 예전처럼 일하지는 못할 것이다. 호주 연구자 토드 크젤스트롬의 최근 연구에 따르면, 인도 농민들은 2030년경이면 단지 기온이 올라서 30퍼센트나 생산성이 떨어질 것으로 보인다. 벵골 지방의 한 농민은 이렇게 말했다. "여름에 바깥에서 일을 하는 것이 거의 불가능해졌습니다. 농민도 그렇고 소도 마찬가지예요."[14]

이런 변화들은 이미 진행되기 시작했다. 앞서 살펴보았듯이 더운 공기는 수증기를 더 많이 머금기 때문에 증발이 더 많이 일어나고, 위로 올라간 수증기는 내려와야 하기 때문에 비도 더 많이 오게 된다. 기후 온난화가 진행된 이래로 미국에서 "극단적인 강우"가 36퍼센트나 늘었다.[15] 〈뉴스위크〉 환경담당 기자 샤론 베글리의 보도에 따르면, 비가 예전처럼 꾸준하고 예측 가능하게 오는 게 아니라 "폭우가 쏟아지다가 소강상태를 보이다가 하는 식으로 온다. 이런 식의 강우 환경에서는 작물이 마르고 시들었다가 그 다음에 물에 휩쓸려간다."[16]

수천 년을 잘 지어온 농사 방식이 갑자기 잘 작동하지 않게 됐다. 우간다의 한 소농은 이렇게 말했다. "우리는 이제 계절별로 파종을 하지 않습니다. 그냥 사철 시도를 하지요. 전에는 3월에 심는 방법이 가장 좋았어요. 지금은 심고 또 심고 또 심습니다. 그래서 씨앗과 시간과 에너지를 많이 낭비하게 됩니다. ……가끔은 울고 싶을 지경이에요."[17]

미국에도 물 부족 현상이 다시 돌아왔다(이제는 사람들이 집에서 물을 그렇게 많이 낭비하지 않는데도 말이다). 연방정부에 따르면 36개 주가 향후 5년 안에 물 부족을 겪게 될 것이라고 한다.[18] 농업에 분명 좋지 않은 소식이다. 미국이 사용하는 물의 70퍼센트가 관개에 들어가니 말이다. 그리고 세계적으로 많게는 작물의 40퍼센트가 관개한 논밭에서 생산된다. 2007년경에는 호주 농경지의 절반이 가뭄 지역으로 선포된 곳에 있었고, 나흘에 한 명씩 농민이 자살했다.[19] 캘리포니아 주에서는 2009년 봄에 일군의 농장 노동자가 나흘간 먼지바람 속에서 외과수술용 마스크를 쓴 채, 연방정부를 향하여 더 많은 물을 공급해달라고 요구하는 시위를 벌였다. 그해의 가뭄은 캘리포니아 주에서 2만 3,700개의 일자리와 4억 7,700만 달러의 수

입을 앗아갔다.[20] 농민들은 물을 충분히 대지 못해서 과수 나무들이 죽어버리는 것을 그냥 내버려두고 있다. 프레스노 카운티에서는 그해 5월 실업률이 1년 전의 9.4퍼센트에서 크게 증가해 15.4퍼센트나 됐다. 56세의 한 농부는 기자에게 "물이 없어서 일자리도 없다"고 말했다.[21]

내륙 빙하와 산 정상의 눈이 녹으면서 상황은 더 안 좋아질 것이다. 에너지 장관으로 지명된 후 처음 행한 주요 연설에서, 노벨상 수상자 스티븐 추는 자신이 태어난 캘리포니아 주의 청중들에게 이렇게 말했다. "나는 미국인들이 앞으로 무슨 일이 벌어질 수 있는지에 대해 진정으로 이해했다고 생각하지 않습니다." 그는 지구온난화를 극적으로 늦추지 못할 경우 시에라산맥의 눈이 빠르게 녹아서 "캘리포니아 주에서 더 이상 농업이 가능하지 않은 시나리오까지 검토하고 있다"고 말했다. 그러면서 "이곳의 도시들이 어떻게 계속 돌아갈 수 있을지 사실 잘 모르겠다"고 덧붙였다.[22] 정부 당국자의 입에서 웬만해서는 듣기 힘든 말이다.

양쯔 강, 황허 강, 갠지스 강, 브라마푸트라 강, 메콩 강의 수원이 되는 티베트 고원에서도 하류의 농민들이 어떻게 대처할 수 있을지에 대해 아무도 모른다. 세계 각지의 농민들이 온난화 때문에 증가하는 해충에 어떻게 대처할 수 있을지에 대해서도 아무도 모른다. 인간에게 병을 옮기는 모기나 나무를 죽이는 소나무좀만 따뜻한 기후를 좋아하는 게 아니다. 옥수수를 죽이는 해충인 옥수수 들명나방, 서부 옥수수 뿌리벌레, 큰담배밤나방 유충도 그렇다. 최근에 퍼듀대학의 과학자들은 이 모든 것들이 향후 몇 년 안에 극적으로 넓은 범위에 퍼질 것이라고 예측했다. 이 연구를 이끈 노아 디펜바우는 이렇게 설명했다. "기온이 올라가면 한 재배철에 곤충이 3세대까지 번식을 해서 배고픈 자손들로 밭을 가득 채우게 될지 모른다."[23]

eaarth 🌏 우주의 오아시스, 지구

새로운 지구에서는 석유와 천연가스가 빠르게 고갈되리라는 점도 기억하자. 이 역시 식량 생산에 큰 타격을 준다. 우리가 이제까지 미래를 걸어온 현대 농업은 막대한 에너지를 필요로 하기 때문이다. 밭을 비옥하게 할 비료를 만드는 데에, 거대한 장비를 운영하는 데에, 저장하기 전에 곡물을 말리는 데에, 식품을 각 대륙으로 운송하는 데에 모두 엄청난 에너지가 든다. 미국인 한 명에게 식품을 공급하는 데에 연간 석유 400갤런어치의 에너지가 들어간다. 그나마 포장, 냉동, 조리에 들어가는 것은 포함하지 않은 수치가 이 정도다.[24] 1940년에 미국 식품 시스템은 식품 공급에 소비되는 1칼로리의 화석연료 에너지당 2.3칼로리의 식품 에너지를 생산했다. 마이클 폴란에 따르면 지금은 "현대의 슈퍼마켓 식품 1칼로리를 생산하는 데에 10칼로리의 화석연료 에너지가 필요하다. 다른 말로, 산업화된 식품 시스템에서 나온 식품을 먹으면 이는 석유를 먹고 온실가스를 뿜어내는 것과 마찬가지다."[25]

하나의 문제를 해결하려고 하면 다른 문제가 악화된다. 기아가 증가하는 이유 중 하나는, 미국이 방대한 면적의 표토를 식품이 아니라 연료를 생산하는 데에 사용하고 있기 때문이다. 미국에서만 이런 것이 아니다. 에티오피아 정부는 유가가 급등하면서 경제적으로 문제를 일으키자 98만 8,000에이커의 땅을 바이오연료의 원료가 되는 피마자 재배에 할당하기로 했다. "피마자 재배 지역이 너무나 빠르게 확장되고 있어서 묘지 공간마저 잠식할 지경"이라고 한 지역 당국자가 말했다. 소규모 땅에서 연간 100킬로그램의 옥수수를 생산하던 농부 아세나피 초테도 옥수수 대신 피마자를 재배하기로 결정하고 등록을 했다. 하지만 생산된 피마자를 구매할 것으로 예상됐던 다국적 기업이 필요한 대출을 받지 못하면서 초테의 가족은 굶기 시작했다. "나는 실수를 했어요."[26]

우리 모두 실수를 했다. 과거에 산출이 증가하고 있었기 때문에 우리는 모든 경고들을 심각하게 받아들이지 않았다. 집값이 오르면서 사람들이 빚을 더 내서라도 집을 사도록 유혹했듯이, 녹색혁명도 우리를 일종의 생태적 빚에 끌어들였고, 그것의 문제를 우리는 이제 겨우 이해하기 시작했다. 영국의 식품연구자 그레이엄 하비(영국 라디오 드라마 〈아처스(The Archers)〉의 농업 관련 자문을 하기도 했다)가 지적했듯이 "이전 어느 때보다도 우리는 전 지구적으로 거래되는 곡물에 식품을 많이 의존하고 있다. 은행업계를 위협했던 것과 같은 종류의 재앙적인 불황에 대해 이런 식품 시스템은 본질적으로 취약하고 불안정하다." 조지 W. 부시 행정부에서 보건복지부를 이끌었던 토미 톰슨은 이렇게 말했다. "나는 왜 테러리스트들이 우리의 식품 공급망을 공격하지 않는지 모르겠다. 그건 아주 쉬운 일인데 말이다."[27]

물론 미국 국내에도 문제가 많은 마당이니, 식품 공급망에 문제를 일으키는 데에 굳이 외국 테러리스트까지 필요하지도 않다. 예를 들면, 미국 기업 '피넛 코퍼레이션 오브 아메리카(PCA)'는 공장이 너무 더러워서 자체 검사에서도 살모넬라를 12건이나 발견했다. 그런데도 피넛 코퍼레이션은 제품을 계속 유통시켰다. 미국의 식품 시스템이 너무나 심하게 연결되어 있어서 43개 주에서 1만 9,000명이 식중독을 일으켰고 2009년 1월에 이 회사 제품 수천 개(베어푸트 콘테사 에스프레소 둘체 데 레체부터 파워 본 개사료까지)가 리콜됐다.[28]

고의적인 의무 방기가 없는 경우에도 산업화된 식품 공급망은 너무나 복잡해서 문제의 원료를 추적하는 것이 거의 불가능하다. 2007년에 냉동 파이를 먹고, 41개 주에서 1만 5,000명이 식중독을 일으키는 사태가 벌어졌다. 하지만 검사 당국은 딱히 어떤 원료 때문인지를 짚어내지 못했다.

칠면조? 완두콩? 당근? 〈뉴욕타임스〉는 콘아그라 푸즈(ConAgra Foods, 세계에서 가장 큰 식품업체 중 하나)가 "이 파이에 들어가는 25개 이상의 원료 중에 어느 것이 살모넬라균을 가지고 있었는지 짚어낼 수 없었다"는 사실을 알아냈다. 또한 다른 거대 식품기업들도 "자신들의 원료를 누가 공급하고 있는지 모르고 있었다"는 점도 알아냈다. "공급업체들이 납품 재료에 대해 위생 검사를 하는지 아닌지를 아는 것은 고사하고" 말이다. 해결책은? 콘아그라는 60센트짜리 파이 상자에 "식품 온도계로 파이의 여러 부분을 재보았을 때 파이 내부온도가 74도 이상 되어야 합니다"라는 경고 문구를 써넣었다. 하지만 〈뉴욕타임스〉 기자들이 실험 부엌에서 쓰여 있는 조리법대로 해봤는데, 어느 부분은 타는데도 어느 부분은 60도밖에 되지 않았다.[29] 자, 파이 좀 드시겠어요?

인간에게 식품은 무엇보다도 중요한 것이다. 현재 우리의 식품 공급망은 망하게 두기에는 너무 크다. 그런데 망해가고 있다.

소신 있는 유기농 식품업체

이 점에서, 버몬트 주 하드윅에서 하루를 보내보는 것은 퍽 유익한 일이다. 보통 버몬트 주라고 하면 미국 사람들은 깔끔한 잔디에 하얀 교회를 떠올리지만 하드윅은 좀 다르다. 한창 때는 "세계의 건축 화강암 센터"로, 3류 영화관과 많은 술집을 자랑하던 곳이었다. 그리고 그때가 호시절이었다. 2005년에 대화재가 발생해서 시내 한복판의 역사적인 구역이 엉망이 되었기 때문이다.

마찬가지로, 보통 퇴비화라고 하면 건강해 보이는 정원사가 야채수프

찌꺼기에서 나온 비옥한 퇴비를 내년에 먹을 당근을 재배할 두둑에 뿌리는 것을 떠올리지만, 톰 길버트는 좀 다르다(건강해 보이는 것은 맞다). 길버트는 웨스트 힐 로드의 먼지 나는 주차장에 서서 갈색 무더기 세 개를 가리키며 자랑스럽게 말했다. "지금 분해되고 있는 세 구의 사체에 둘러싸여 계신 거예요." 그는 "버몬트 주에 가축 사체 퇴비화를 들여온" 하이필즈 연구소를 운영하고 있다. 낙농 농장에서는 매년 5퍼센트의 가축이 숨진다. 그래서 동물 사체를 처리할 좋은 방법을 아는 것은 매우 중요하다. "그냥 밭으로 끌어내놓고 싶지는 않으실 거예요. 많은 양의 혈액과 뼈가 있는데 그냥 낭비되어 버리니까요."

자, 여기 좋은 방법이 있다. 얇게 민 나뭇조각으로 46센티미터 정도의 바닥을 만든 뒤 15센티미터 두께로 톱밥을 깔고 그 위에 옥수수 사일리지를 얇게 깔고서 사체를 놓은 뒤 다시 사일리지로 덮는다. "저 안에 늙은 젖소가 있어요. 두 주 전에 거기 넣었지요." 길버트는 60센티미터짜리 온도계로 안을 찔러보았다. "63도네요. 지금 삽으로 파보면 아주 좋은 깨끗한 뼈를 발견할 수 있을 거예요. 보통은 더 오래 두는데, 그래도 두개골과 골반뼈는 여전히 남죠. 하지만 바스러지기 쉬워서 그 위로 차가 지나가도 바퀴가 펑크 나지 않을 거예요."[30]

길버트는 소만 퇴비화하는 게 아니다. 그는 인근의 학교, 농장, 식당 등에서 상당한 양의 음식 쓰레기를 수거해 퇴비화하는 농촌 프로그램의 개척자이다. 트럭 한 대로 120킬로미터 거리의 코스를 도는데, 한 곳에서 다음 곳까지 25킬로미터나 떨어진 곳도 있어서 경제성을 좀 떨어뜨리긴 한다. 그래도 일단 길버트의 팀이 음식 쓰레기를 쌓아놓고 나면(쌓아놓은 음식 쓰레기를 굴착기로 며칠에 한 번씩 뒤집어준다) 얼마 지나지 않아 비료가 된다. 길버트는 이렇게 설명했다. "한 평에 뿌리는 퇴비가 한 평에 뿌리는 합성 질소비료를 상쇄한다고 치면, 여기서 우리가 하고 있는 소규모 퇴비화 작업으로도 1년에 5만 4,000갤런의 휘발유에 해당하는 만큼을 절약하는 거예요."

만약 버몬트 주가 음식 쓰레기를 모두 재활용한다면 채소밭 약 2만 에이커에 비료를 댈 수 있다. 버몬트 주 시민들이 먹을 채소 대부분을 재배하기에 충분한 정도다. 그리고 버몬트 주는 작은 곳이다. 훨씬 인구가 많은 뉴욕 시의 퇴비화를 상상해보라. 버몬트 주 인구 전체보다 뉴욕 웨스트 사이드에 사는 사람 수가 더 많을 정도로 인구가 밀집되어 있는데, 그러면 음식 쓰레기를 수거하는 일이 더 쉽다. 그렇게 해서 만든 비료는 아마도 뉴저지 주를 다시 한 번 '정원 주'(뉴저지 주의 별칭이 '가든 스테이트(정원 주)'다—옮긴이)로 만들기에 충분할 것이다. 길버트는 "토양은 우리가 가야 할 개척지"라고 말했다.

하지만 뉴욕은 잠시 접어두자. 도시와 교외 지역에 대한 이야기는 곧 다시 하게 될 것이다. 하드윅은 살펴볼 것이 많은 흥미로운 곳이다. 길버트가 만든 퇴비 중 일부는 트럭에 실려서 1.5킬로미터 정도 아래쪽에 있는 '하이 모우잉 시즈(High Mowing Seeds)'가 종자를 키우는 밭으로 간다. 하이 모우잉은 미국에서 가장 큰 유기농종자 회사 중 한 곳이다. 다시 말해, 별로 규모가 크지 않다. 수입이 1년에 100만 달러나 200만 달러 정도다. 하지만 분명히 아름답다. 에너지가 넘치는 소유주인 톰 스턴스는 이렇게 말했다.

"흔히들 브로콜리나 콜리플라워는 유기농으로 재배하기가 어렵다고 합니다. 우리는 유기농으로 잘 키울 수 있는 종자들을 발견하려고 노력해요. 이것들처럼요." 그는 거의 비치볼만 한 크기의 콜리플라워를 가리켰다. "유기농 작물은 잡초와 싸워 이기려면 정말로 건강해야 합니다. 뿌리수염도 더 많이 있어야 해요. 비옥한 성분이 정맥주사 맞듯이 한 번에 주입되는 게 아니라 분산되어 들어가기 때문입니다. 래디시를 좋아하시면, 이것들은 완벽한 래디시예요. 저는 래디시를 별로 좋아하지 않아요. 이것은 골든 프릴 루콜라예요. 2010년에 우리가 추가한 새로운 품종이죠. 또 이것은 아시아 채소인데, 훈 시 타이라고 해요. 드셔보세요, 드셔보세요. 저 위쪽에 밭이 두 개 있어요. 작물 간 교차가 일어나지 않게 하기 위해 서로 1.5킬로미터를 떨어뜨려 놓았죠. 한 쪽에는 주키니가, 다른 쪽에는 호박이 있어요. 떨어뜨려 놓지 않으면 '호키니'나 '주박'이 나올 테니까요."

하이 모우잉의 씨앗 창고는 언덕 아래에 있다. 금속 선반에는 나중에 자라서 수백만 끼니의 식탁에 오를 씨앗들이 가득하다. 퀴노아, 스펠트 밀, 그리고 큰 봉지에 톰 섬 팝콘도 한 봉지 있다. 평평한 잎의 이탈리아 파슬리도 있다. 평평한 잎만 있는 것이 아니다. 더블 컬, 트리플 컬도 있다. 젊은 여성 두 명이 도마 위로 몸을 구부리고서 붉은 양파를 살펴본다. "가장 좋아하는 양파가 새로 생겼어요. 로사 디 밀라노예요. 정말, 단연 뛰어나요. 레드 배론보다도 더 좋아요. 모양은 양파 어깨 부분이 불룩하게 생겼어요."

스턴스는 자신의 사업에 대해 열심히 이야기했다. 빠른 성장, 미국 전역의 소규모 생산자 연합, 놀라운 발아율 등등. 하지만 나는 단순히 이 풍성함만으로도 어질어질할 지경이었다.

"저기 있는 봉지는 오이 씨 13킬로그램이에요. 약 60에어커 정도 뿌릴 수 있어요." 시간마다 주문이 속속 들어온다. "전에는 다섯 봉지나 열 봉지 사셨던 분들이 갑자기 20봉지나 30봉지씩 사가기 시작했어요. 사람들은 텃밭도 갑자기 늘리기 시작했죠. 많은 사람들이 몇 가지 채소는 직접 기르려하고 있어요. 나는 고유가가 좋아요."

이곳 씨앗 중 상당량이 길 아래쪽으로 몇 킬로미터 더 내려간 크래프츠베리로 간다. 여기에서 피트 존슨은 뉴잉글랜드 북부의 기후에서 농사를 연중 지을 수 있는 방법을 개척해왔다. 존슨은 미들베리 칼리지에서 졸업 프로젝트로 태양열 온실을 만들었고, 그 다음에는 규모를 키우는 것을 연구했다. 지금은 밭마다 시기에 따라 온실을 씌우고 걷고 해가며 1년 중 11개월에 추가적인 난방 없이 녹색채소를 키운다. 이를 통해 존슨은 공동체 지원 농경을 연중 운영할 수 있게 됐다.

당신의 가족이 봄철 배송을 신청한다고 해보자. 748달러를 내면 2월부터 6월까지 매주 채소를 배달 받는다. 이 지역에서 채소 수확이 힘든 시기인 4월 중순에도 어린잎 채소믹스 220그램, 파슬리 한 단, 봄 양파 한 단, 당근 1.3킬로그램, 약간의 햇 래디시, 비트 1킬로그램, 알감자 1.3킬로그램, 오이스터 버섯 220그램, 로컬 빵 한 줄, 로컬 사과주 반 갤런, 로컬 페타치즈 220그램을 받을 수 있을 것이다. 육류 배송을 추가하면 닭고기 2.2킬로그램, 풀로 키워 만든 햄버거, 지역에서 양식한 송어 두 마리, 질소를 쓰지 않은 베이컨 500그램 등을 받을 수 있다. 존슨의 계산에 따르면 같은 것을 슈퍼마켓에서 살 때보다 20퍼센트 저렴하다. 어라? 우리는 로컬 식품이 더 비싸다고 생각해왔는데? 그는 이렇게 설명했다. "무엇에 비교해서 더 비싸다는 건가요? 슈퍼마켓에서 살 수 있는 가장 심한 정크푸드 말인가요? 사람들이 이 세상에서 가장 중요한 것에 대해 구매할 여력이 안 된다고 생각하다니 너무 안타까운 일이에요."[31]

하이 모우잉의 씨앗은 또 다른 방향으로 몇 킬로미터 떨어진 버몬트 소이(Vermont Soy) 본사로도 간다. 여기서 4~5명의 버몬트 농민들에게 씨앗을 분배하면 이 농민들이 콩을 재배해고, 그것으로 버몬트 소이의 작은 공장에서 두부와 두유를 만든다(공장 면적의 절반만 두부를 만드는 데 사용된다. 나머지 절반에서는 유장을 가지고 가구에 칠하는 니스를 만든다).

소유주인 앤드류 마이어는 근처의 낙농 농장에서 자랐다. 유제품 산업이 거대한 낙농업체가 지배하는 상품 비즈니스가 되면서 지난 수십 년간 사라져온 종류의 농장 말이다. 그래서 마이어는 지역적인 식품 경제의 필요성을 더 절실히 이해한다. "나는 버몬트 주가 식품을 재배할 수 있는 역량에 아직 손도 대지 않았다고 생각해요. 언젠가는 기차가 다시 와서 일주일에 한 번씩 냉장칸에서 우리 제품을 첼시 마켓까지 실어나를 거예요. 바로 근처에 세계에서 가장 큰 시장 두 개가 있잖아요. 보스턴과 뉴욕이요."[32]

농업은 낮은 단계의 경제가 아니다

퇴비. 씨앗. 온실. 뉴욕으로 가는 냉장 기차칸. 이제 키프 쿨러스가 필요하지 않을지도 모른다.

하지만 우리만 산업적 농경을 벗어나자고 말하기 전에 버몬트 주, 뉴욕 등 서구 사회가 아닌 다른 곳도 고려해보아야 한다. 우리에게는 지구 전체를 위해 잘 작동하는 해답이 필요하다. 그리고 지구에서 살아가는 사람들 대다수는 어떤 기준으로 보더라도 너무나 가난하다. 그들을 덜 가난하게 만드는 방법으로 흔히 이야기되는 표준 계획은 이런 식이다. 농촌을 벗어난다. 농민 대신 키프 쿨러스를 양성한다. 키프 쿨러스처럼 되지 않은 다른 사람들은 모두 돈이 되는 다른 무언가를 하게 한다.

가장 유명한, 그리고 아마도 가장 마음 따뜻한 개발경제학자 제프리 삭스의 말을 들어보자. 그는 "경제발전의 사다리"에 대해 이렇게 설명했다.

"발전의 과정은 자급자족 농업에서 경공업과 도시화로, 그 다음에 하이테크 서비스 산업으로 옮겨간다." 처음에는 "일반적으로 자신의 집을 직접 짓고 요리를 직접 하고 동물들을 직접 보살피고 옷을 직접 만들 줄 아는 농민들"로 시작한다. 그들은 건축가이자 수의사이자 농학자이자 의류 제조자이다. "이 모든 일들을 다 해내는 자급형 농민들의 능력은 매우 인상적이다." 하지만 그들은 "아주 비효율적이기도" 하다. "애덤 스미스가 언급했듯이 각자 한 가지 기술만을 배워서 특화하면 모든 사람들의 후생이 일반적으로 향상된다."[33]

이러한 효율성의 과실을 따기 위해서는 밀집된 상황이 필요하다. 삭스에 따르면 현대의 경제성장은 "무엇보다도 도시화와 함께 발생한다." 산출을 늘리기 위해 농민 각자가 더 많은 석유와 화학물질을 사용하면서 "그 경제가 필요로 하는 농민 수는 점점 적어진다." 그래서 농민들은 농촌을 떠나 도시로 간다. "높은 임금을 추구하면서 사람들이 도시로 몰려들고, 그 높은 임금은 인구밀도가 높은 도시 지역의 높은 생산성을 반영한다." 그리고 정말 그렇게 되어가고 있다. 최근에 중국을 방문하여 사람들이 농촌을 떠나 도시로 밀려드는 것을 본 사람이라면 이게 무슨 의미인지 알 것이다. 그리고 삭스에 따르면 이런 일이 일어나면서 카스트와 같은 "고정된 사회 질서들"은 잠식된다. "현대경제가 성장하면서 발생하는 갑작스런 기술 변화의 충격에 버틸 수" 없기 때문이다. 한 지붕 안에 더 적은 세대가 살고 결혼 연령은 늦어진다. "성적인 자유가 증가하고 성은 점점 더 출산과는 관련이 없어진다."[34] 다른 말로 '근대화'가 이뤄진다. 가족, 공동체, 그리고 기본적으로는 토양에서 해방되는 것이다.

2000년대 초에 인류는 놀라운 경계 하나를 넘었다. 농촌보다 도시에 사는 사람이 더 많아진 것이다. 그런데 도시로의 이주가 계속될까? 현 경기 불황의 초기에, 중국에서 많게는 3,000만 명의 사람들이 공장이 문을 닫아서 농촌으로 **다시 돌아갔다**. 나는 이러한 '역이주'가 계속될 거라고 생각한다. 가장 큰 이유는 안정적인 기후와 값싼 석유가 없으면 키프 쿨러스를 계속 따라할 수는 없을 것이기 때문이다. 선진국에서도 그렇지만 가난한 지역에서는 틀림없이 더욱 그럴 것이다.

우리는 농업을 추상적인 말로 생각하는 것을 그만두어야 한다. 농업을 "경제발전 사다리의 낮은 단계"라는 식으로 생각하지 말아야 한다. 그리고 농업이 무엇을 필요로 하는지를 다시 기억해야 한다. 농업은 양분을 머금은 토양에 뿌리 내린 작물을 키우기 위해 물과 햇빛을 필요로 한다. 물과 햇빛과 토양 속 양분이 달라지면 농업의 전망도 달라진다. 물과 햇빛에 대해서는 앞서 이야기했으니 여기서는 토양에 대해 살펴보자.

처녀지에는(가령 수천 년 동안 풀만 자라던 땅에 처음으로 누군가 그 땅을 갈아서 농사를 짓기 시작했다고 해보자) 영양분이 가득하다. 여기에 당근 씨앗을 심으면 당근이 쑥쑥 자란다. 그 당근을 먹으면 곧 그 영양분들을 섭취하는 것이다. 바로 이게 '먹거리'의 의미이다. 하지만 영양분들이 토양에서 빠져나왔기 때문에 다시 채워주어야 한다. 아주 오랜 기간 동안 중국 등에서는 사람들이 자신의 배설물로 토양을 비옥하게 만들었다. '밤흙'이라고 부르는 인분을 이용한 것이다. 그래서 중국 사람들은 동일한 땅에서 식품을 천 년이나 재배할 수 있었다. 물론 이런 시스템을 유지하려면 사람들이 논밭 근처에 살아야 한다. 그래야 날마다 배설물을 나를 수 있을 테니 말이다. "경제발전의 사다리"를 오르면서 사람들이 샤오싱의 티셔츠 공장으로 옮겨 가게 되면 인분을 농사에 이용하는 것이 불가능해진다. 점점 더 척박해지는 땅에는 인분 대신 인공비료를 사용해야 한다. 이제 토양은 그 위에 석유를 뿌려대는 동안 그저 식물들이 서 있도록 지탱해주는 받침 역할만 하게 된다.

농업이 더 "효율화" "현대화" "기계화"되어 수백만 명의 사람들이 농촌을 떠나 도시로 가게 된 지난 10, 20년 사이, 중국의 토양이 어떻게 되었는지 한번 짚어보자. 중국 북동부 지역 토양의 유기물질 비중은 20세기 초 9퍼센트에서 1970년대에는 5퍼센트로, 1980년대에는 2퍼센트로 떨어졌다.[35] 합성비료라는 형태의 화석연료만이 그 땅에서 농업을 유지시켜준다. 북미 대평원이든, 펀자브 지방이든 지구상의 어느 곡창 지대도 다 마찬가지다. 그런데 바로 그 인공화학비료 때문에 인구가 더 증가한다. 몇몇 추정치에 따르면 "지구상의 인구 중 3분의 1, 혹은 적어도 4분의 1은" 천연가스를 암모니아로, 그 다음에 다시 질소비료로 만드는 과정 덕분에 생존해 있다고 볼 수 있다.[36]

이 문제는 출구가 없는 덫같이 보인다. 옛날 형태의 농업으로 돌아가면 인구의 3분의 1이나 4분의 1이 굶게 된다는 말 아닌가. 더 많이 굶을 수 있다고 보는 사람들도 있다. 하이테크 농경의 복음을 전파하는 데니스 애버리는 현재의 농업 모델을 버릴 경우 미래에 "인류의 **절반**이 굶주리게 되거나" 아니면 분뇨로 쓸 소를 키울 사료를 재배하기 위해 숲을 베어버림으로써 "남아 있는 야생생물을 모두 없애게 될 것"이라고 주장했다.[37] 거대 농업만이 세상을 굶주림에서 구할 수 있다는 생각은 우리 모두에게 깊이 박혀 있다. 이는 우리가 어떻게 해서 알게 되었는지도 모르면서 '알고 있는 것' 중 하나이다. 사실은, 그냥 그렇다고 '생각하고 있는 것'이다.

더 큰 효율을 발휘하는 소규모 농업

그래서 똑똑한 사람들이 '소규모' 농경의 이점을 다시 진지하게 생각하기 시작했다는 이야기를 들으면 우리는 어리둥절해진다(나는 이게 분명히 좋은 소식이라고 주장한다). 그것도 새로운 지구에서 발생하는 문제들을 헤쳐 나가는 법을 우리에게 알려줘야 할 시기에 말이다. 지난 10년간 학자와 연구자들은 농민들이 아주 오랫동안 잘 알고 있었던 것을 알아내기 시작했다. 상대적으로 작은 규모의 농장에서 화학물질과 화학비료를 거의 혹은 전혀 쓰지 않으면서 상당한 양의 식품을 생산하는 것이 가능하다는 사실 말이다.

이 진지한 사람들 중 일부는 역사학자이다. 전쟁 시기 영국에 대한 글에서 줄리엣 가디너는, 미국이 디트로이트를 폭격기 제조지역으로 만든 것만큼이나 놀라운 현상 하나를 소개했다. 전쟁 중에 영국이 식품 생산을 91 퍼센트나 증가시킬 수 있었다는 것이다. 작은 텃밭(영국에서는 '얼랏먼트(allotment)'라고 부른다)들이 여기저기서 생겨났다. 대영박물관에서 동전과 메달을 관리하던 사람의 아내는 박물관 입구에 콩, 양파, 상추를 줄줄이 심었다. 전국에서 거의 7,000개의 돼지 클럽이 생겨나기도 했다. 유명한 고급 클럽 거리 팔몰 가에 있는 레이디스 칼튼 클럽의 "(물을 뺀) 수영장" 같은 곳에서도 돼지를 키웠다.[38]

하지만 이 진지한 사람들의 대부분은 농학자들이다. 이들은 큰 것이 더 좋다는 뿌리박인 가정들에 대해 면밀히 따져보기 시작했다. 예를 들어 산출의 문제를 보자. 단일 경작의 화신인 키프 쿨러스는 막대한 양의 대두나 옥수수를 생산할 수 있을 것이고, 평균적인 산업형 농민도 대부분의 소농보다 1에이커당 더 많은 대두나 옥수수를 생산할 수 있을 것이다. 하지만 단일 경작을 하지 않고 서로 다른 두 가지 작물을 동시에 재배한다면 어떻겠는가?

베이징의 작은 옥수수밭 사이를 걸어서 지나가면서 어리둥절했던 때가 기억난다. 옥수수들이 줄지은 사이로 깍지콩이 숨어 있었던 것이다. 전문용어로는 사이짓기라고 하는데, 농업의 역사만큼이나 오래된 방법이다. 하지만 우리는 이 방법을 잊어버렸다. 거대한 트랙터로는 단일 경작밖에 할 수 없기 때문이다. 키프 쿨러스의 콤바인은 옥수수를 재배하려고 돌아다니는 동안 사이에 있는 깍지콩을 으깨어버릴 것이다. 인도 농학자 반다나 시바의 말을 들어보자.

"멕시코 치아파스 주의 마야 농민들은 에이커당 옥수수를 2톤밖에 재배하지 못한다는 이유로 비효율적이라고들 여겨진다. 하지만 전체식품 산출은 에이커당 20톤이다. 히말라야 고지대의 계단식 밭에서 여성 농민들은 잔고라(피), 마르샤(아마란스), 투르(비둘기콩), 우라드(검은 녹두), 가하트(호스 그램), 대두, 마트(글리신 대두), 라얀스(예팥), 스완타(동부콩), 코도(손가락조) 등을 섞어 짓거나 돌려 짓는다. 흉작일 때도 산업 농경에서 쌀을 단일 경작하는 것보다 총 생산량이 많다."[39]

소규모 농민들은 장소만 더 잘 사용하는 것이 아니다. 어떻게 하면 한 해에 더 많은 작물을 심을 수 있을지 알아나가면서, 시간도 더 잘 사용한다. 소규모 농민들은 기업형 농민보다 자신의 밭에서 시간을 더 많이 보내기 때문에 밭을 속속들이 잘 안다. 7개 카운티가 아니라 7에이커에서 생산을 하니까 모든 고랑과 능성이를 최대로 활용하는 계획을 세울 수 있다. 그리고 보통은 그 땅을 자신이 소유하고 있기 때문에 자영 소농민들은 고용된 농업 노동자보다 더 열심히, 더 창조적으로 일한다. 사적 소유와 이기적 동기라니, 소규모 농업을 지지하는 것은 급진적인 함의를 가지지만 매우 보수적인 경제학 개념과도 상통하는 면이 있다. 세계은행의 경제학자들도 "땅을 소농민들에게 재분배하는 것이 전반적으로 더 큰 생산성을 낳을 수 있다는 점을 이제 받아들이고 있다."

또 지난 몇십 년간의 데이터를 재조사한 경제학자들은 아프리카, 아시아, 라틴아메리카에서 소농이 더 생산적이었다는 사실을 발견했다.[40] 이는 특히나 놀라운 일이다. 개도국에서는 가장 좋은 땅이 보통 수출용 작물을 기업형으로 재배하는 데에 쓰이기 때문에 자영 소농들은 "종종 척박한 곳이나 경사가 가파른 곳에서 자신이 먹을 것을 생산하는 정도"라는 점을 생각하면 말이다.[41] 기계화된 거대 농장의 중심지인 북미에서도 마찬가지다. 미 농무부의 최근 센서스에 따르면, 규모가 상대적으로 작은 농장이 단위 면적당 더 많은 식품을 생산했다. 무게, 칼로리, 매출액, 무엇을 기준으로 측정하든 마찬가지였다.[42]

게다가 소규모 농민들은 시간이 지남에 따라 생산성이 더욱 높아질 수 있다. 새로운 정보, 새로운 과학, 새로운 기술의 이점을 활용할 수 있기 때문이다. 우리는 흔히 '농업 과학'이라고 하면 몬산토를 떠올리고, '신기술'이라고 하면 GPS가 장착된 18만 5,000달러짜리 트랙터를 생각하지만, 과학이나 기술과는 가장 동떨어졌을 법한 곳에서 몬산토나 GPS 트랙터보다 훨씬 더 흥미로운 일들이 벌어지고 있다. 농약이나 비료 같은 값비싼 투입물은 사용하지 않고, 그 대신 농사 지식과 농사 운영의 짜임새를 높여서 신식과 구식의 이점을 섞은 혼합형 농업을 일구는 것이다. 영국 서섹스 대학 농업경제학자인 줄스 프리티는 전 세계에서 1,200만 농민이 참여하는 대안농업 프로젝트 286개에 대한 연구를 이끌면서, 이런 농업을 누구보다도 많이 보았다.

인도네시아에서는 100만 명의 농민이 이웃에게 배우는 비공식 '농민학교'에서 천적으로 해충을 통제하는 법을 배웠다. 프리티는 이렇게 설명했다. "(농약을 쓰지 않았는데도) 쌀 산출은 거의 전과 동일합니다. 그리고 물론 농약 비용이 많이 절약되지요. 하지만 가장 큰 소득은, 농약을 사용하지 않으니까 논에서 물고기를 기를 수 있다는 겁니다. 물고기는 양분을 순환시키는 데도 도움이 되고 해충도 많이 잡아먹거든요. 게다가 먹거나 판매할 수 있는 물고기를 헥타르당 700킬로그램이나 얻을 수 있어요. 많은 양의 단백질이지요."

동아프리카의 옥수수 농민들은 최근에 '삼림 농업'을 도입했다. 질소를 토양에 고정하고 잎을 많이 떨어뜨리는(낙엽 쌓인 땅을 잘 갈아주면 땅이 비옥해진다) 종류의 나무와 관목을 심으면 토질을 향상시킬 수 있는 것이다. "이런 시스템에서는 옥수수를 매년 키울 수는 없어요. 휴한으로 두어야 하는 때가 있거든요. 하지만 산출이 많기 때문에 그렇게 할 만하지요." 프리티가 설명했다. "그리고 그렇게 심은 나무와 관목 자체가 숲이 되어주니까 장작을 구하러 전처럼 많이 걸어 다닐 필요가 없어요. 아프리카 농촌에서는 자녀들 학비를 대기 위해 나무를 키우는 농민들이 많아요." 그리고 아이들이 교육을 받으면 지식의 순환이 확장될 수 있다.

이런 농법은 통념을 뒤집는다. 프리티는 이렇게 말했다. "토양학 교재를 보면 토양이 형성되는 데는 지질학적 시간이 걸린다고 나옵니다. 하지만 저는 온두라스에서 농민들이 10년에 1미터의 토양을 만들어내는 것을 보았어요. 사막 같던 곳이 생기 넘치는 비옥한 땅으로 바뀌었죠." 토양을 만드는 데에 큰 역할을 하는 것은 새로운 작물인 벨벳 빈이다. 농민들은 이것을 옥수수 열 사이에서 재배하는 법을 알게 되었다. "많은 양의 질소를 고정하기 때문에 벨벳 빈은 소위 말하는 '녹색 분뇨'가 됩니다. 벨벳 빈 식물을 땅에 두면 아래로 썩어 들어가 예전 토양의 위에 효과적으로 새 토양을 만듭니다. 많은 밭에서 산출이 서너 배씩 늘어요. 농민들은 혼작을 관리하는 방법만 알면 되지요." 단일 경작의 효율성에 익숙해진 거대 기업형 농장으로서는 따라 하기 힘든 교훈이다. 하지만 그 땅에 항상 있었던 가족 농민들에게는 상대적으로 쉬운 일이다.[43]

이런 농업은 새로운 지식을 옛 지혜와 혼합할 때 더욱 효과를 발하곤 한다. 동아프리카의 옥수수 밭에서 영국의 과학자들은 케냐의 과학자들과 함께 새로운 자연화합물을 발견했다. 소위 '생물상호작용 화합물'이라고 하는데 식물이 그 화합물을 내어서 벌레를 유인하거나 쫓아내는 것이다. 이들은 옥수수 해충인 조명충나방(기온이 오름에 따라 증가할 것으로 예상되는 해충 중 하나)을 없애기 위해 적절한 식물을 조합해 심는 시스템을 만들었다. 밭 가장자리에는 조명충나방의 천적을 유인하는 풀을 심는다. 그 옆에는 조명충나방을 쫓아내는 풀을 심는다(물론 이 풀을 가축사료로도 쓴다).

전통 지식만으로는 이런 풀이 내놓는 화합물의 작용을 알아낼 수 없었을 것이다(그 화합물이 무색무취이기 때문이다). 하지만 지난 40년간 당국이 조언한 현대농업(현대적 품종을 대규모로 단일 경작하고 농약과 화학비료를 대량으로 사용하는 것)은 이 문제를 더 악화시켰을 뿐이었다. 이제 케냐 농민 4,000명은 소위 '푸쉬-풀(push-pull) 시스템'(스와힐리어로는 '부투 수쿠무'라고 한다)을 사용해 농사를 짓고 있다. 생각하기에 따라, 이들이야말로 키프쿨러스보다 훨씬 더 현대적이다.

이런 독창성의 작동을 알면 그것의 힘도 알게 된다. 나는 방글라데시의 어떤 나무 아래에 기대 앉아본 적이 있다. 그곳에는 1에이커 면적에 수백 종의 과일과 채소가 자라고 있었다. 구아바, 레몬, 석류, 코코넛, 베텔 너트, 망고, 잭프룻, 사과, 여주, 밤, 대추, 무화과, 대나무, 호박, 오크라, 가지, 주키니, 블랙베리, 월계수잎, 카다몸, 계피, 사탕수수 등이 있었고, 수십 종의 허브, 그보다 더 많은 꽃, 그리고 한 떼의 오리가 있었다. 닭장은 달걀과 고기만 생산하는 게 아니라 양식 연못에 먹이가 되어줄 폐기물도 생산했다. 연못은 다시 연간 수천 킬로그램의 단백질을 내어주었다. 연못에서 자라는 싱싱한 워터히아신스는 몇 마리의 소에게 여물이 되어주었다. 그리고 쇠똥은 바이오가스를 만들어서 조리용 연료로 사용되었다.

나를 안내해준 사람은 이렇게 요약했다. "식품은 모든 곳에 있어요. 그리고 12시간 안에 두 배가 되지요." 더 중요한 점은, 이런 농업이 거대한 은행 하나가 아니라 작은 은행 수백 개를 갖는 것과 비슷하다는 점이다. 호박을 키우기에 너무 건조한 해에는 코코넛이 대신 자랄 것이다. 달걀을 한 바구니에 담는 것이 아니다. 바구니에 달걀만 몽땅 담는 것이 아니라, 달걀(egg)도 담고 가지(eggplant)도 담는다.

세상이 식단을 바꾼다면 가능하다

우리로서는 이런 농업의 가능성을 이해하기가 어렵다. "인구가 증가하는 세상에서 충분한 식품을 생산하는 것"은 곧 "커다란 트랙터들"을 의미한다고 배워왔기 때문이다. 이를테면 2008년 가을, 영국의 전 과학자문 데이비드 킹은, 서구의 비정부기구들에 "비과학적인 태도"가 퍼져서 아프리카의 새로운 "녹색혁명"의 발목을 잡고 있다고 비난했다. 그러면서 아프리카에서 유기농이 확산되면 "재앙적인 결과"를 낳을 것이라고 주장했다. 하지만 한 달 뒤 유엔환경계획은 아프리카 전역에서 "유기농이나 준유기농 농법을 사용하는 곳에서 산출이 두 배 혹은 그 이상을 보였다"고 보고했다. 동아프리카에서는 산출이 128퍼센트나 뛰었다. 수확만 늘어난 것이 아니라 유기농 토양은 물을 더 잘 머금고 가뭄에도 더 잘 견뎠다. 또한 "농민들은 비료와 농약에 쓸 돈이 절약되어 더 좋은 씨앗을 살 수 있게 되었다."

이런 농법 중 어떤 것은 전통 농법이고, 어떤 것은 서구에서 도입한 최신 농법이다. 최신 농법 중 하나로 '이중고랑'이 있다. 케냐 산 서쪽 기슭에서 농사를 짓는 소농 헨리 무라지는 영국 미드랜드 실험 농장에 가서 5개월간 전문가들과 함께 연구를 했다. 아프리카로 돌아온 뒤 그는 300명의 이웃에게 자신이 배워온 방법 중에 한두 가지라도 사용해보라고 권했다. 최근 심각한 가뭄이 닥쳤을 때, 가장 산출이 좋았던 곳은 무라지가 권한 농법들을 사용한 곳들이었다.[44] 처음에는 힘들었다. 이중고랑을 만들어 본 사람이라면 누구나 처음에 어깨가 결려 고생했던 것을 기억한다. 하지만 일단 고랑 만드는 일이 끝나고 나면, 한 농학자의 말을 빌리면 "그 이후 2, 3년은 별로 더 해야 할 일이 없다."

줄스 프리티는 케냐의 26곳 공동체의 유기농 농민에 대한 연구를 바탕으로 "참여 가구의 4분의 3이 그 해에 기아를 겪지 않았으며 채소를 구매하는 비중도 85퍼센트에서 11퍼센트로 줄었다"고 보고했다. 프리티는 여성 농민 조이스 오다리의 사례 또한 소개했다. 오다리는 높은 두둑 12개에서 농사를 짓는데, 너무나 생산성이 높아서 농사일에 마을 젊은이 네 명을 고용했다. 오다리는 이렇게 말했다. "돈이 이제는 나를 찾아오고 있어요."[45]

이런 농업 시스템은 시간이 지나면서 점점 향상된다. 단지 토양이 개선되어서만이 아니라 농민들이 더 이상 화학회사의 조언을 단순 암기하는 데에 의존하지 않고 자신들의 밭에 관심을 갖게 되어서이기도 하다. 말라위는 1990년대에 농장에서 나오는 여러 부산물들을 재활용하는 소규모

물고기 양식 연못을 도입했다. 1990년대에 평균적으로 물고기 800킬로그램을 수확했는데, 5년 뒤에는 1,500킬로그램이 되었다. 산업적 농업을 하는 토양과 달리 자연이 고갈되지 않고 풍성해진다. 그리고 농민들이 서로서로 정보를 전하면서 새로운 아이디어들이 빠르게 퍼진다.

마다가스카르에서는 쌀 농민들이 유럽의 전문가들과 함께 산출 증대 방법을 연구했다. 모종을 몇 주 일찍, 더 널찍이 띄어서 심었고, 논에 물이 넘치지 않게 했다. 그러면 잡초 뽑기를 더 많이 해야 했지만 대신 산출이 4~6배 늘었다. 줄스 프리티는 이렇게 말했다. "이 방식을 사용하는 농민의 숫자를 보면 이것이 얼마나 잘 작동하는지 알 수 있습니다. 2만 명의 농민이 현재 이 방식을 전적으로 도입했고, 그밖에도 10만 명이 시험 삼아 이 방식을 사용 중입니다." 이 소식은 중국, 인도네시아, 필리핀, 캄보디아, 네팔, 아이보리코스트(코트디부아르), 스리랑카, 방글라데시 등지에 빠르게 퍼지고 있다.[46]

심지어 미국의 곡창지대에서도 비슷한 종류의 전환이 이뤄지고 있다. 클라스 마텐스는 업스테이트 뉴욕에서 부모님이 운영하던 농장에서 자랐다. 1970년대 초, 마텐스는 뉴욕 주에서 큰 농업학교가 있는 코넬에 공부를 하러 갔고, 현대적 농업을 구성하는 화학물질에 대해 굳은 믿음을 가지고 돌아왔다. "나는 책에 나온 모든 기법을 시도했어요. 처음에는 산출이 놀랄 만큼 늘었죠." 그는 계속해서 면밀히 기록을 했는데, 한두 해 후에 토양이 달라지는 것을 발견했다. "또 전에 보지 못했던 잡초들도 생겼고, 새로운 병충해도 생겼어요. 곧 우리는 두 종류의 제초제가 필요해졌어요. 그 다음에는 세 가지를 섞어 써야 했죠. 하나의 문제에 대해 어떻게 해야 하는지 알아냈다고 생각할 때마다 자연은 그게 작동하지 않게 만들었어요."

그의 아내도 딱히 대지의 어머니는 아니었다. 아내는 콘아그라 포도(뉴욕 주 서부의 핵심 작물)용 살충제 살포 프로그램을 만드는 일을 담당하고 있었다. 하지만 둘 다 건강에 문제가 생겼다. 특히 농약을 치는 시기에 그랬다. 아이들도 걱정되었다. 그래서 당시로서는 아직 초기 단계이던 유기농으로 전환하기로 했다. "내가 신뢰했던 전문가들은, 텃밭 같은 소규모로는 유기농이 가능하겠지만 영업용 규모의 농장에서는 안 될 거라고 했어요. 모든 곳에서 해충이 몰려올 거라고 말이에요."[47]

하지만 모든 곳에서 몰려온 것은 해충이 아니라 농민들이었다. 마텐스의 1400에이커 규모의 농장이 농약을 사용하지 않고도 몇 년째 번성하는 것을 보고서 농민들(대부분은 사료용 곡물을 재배하는 사람들)이 그 방법을 배우러 몰려온 것이다. 하지만 메리 하우웰 마텐스는 무엇을 "사용하지 않는지"가 아니라 무엇을 "사용하는지"가 자신의 농업을 설명해주는 요인이라고 말했다. "우리는 이것이 다른 어떤 종류의 농업과 비교해봐도 결코 뒤지지 않을 만큼 정확성을 기해야 하는 농업이라고 생각해요. 화학비료 대신 관리, 관찰, 계획, 교육을 투입하는 것뿐이죠."

코넬의 농학자와 함께 일하면서, 그들은 콩을 심기 전에 그 땅에 메밀을 심으면 콩의 뿌리가 썩는 문제를 피할 수 있다는 점을 알아냈다. 또한 다른 사람들은 옥수수 들명나방 문제를 해결하기 위해 유전자 조작 BT옥수수를 많이 심었지만, 마텐스는 BT옥수수가 필요하지 않았다. "돌려심기를 하면 해충 문제가 없을 거라는 사실을 알아냈기" 때문이다.

자신의 농장과 제분소(유기농 곡물 생산이 늘어서 규모를 늘려 다시 지었다)를 통해, 마텐스는 수십 명의 농민들과 함께 저투입 방식으로 농업을 전환해가고 있다. "처음 한두 해는 산출이 급락하는 일이 생겨요. 아직 돌려짓기가 자리를 잡지 않았고 잡초 통제를 위한 정확한 장비나 정확한 타이밍을 모르기 때문이에요. 하지만 한두 해만 지나면 산출이 다시 증가하고 사람들은 더 이상 염려하지 않게 되지요." 최근에 가뭄이 들었던 어느 해에도 그들은 높은 산출을 냈다. 유기물질로 비옥해진 토양이 물을 더 잘 머금었기 때문이다. "올해(2008) 같은 습한 해에는 좀 힘들어요. 비가 오면 잡초들이 정말 강해지거든요. 그래도 올해 역시 놀라운 양의 대두와 옥수수를 수확했어요."

그래서 나는 메리 하우웰 마텐스의 말을 귀담아 듣고 싶다. "유기농으로 세상을 먹일 수 있느냐고요? 세상이 식단을 바꾼다면 가능해요. 더 다양한 작물을 돌려가며 지어야 하고, 더 다양한 식단으로 먹어야 해요. 고과당 옥수수 시럽에 기반한 음식만 먹는 것이 아니고 말이에요."

남편 클라스 마텐스가 덧붙였다. "우리에게는 모자이크가 절대적으로 필요해요. 다양성이 모든 것의 열쇠예요. 한 줌의 흙까지요. 이 흙에는 땅 위에서 자라는 생물종보다 더 다양한 생물, 미생물이 있어요. 그런데 현대의 농업은 그것들을 즉각 죽여버리지요."

마텐스는 이런 개념을 계속 전파하고 있다. 실제로 지난 1, 2년간 미국의 많은 지역에서 농장 수가 증가했고, 대체로는 마텐스 식의 대안농업을 시도하는 농장들이 늘었다. 지난 150년간 농민 수가 계속 줄었던 뉴잉글랜드에서도 2002년에서 2007년 사이 농민 수가 2만 8,000명에서 3만 3,000명으로 늘었고, 평균적인 농장 규모는 142에이커에서 122에이커로 줄었다.[48] 미국 전체적으로는, 2000년대의 첫 10년간 30만 명의 농민이 새로 생겼다.[49]

나는 2008년 가을에 마텐스 부부를 다시 만났다. 그들은 알바니에서 열린 컨퍼런스에서 강연을 하고 오는 참이었는데, 이 컨퍼런스는 1~25에이커 정도 규모로 농사를 짓기 시작한 새 소농들을 위한 것이었다. 이들이 농사짓는 소규모 땅은 대부분 전에는 기업형 농장이었다가 실패한 곳이었다. 클라스는 이렇게 말했다. "거기에 50명의 농민이 있었어요. 대부분은 도시에서 자란 사람들이었어요. 농민들이 '되돌아오기' 시작하고 있어요."

농경의 전환을 이루기 위하여

하지만 우리의 농경이 정말로 전환되려면, 그것도 지구우의 새 여건에 대처할 수 있도록 빠르게 전환되려면 우리는 엄청난 변화를 일궈야 할 것이다. 무엇보다 이 책에서 소개한 모든 혁신적인 농경에는 공통점이 하나 있는데, 바로 기존의 기업형 농업보다 사람이 많이 필요하다는 점이다. 키프 쿨러스 한 명이 거대한 기계 한 대를 움직이는 게 아니라, 수많은 사람들이 땅에 직접 접해야 한다. 100년 동안 미국은 사람을 석유로 대체해왔다. 그래서 미국에 죄수보다 농민이 더 적다. 하지만 이제 방향을 바꿔야 한다. 영국의 어느 연구에 따르면, 유기농에는 250에이커당 4.3명의 노동자가 필요한데, 이는 기존 농업보다 두 배 많은 사람이 필요한 것이다.[50]

유기농 농장에서 일하는 농민들은 전 같으면 살충제로 그냥 죽여버렸을 벌레를 손으로 잡아내고, 퇴비를 사용한다. 버몬트 주의 큰 도시 벌링턴에 있는 인터베일 농장들에서는 겨우 120에이커의 땅에서 도시 주민이 먹을 농산물 중 8퍼센트를 생산한다. 농사철이 한창일 때는 그 공간에서 일하는 사람이 50명이나 된다. 대조적으로, 바이오연료용 대두를 재배하는 브라질의 플랜테이션에서는 한때 11명의 자급자족농이 밭을 갈던 땅에서 이제 단 한 명이 일한다. 그래서 우리에게 익숙한 현재의 방식대로 경제적 비용과 효율을 따질 때, 이런 플랜테이션들이 확장되고 농민들은 리우데

자네이루나 상파울루에 가서 도시빈민이 되는 것이다.[51]

더 많은 사람들을 땅에 가까워지게 만들려면 그에 익숙해지려는 노력이 필요하다. 그리고 이는 가능한 일이다. 미국에서는, 지역 토지 신탁이 전에는 훼손되지 않은 경관을 보호하는 것에 초점을 두었다면, 이제는 땅을 소규모 농장으로 만드는 쪽에 점점 더 관심을 기울이고 있다. 브라질에서는, 도시빈민 생활을 버리고 농촌으로 와서 산업적 플랜테이션 땅을 무단으로 점유하고 있던 무토지 농민들이 조금씩 환영 받기 시작한다. 한 연구자에 따르면, 이들은 "지역 마을의 시장에서 자신이 키운 작물을 팔고, 필요한 것들을 지역 상인에게서 산다." 이렇게 무토지 농민들이 "토지를 점유"한 마을들은 다른 마을들보다 경제가 더 잘 돌아간다. 심지어 몇몇 시장들은 무토지 소유자 운동이 자기네 시에 들어오도록 요청하기도 한다.[52]

농경의 전환을 이루기 위해 일궈야 할 가장 큰 변화는 정치적인 변화다. 미국에는 수십만 마리 규모로 돼지를 키우는 '농장'들이 있다. 이런 농장 각각은 거대 도시보다도 많은 하수를 배출한다. 여기 사는 가축은 비참하게 지내고, 오염은 심각하다. 그리고 아주 심하게 지속불가능하다. 몇몇 추정치에 따르면, 많게는 온실가스의 절반이 축산업과 관련돼 있다. 기업형 축산에는 사료 작물이 어마어마하게 많이 필요하기 때문이다. 하지만 기업형 축산은 소수의 거대 기업을 살찌우는 동시에 식품 가격을 믿을 수 없을 정도로 낮췄고, 일련의 연방 농업법의 지원에 힘입어 이러한 시스템이 두 세대 동안 널리 퍼졌다. 우리는 기업들의 이러한 힘에 도전해야 한다. 식품을 재배해주는 이웃들이 충분히 좋은 삶을 누릴 수 있도록 그들에게 기꺼이 충분한 가격을 지불해야 한다.

그 가격이 아마 아주 많이 비싸지는 않을 것이다. 농업 관련 지출의 대부분을 잡아먹는 중간상인들을 없애면 감당 가능한 수준에서 비용을 유지할 수 있다. 몇몇 추정치에 따르면, 슈퍼마켓 식품에 지출되는 1달러당 75센트가 광고, 포장, 장거리 운송, 보관에 들어간다. 반대로, 농민시장에서는 지불하는 가격의 95퍼센트가 그 식품을 재배한 농민에게 간다.[53] 가난한 사람들에게는 이 점이 특히 더 중요하다. 일반적으로 도시 빈민가의 슈퍼마켓은 교외 지역보다 3분의 1 정도 가격을 더 받기 때문이다. 그리고 빈민가 슈퍼마켓의 채소는 오래되고 시들었기 때문에, 도시에서는 농민시장이 몸에 좋으면서 싼 식품을 곧바로 접할 수 있는 통로다. 그런 시장이 가까이에 있으면 과일과 채소 소비가 증가한다.[54] 미국에 들어온 지 얼마 안 된 이민자들이 이런 농민시장의 열정적인 고객인 경우가 많다(아마 이들은 '진짜 식품'의 맛을 잘 알고 있기 때문일 것이다).

또 농민시장에서 구매하면 식품이 신선해서 돈도 절약된다. 터프츠대학의 휴 조지프에 따르면, 지역에서 기른 채소는 "냉장고에서 일주일은 족히 갈 테지만, 장거리 이동한 채소는 이틀밖에 못 갈 것이다. 이미 오래되었기 때문이다."[55] 과일과 채소 네 개 중 한 개는 썩어서 식탁에 못 올라온다는 점을 생각하면, 이는 더욱 설득력이 있다.[56]

농경의 전환을 이루려면 먹는 방식도 좀 바꾸어야 한다. 내가 태어난 1960년에 선진국의 평균적인 시민은 연간 53킬로그램의 고기를 먹었다. 그런데 불과 50년 사이에 이 숫자가 82킬로그램으로 늘었다. 미국인은 91킬로그램의 곡물을 직접 먹고 816킬로그램의 곡물(소나 돼지가 먹은 사료)을 간접적으로 먹는다. 반면 평균적인 중국인은 386킬로그램의 곡물을 직접 먹고 70킬로그램만 간접적으로 소나 돼지를 통해서 먹는다. 그리고 동물 단백질 1킬로그램을 기르는 데에는 식물 단백질 1킬로그램을 기르는 데에 비해 화석연료가 11배나 든다.[57] 그러니 미국인은 채식주의자가 되거나, 아니면 중국 요리를 배우면 좋을 것이다. 중국인들은 고기를 주로 양

넘으로 사용한다. 맛을 첨가하기 위해 약간의 고기를 넣는 것이지, 미국인들이 좋아하는 식으로 고기를 커다란 덩어리째 요리하지 않는다.

농경의 전환을 위한 이 모든 변화들을 충분히 빠르게 확산시키려면 우리의 생각을 변화시켜야 한다. 식품이란 시간을 들여 마련하고 조리할 가치가 있는, 중요한 것이라고 여겨야 한다. 이미 이런 변화가 조금씩 생기는 것이 보인다. 농민시장은 식품 경제에서 가장 빠르게 성장하는 영역으로, 매출이 1년에 10~15퍼센트씩 오른다. 농민시장의 숫자도 지난 10년간 곱절에서 다시 곱절이 됐다. 정부가 약간의 인프라 투자를 해준다면, 그리고 쇠고기를 이웃에게 판매하는 것을 어렵게 만드는 규제를 완화해준다면 농민시장의 확장은 가속화될 것이다. 정부가 기업형 농업에 보조금을 주는 것만 중단해도 균형을 맞추는 데에 충분할 것이다.

현재는 미국 농업 보조금의 61퍼센트가 상위 10퍼센트 규모의 농민에게 가기 때문에 소규모의 지역 생산자들은 불리한 처지일 수밖에 없다. 고과당 옥수수시럽이 아니라 건강한 식품을 공급하는 사람, 비참한 노동 여건에 반대하면서 만족스런 일자리를 제공하는 사람들에게 불리한 것이다. 푸르고 히피적인 버몬트 주에 남아 있는 소수의 낙농 농장들은 너무나 규모가 커서 불법 멕시코 이민자를 고용해야 한다. 그 임금에, 그 조건에서, 그 일을 하려는 사람이 이들 말고는 없기 때문이다. 다른 주에 있는 더 큰 농장들과 경쟁하려면 그 임금과 그 조건을 개선할 수가 없다(그러면서도 이 농장들은 손실을 입는다. 최근의 한 분석에 따르면, 버몬트 주의 낙농 농민은 연간 2.5억 달러 이상을 잃고 있었다).[58] 챔플레인 밸리에만도 적어도 2,000명이나 있지만 이민자들은 눈에 잘 띄지 않는다. 그들은 음지에 산다. 체포될까 봐 임시로 지은 농장 기숙사를 떠나지도 못한다. 이런 여건을 일주일에도 40개씩 입사 지원서가 쏟아지는 하이 모우잉 시즈와 비교해보자. 하이 모우잉은 연봉 4만 달러와 의료보험을 제공하며, 실험 농장에서 나오는 농산품도 가져가게 해준다.

100만 명의 미국인이 (적어도 부분적으로라도) 농사를 다시 짓게 된다 해도 다 농촌에 살아야 하는 것은 아니다. 미국에서 좋은 땅(평평하고 비옥하며 도시에서 가까운 땅)의 상당 부분은 교외의 주택단지로 바뀌었지만, 그런 교외의 집 주변에는 아직도 좋은 땅이 많이 남아 있다. 한 분석에 따르면, 미국 교외에서 이용 가능한 땅을 잘 활용하면 그곳 거주자들이 필요로 하는 농산품의 "50퍼센트를 현실적으로 제공할 수 있을 것"으로 추정된다. 그러면 식품 가격 변동이 클 때 지역에서 그것을 완충해줄 수 있을 것이다. 그리고 좋은 맛, 풍부한 비타민, 다양한 미네랄뿐 아니라 문화적인 중요성까지 가진 식품을 제공하게 될 것이다.[59] 미국 텃밭의 수는 2008년에 10퍼센트 증가했다. 그리고 2009년에는 더 빠르게 증가할 것으로 보인다. 종자 회사인 버피 시즈는 불황기에도 번성한 몇 안 되는 기업 중 하나인데, 2007년에서 2008년 사이 매출이 40퍼센트 증가했다.

이런 새 텃밭 중 상당수는 거대 도시 지역에 있다. LA는 70곳에 가로 세로 3×4미터의 공간을 임대 분양하는데, 사람들이 몰려서 대기자 명단까지 있을 정도다.[60] 그럼 뉴저지 주는? 이 주의 모든 사람이 건강한 채소를 먹을 수 있으려면 추가적으로 11만 5,000에이커가 필요하다. 이는 18제곱미터 텃밭 340만 개에 해당한다.[61] 이런 텃밭은 가로 세로 1.2×1.5미터인 두둑 열 개 정도 크기인데, 이 정도라면 당신의 집 앞마당에도 가능할 것 같지 않은가? 저 그네 미끄럼틀 옆에 말이다.

뉴욕은 어떤가? 한 연구에 따르면, 뉴욕 시는 필요한 농산물의 10~20퍼센트를 자체 생산할 수 있다[62](이에 비해 상하이는 27만 명의 사람들을 도시 농업에서 고용하고 있다).[63] 게다가 뉴욕 주위에는 버려진 농경지들이 있다.

우리가 "업스테이트 뉴욕"이라고 부르는 곳의 상당 부분은 한때 미국의 '곡창지대'라고 불리던 곳이다. 식품가공 산업도 뉴욕에 돌아오고 있다. 〈뉴욕타임스〉가 부룩클린에서 진행한 최근 조사에 따르면, 뉴욕의 지역 기업인들은 치즈부터 피클, 맥주까지 모든 것을 만들고 있었다.[64]

결국 지역 식품을 지향해야

미국의 많은 지역에서 이러한 움직임이 되돌아오고 있다. 무엇이 가능한지에 대해 감을 잡고 싶다면 지도를 꺼내서 얼마나 많은 도로가 한때 그 근처에 있었던 방앗간을 위해 지어졌는지 보라. 매사추세츠 주 서부에 있는 어느 빵집은 지역에서 재배된 밀을 구매하고 싶었는데, 인근 지역에는 어떤 품종을 심어야 하는지 아는 농민이 없었고, 세척, 제분, 보관할 시설도 부족했다. 그래서 각자의 정원 구석에 밀을 조금씩 심도록 이웃 100명을 설득했다.

뉴멕시코 주에서는 1994년까지 반세기 동안이나 밀이 재배되지 않았다. 주 당국자들은 1994년에 밀 재배 프로젝트를 시작했고, 현재 뉴멕시코 주의 재배자들은 매년 16만 킬로그램의 밀을 판매한다.[65] 지역산 밀은 너무 비싸지 않느냐고? 2008년에 버몬트 주에서 밀 농사를 짓는 벤 글리슨은 자신의 밀 가격을 파운드당 59센트로 유지했다. 킹아서 밀가루는 가격이 그 두 배였는데도 말이다. 글리슨은 자신의 생산 비용은 크게 오르지 않았기 때문에, 시가가 올랐다고 같이 가격을 올려서 이웃의 돈을 뜯어내는 건 옳지 않게 여겨졌다고 말했다.

나는 지역 식품이 더 맛있거나 더 건강에 좋다는 이유로 옹호하는 것이 아니다(물론 더 맛있고 더 건강에 좋다. 여기에는 논쟁의 여지가 별로 없다). 지역 식품으로 가는 것 이외에는 다른 선택지가 없다고 주장하는 것이다. 새로운 지구우에서는 예전의 지구에서보다 여지가 더 적을 것이고, 따라서 우리는 전 같으면 그냥 넘겨버렸던 가능성들에서도 이점을 취해야 한다. 가뭄과 홍수가 더 잦아질 세상에서는 광대한 면적에 옥수수나 대두 한 종류만 자라는 것이 아니라 하나의 밭에 수십 종류의 작물이 자라면서 제공하는 '잘 버티는 능력'이 필요하다. 기온이 올라서 해충이 더 잘 퍼질 세상에서는, 다양한 지역의 다양한 품종들이 제공하는 '잘 버티는 능력'이 필요하다. 지난 세기에 미국에서는 5,000종의 가축 품종이 사라졌고 그때마다 우리는 조금씩 더 위험해졌다.[66] 그리고 석유가 부족해질 세상에서는 땅에 비료를 스스로 제공할 수 있는 작은 규모의 혼합형 농업이 필요하다.

미국 농업의 획일성은 우리를 위험에 빠뜨린다. 금융 시스템에 방화벽이 없는 것처럼 이런 농업에도 방화벽이 없다. 마이클 슈먼은 이렇게 말했다. "슈퍼 품종을 찾아내려는 열망에서 전 세계의 재배자들은 정교하게 고안된 소수의 품종에 집중하게 되었다. 이런 품종을 단일 경작하면 작물이 유전적으로 '안정적'이 된다. 즉 이 씨앗들은 크기, 색상, 맛의 면에서 균일한 과일과 채소를 만들어낸다."[67] 그런데도 재배자들은 더 까다롭다. 영국의 기자 펠리시티 로렌스는 최근 이렇게 보도했다. "수확된 당근 10톤 중 겨우 3톤만이 상품 표본을 통과한다. 케냐에서는 수출용으로 재배된 콩의 35퍼센트가 버려진다. 슈퍼마켓 들어가려면 콩이 곧은 모양이어야 하기 때문이다. 지름이나 길이가 미용적으로 완벽해야 하는 것이다."[68]

이와 달리 작물이 해당 지역의 기온, 토양, 해충 등에 잘 적응하면서 진화하게 두면 "수천 가지의 미묘한 유전적 다양성이 수천 가지의 독특한 강점을 가지고 자라게 된다."[69] 2009년 여름에 북미의 많은 텃밭에서 토마

토 병충해가 퍼진 적이 있었다. 아마 텃밭 가꾸는 사람들이 다들 종자를 월마트나 홈디포에서 샀기 때문일 것이다. 남쪽의 산업형 농장에서 나온 이 종자들이 "트로이 목마처럼 공동체 정원에 들어와 병균을 옮긴" 것이다.[70] 우리에게 필요한 것은 이런 종류의 획일성이 아니라 지역적인 다양성이다. 품종도 그렇고, 심는 방식이나 시기도 그렇다. 수세기간 시행착오를 거치면서 그 지역 특유의 환경에서 가장 안정적이고 산출을 많이 내도록 고안된 작물과 농사법이 필요한 것이다. 농민 연구의 권위자인 제임스 스콧은 이렇게 설명했다. "일반적으로 소규모 농민은 자신의 농사를 망칠지 모르는 피해를 피하는 것을 추구하지, 위험을 감수하면서 대박을 내는 것을 추구하지는 않는다."[71]

우리는 이제 막 서브프라임 모기지의 파국에서 빠져나왔다. 저녁 식사의 위험에서도 빠져나오고 싶은가? 작은 농장을 보기만 해도 답을 알 수 있다. 미국에 있는 작은 농장의 17퍼센트가 나무가 자라는 땅에 있다. 큰 농장 중에는 그런 곳이 5퍼센트뿐이다. 작은 농장들은 피복 작물을 심는 등 토양을 향상시키는 농법을 두 배 정도 많이 사용한다. 나무가 자라는 곳에, 휴한지에, 연못에, 뒤뜰에, "수천 가지는 아니라 해도 수백 가지 정도의 야생 종과 양육 종"을 보존할 수 있는 여지가 많은 것이다.[72]

이게 정말로 효과가 있는지 의심스러운가? 1998년에 허리케인 미치가 온두라스와 니카라과를 강타했다. 미국을 강타한 것이 아니었기 때문에 미국인들은 금방 잊었지만 중앙아메리카 사람들은 결코 잊지 못할 것이다. 미치는 1780년의 이름 없는 거대 폭풍을 제외하면, 역사상 기록된 대서양 허리케인 중 어느 것보다도 많은 사람의 목숨을 앗아갔다. 서서히 움직이는 거대한 허리케인이 곳곳에서 90센티미터의 폭우를 쏟아 부었다. 온두라스의 초루테카에서는 24시간 동안에 212일어치의 비가 내렸다. 강은 범람해서 평소보다 폭이 여섯 배가 되었다. 온두라스 대통령 카를로스 로베르토 플로레스는 이 폭풍으로 온두라스가 지난 50년간 이뤄온 만큼의 진보가 파괴됐다고 말했다. 거의 모든 다리가 쓸려갔고 지역 도로도 마찬가지였다. "피해가 너무 커서 기존의 지도는 전부 못 쓰게 되었다." 물론 농민들의 타격은 말할 것도 없었다. 작물의 70퍼센트가 쓸려갔으니 말이다.[73]

하지만 여기 중요한 점이 있다. 폭풍 후에 1,800명의 농민을 대상으로 조사한 연구에 따르면, 지속가능한 방식을 사용하던 소규모 농민들은 일반 농업을 하는 농민들보다 피해가 훨씬 적었다. 다양한 작물을 키우는 땅은 20~40퍼센트가량 표토가 많고, 토양이 습기를 잘 머금으며, 침식도 덜했다. 그래서 소규모 농민들은 경제적인 손실이 훨씬 적었다.[74] 그들도 인간이 만들어낸 폭력적인 새 기후가 반갑지는 않았겠지만, 그러한 새 기후가 닥쳤어도 살아남았다.

전적으로 실용적인 측면만 따져도 이런데, 여기에 정서적인 이점까지 고려해보자. 63곳의 도시빈민가 공동체 정원에 대한 최근 연구에 따르면, 이 공동체 정원들은 농산물만 제공하는 것이 아니다. 도나 암스트롱은 "공동체 정원들은 거주자들이 자신의 동네에 대해 갖는 태도를 변화시켰다"고 말했다. 거주자들은 "그래서 건물과 땅을 더 잘 돌보고, 쓰레기를 아무렇게나 버리지 않고, 지역에 대해 더 자부심을 갖게 되었다." 공동체 정원은 "사회적인 응집을 일구고, 아이들을 서로서로 돌봐주는 일 등 지역에서 필요한 일에 대해 사람들이 협동적으로 참여하게 한다." 공동체 정원은 사람들이 고립되어 있지 않고 공동체로 나오도록 했고, 이 험한 동네에서 더 잘 견디도록 했다. 공동체 정원에서 일하는 다섯 명 중 네 명은 정신적인 건강이 향상되었다고 말했다.[75]

좀 과장된 예도 하나 살펴보자. 한두 해 전에 PBS 방송은 〈프론티어 하우스(Frontier House)〉라는 리얼리티 프로그램을 방영했다. 몇 가족이 1880년경의 몬태나 주처럼 꾸며놓은 곳에서 살아보게 만든 프로그램이었다. 방영된 내용에는 빤한 웃음과 소동이 난무했다. 이를테면 한 가족은 직접 구운 것들을 가지고 몰래 농장을 빠져나와서, 그것을 약간의 고기와 MTV를 몇 분간 볼 수 있는 기회와 교환하려고 시도했다. 그런데 프로그램이 끝나고, 어른 여섯 명과 아이 일곱 명이 자신들이 살던 교외 지역으로 돌아갔을 때는 빤하지 않고 예기치 못한 일이 발생했다. 어른 대다수와 아이 모두가 1880년 몬태나의 생활이 더 좋다고 말한 것이다. 한 남성은 몬태나 주의 낡은 오두막으로 돌아와서 농장 노동자로 인생을 다시 시작했다. 아이 중 한 명은 심각하게 우울증이 생겼다. 아이들 모두가 심부름거리가 있고 동물들을 돌보고 부모들과 시간을 같이 보내던 때가 그립다고 말했다. 페이스북에 연결되는 바코드 달린 작업복을 입은 사람은 잊어라!

한 참가자는 이렇게 말했다. "1883년의 생활을 경험한 5개월 동안 나는 더 많은 만족을 느꼈고 더 많은 성취를 했고 나의 이전 경력 전체에서보다 많은 보람을 느꼈다." 한 여성은 "실제 세계(중학교만 한 집들이 산등성이에 점점이 들어서 있는 교외 지역)에 460제곱미터의 집을 짓고 있었는데, 갑자기 그게 좀 너무 크게 느껴졌다"고 말했다.[76]

화석연료와 멀어지기

자, 우리가 현명하고 수완이 있다면, 더 많은 사람이 기꺼이 농장에서 일하려고 한다면, 덜 취약하고 더 회복력 있는 공동체를 만들 수 있는 제도들을 만든다면, 우리는 저녁상에 먹을 것을 계속 올릴 수 있을 것이다. 쉽지는 않을 것이다. 홍수, 가뭄, 해충이 퍼지면서 이런 일들을 추진하기 어려운 상황에 많이 닥칠지도 모른다. 그리고 모든 곳에서 이런 방식이 잘 돌아가는 것도 아닐 것이다. 가장 좋은 이중 고랑의 공동체 정원이라도 물이 필요할 것이다. 라스베이거스 같은 곳에서는 어떻게 해야 할지 나도 잘 모르겠다. 그렇더라도, 많은 지역에서 여전히 충분한 칼로리를 생산할 수 있을 것이다.

그럼 이제 전기나 난방과 같이 화석연료가 우리에게 제공해주는 것들에 대해 이야기해보자. 석유도, 안정적인 기후도 사라진 지구에서는 그런 것들을 어떻게 얻을 수 있을까? 대체로 해답은 식품에서와 비슷하다. 지역적인 것, 분산된 것이 중앙 집중적인 것보다 낫다. 적어도 혼돈의 세계에서는 말이다.

현재 화석연료는 식품보다도 훨씬 더 심각한 정도로 "망하게 두기에는 너무 크다." 석유, 천연가스, 석탄을 태울 때마다 우리는 인류 문명을 가능케 했던 안정된 기후를 조금씩 끝장냈다. 그리고 우리는 화석연료가 영원히 공급된다는 가정에 판돈을 걸고 경제체제를 세웠는데, 현재는 이 도박에서 지고 있다. 지금까지 실패는 이런 모습이었다. 휘발유가 갤런당 4달러로 치솟고 나서 불경기가 온다. 러시아가 우크라이나로 가는 가스를 일시적으로 막아서 서구 유럽으로 가는 가스도 끊긴다. 미국 남동부에 허리케인 구스타브와 아이크가 지나간 뒤 "운전자들이 아이돌 가수를 따라가는 팬들처럼 정유 트럭을 졸졸 따라간다"[77](구스타브와 아이크로 인해 이 지역의 주 파이프라인 하나가 며칠 동안 끊겼다. 이것만으로도 이 모든 운전자들이 다음번 석유 트럭이 올 때까지 한 번에 네 시간씩 "진을 치고" 기다려야 했다).

국방부의 한 연구에 따르면 폭풍까지 기다릴 것도 없다. 가령 루이지애나 주에 사는 사람 몇 명이 하룻밤 만에도 미 동부로 가는 천연가스 공급의 4분의 3이 1년 넘게 중단되도록 만들 수 있다는 것이다.[78] 심지어 소문만으로도 그런 효과를 낼 수 있다. 석유분석가인 매튜 시몬스는 "휘발유에 뱅크런 같은 것이 발생하면" 30일 안에 석유 관련업계가 붕괴할 수 있다고 예측했다. "자가용 소유자들이 하룻밤에 미국의 2억 2,000만 대 자동차에 기름을 채우려 한다면 거의 모든 휘발유 저장고를 고갈시킬 수 있다."[79] 이 시스템이 얼마나 거대하고, 얼마나 깊이 연결되어 있으며, 얼마나 가분수인지는 아무리 과장해도 과장이 아니다. 어느 평범한 하루에 미국의 교통 시스템에서는 4,300만 톤의 물건이 이동하는데, 이중 3분의 1이 석탄과 석유다.[80]

자, 불과 1, 2년 안으로 우리는 화석연료에서 멀어져야 한다.

첫째, 이산화탄소 농도 350ppm인 대기로 돌아가는 것을 진지하게 생각한다면(지구를 현재 상태 정도만큼이라도 유지하려면 반드시 350ppm으로 돌아가야 한다) 화석연료 사용을 향후 10~20년 내에 20분의 1로 줄여야 한다.[81] 영국의 저술가 조지 몬비오트가 2007년 히드로 공항 활주로에 모인 시위자들에게 말했듯이 "더 이상 조금씩 땜질하는 식의 조치로는 안 된다."[82]

둘째, 전적으로 인간의 근력으로만 모든 에너지를 대야 하는 상황이 오지 않게 하려면, 적어도 일부라도 화석연료를 무언가 다른 것으로 바꿔야 한다. 석유 1배럴이 인간 노동력 11년어치에 해당한다는 사실을 기억하자. 그리고 평균적인 미국인은 1년에 석유 60배럴어치의 에너지를 쓴다.[83]

셋째, 쉬운 방법은 없다. 단순히 핵발전소를 많이 지어서 해결하려는 것이 왜 불가능한지는 이미 이야기했다(비용이 너무 많이 든다). 단순히 옥수수를 휘발유로 바꿔서 해결하는 것이 왜 불가능한지도 이야기했다(옥수수는 사람이 먹어야 한다). 하지만 태양열 전지 몇 개 달고 풍력터빈을 몇 개 세운 것으로 다 됐다고 생각하면서 이제까지 살던 방식 그대로 사는 것도 해결책은 아니다. 전에는 그런 생활방식을 지탱해주는 마법의 연료가 있었다. 석탄, 천연가스, 석유는 믿을 수 없을 정도로 집중적으로 모여 있어서 땅 밑을 조금만 파면 뽑아낼 수 있었다. 아래서 밀어 올리는 압력이 너무 심해서 건드리기만 해도 석유가 지표로 솟아오르는 일도 종종 있었다. 하지만 태양과 바람은 반대다. 부드러운 전력이다. 너른 곳에 분산되어 있다. 항상 구할 수 있는 것도 아니다. 따라서 한 방에 해결해주는 묘책은 아니다. 하지만 조심스럽게 모은다면 충분히 많은 작은 묘책들이 될 것이다.

가장 먼저 해야 할 일, 그리고 누구나 해야 할 일은 절약이다. 에너지를 덜 쓸수록 모아야 하는 태양과 바람의 양이 적어진다. 그리고 우리는 현재보다 상당히 많이 절약할 수 있다. 컨설팅업체 매킨지의 2008년 추정치에 따르면, 현재의 기술로도 2020년까지 세계 에너지 수요를 20퍼센트나 줄일 수 있다. 왜 그런지 알려면 평범한 이웃집에 들어가보자. 아마도 온수기 주위에 단열 담요를 둘러놓지 않았을 것이다. 온도도 너무 높게 설정돼 있어서 물을 사용할 때는 찬물을 섞어야 할 것이다. 비디오 게임기는 켜져 있으면 냉장고 두 개 만큼의 전력을 사용하는데도 켜져 있기가 일쑤일 것이다. 제조업체들이 "자동으로 전원을 끄는 장치를 가동되지 않게 해놓고 선적하기 때문"이다.[84]

이밖에도 많다. 우리는 에너지 낭비꾼들이다. 어느 면에서는 좋은 일이다. 절약의 초기 성과가 좋을 것이니 말이다. 머리카락만 잘랐는데도 체중이 빠지는 것과 마찬가지다. 에너지 분석가 애모리 로빈스는, 미국인들이 비교적 비용을 많이 들이지 않고도 자신들이 사용하는 석유의 절반과 전기의 4분의 3을 줄일 수 있을 것이라고 계산했다.[85] '설마 그럴 리가' 싶은가? 듀폰은 사회 진보에 대해 벤앤제리만큼 열성적인 기업이 아닌데도,

2000년 이래로 효율성에 초점을 맞춰서 연간 6퍼센트씩 에너지를 절감했고, 그래서 지금은 전에 사용하던 에너지의 절반만 사용하게 되었다.[86]

미국에는 주택들이 분산되어 있으므로 지역적인 행동이 매우 좋은 방법이다. 지난겨울에 우리 마을(인구 500명) 사람 한 명이 동네 사람들을 가정 에너지사용 검사원으로 교육시키기로 마음먹었다. 22명이 마을회관에 와서 교육을 받고서 콤팩트 형광등 전구, 시간대별로 온도를 다르게 설정할 수 있는 온도조절기, 온수 단열재 등을 들고 돌아갔다. 지역적 행동이 다 그렇듯이 이것도 효과가 있었다. 워싱턴 당국은 교토 의정서에 비준하지 않았는지 모르지만, 900개가 넘는 미국의 도시들은 교토 의정서에 나온 목표치를 지키겠다고 약속했고, 일부는 실제로 성공했다.

오리건 주 포틀랜드는 지역경제가 호황인 시기에도 1인당 탄소 방출을 10퍼센트 이상 줄였다. 도시 당국자들은 자신들의 도시를 면밀히 검토하면서 무엇이 가능한지를 알아냈다. 이를테면 시 직원들에게 버스 요금을 할인해주고 1,200킬로미터의 자전거 길도 만들었다.[87]

하지만 탄소 저감 성과를 다 행정당국이 낸 것은 아니다. 이 지역에는 SHIFT라는 모임이 있는데 "자전거가 해방적이고 재미있으며 힘이 나게 해준다는 사실을 보이는 것"을 목표로 삼고 있다. SHIFT는 매달 마지막 금요일에 포틀랜드의 다리를 자전거로 지나가는 사람들에게 도넛과 커피를 나눠준다. 누군가가 이사를 하면, SHIFT의 자전거 애호가들이 자전거 트레일러를 몰아서 이삿짐을 날라준다. "우정과 즐거운 시간을 위해 하는 일이지 돈 받자고 하는 일이 아닙니다." 물론 이삿짐 나르는 일이 다 끝나면 주인이 (로컬)맥주와 음식으로 작은 파티를 열어주는 게 권장되기는 하지만 말이다. 또 교차로 수리를 하는 지역 단체도 있는데, 이곳은 교차로에 돌길을 깔고 화려한 색으로 칠하고 구석에 조각상을 세운다. 자동차들은 속도를 늦추고 보행자는 늘어난다. 어느새 동네가 (퍼져 나가는 게 아니라) 응집되기 시작한다.

풍력터빈과 태양열 전지

절약, 공동체, 자전거. 여기까지 말한 것은 다들 좀 말랑말랑한 일들이다. 그럼, 기계가 돌아가는 공장과 발전소는 어떻게 해야 할까?

지난 몇 세대를 거치면서 우리는 멀리서 오는 것이라고 생각하게 됐듯이, 에너지란 소수의 집중적인 장소에서 발전된 뒤 분배되는 것이라고 생각하게 됐다. 그런 발전소들의 규모는 어마어마하다. 언젠가 뉴욕 시에 있는 콘 에드의 아스토리아 발전소를 보면서 놀라움에 입을 다물지 못했던 것이 기억난다. 약동하는 보일러의 힘에만 놀란 것이 아니라 교대 감독관이 자신이 맡은 영역을 둘러보기 위해 자전거를 타고 다녀야 한다는 점에 대해서도 놀랐다.

사실 이 공장은 작은 편에 속한다. 미국에서 가장 큰 셔러 발전소(조지아주의 라마르 카운티. 서던 컴퍼니가 운영한다)는 날마다 길이가 3킬로미터도 넘는 기차 세 대 분량의 석탄을 연료로 사용한다. 작가인 존 맥피는 석탄 기차가 공장으로 들어가는 광경을 이렇게 묘사했다. 기차가 한 칸씩 지지대 위로 올라가면 압축 공기로 기차 칸 아래쪽의 문이 열리고 석탄이 쏟아져 아래에 쌓인다. "아래쪽에서 피어나는 통제 불능의 먼지는 재앙의 모습을 하고 있다. 어두운 먼지 구름은 소이탄이 터진 것처럼 퍼진다."[88]

이렇게 거대한 것을 대신할 무언가라면 그것 역시 거대한 것이어야 할 거라고 생각하기 쉽다. 즉 대안 에너지도 규모가 커야 합리적일 것 같다는 생각이 든다. 태양은 모든 사람에게 비추고 바람은 모든 풀잎에 불지만, 그래도 장소에 따라 더 강하게 비추고 더 강하게 분다. 거대한 중앙 집중식 태양열 장치를 지을 참이라면 남서부의 사막에서 시작하는 게 좋겠다 (유럽이라면 북아프리카나 이베리아 반도가 적당할 것이다). 거대 풍력발전 시설은 중서부처럼 강풍이 꾸준히 부는 곳이 좋겠다. 혹은 대서양 양쪽 연안처럼 바닷바람이 계속해서 부는 곳도 좋을 것이다. 최근에 이런 인프라가 일부 지어지기 시작했다. 풍력으로 일으킨 전력을 인구밀집 지역으로 나르는 전송선 같은 것들 말이다.

하지만 거대 자연에너지 시스템을 만드는 것은 유기농 식품을 슈퍼마켓에서 사는 것과 같다. 식품을 기를 때 화학비료를 듬뿍 뿌리지 않았다는 점에서는 낫긴 하지만, 슈퍼마켓 유기농 식품은 여전히 불안정한 공급망을 따라 막대한 거리를 이동한다. 그리고 소비자가 지출한 돈은 공동체를 살찌우는 데 들어가는 게 아니라 소수 거대 기업의 주머니로 들어간다. 그래서 사람들은 식품이 '친환경'이어야 하는 것도 중요하지만 '로컬'이어야 하는 것도 중요하다는 사실을 깨닫기 시작했다.

에너지에 대해서도 이렇게 될 수 있을 것이다. 지난 20년 동안 식품 분야에서는 회원들이 연회비를 내면 지역 생산자들이 매주 신선식품을 배달해주는 '공동체 지원 농경'이 많이 생겨났다. 이와 비슷하게, 그레그 팔과 같은 사람들은 '공동체 지원 에너지'를 제안한다. 팔에 따르면, 독일, 덴마크, 네덜란드, 스웨덴, 캐나다 등에는 지역 에너지 시설들을 만드는 풍력협동조합이나 지역풍력협회 등이 있다.[89]

금전적인 측면에서 보아도 당신의 전력을 집 가까운 데서 끌어오는 것이 합리적이다. 대부분의 지역공동체는 연료비에 지출의 10퍼센트를 쓰는데, 이 돈의 대부분은 사우디아라비아나 엑손모빌에 들어가니 말이다.

하지만 자급하기에 충분한 에너지를 각 지역 공동체들이 가지고 있을까? 전기에 대해서도 농민시장 비슷한 것을 만들 수 있을까? 아이구, 불가능해 보인다. 하지만 포기하지 말고 좀 더 생각해보자. 가령 에너지 소비를 4분의 1 정도 줄인다고 해보자. 그날의 그랜드 테프트 오토(Grand Theft Auto) 게임이 끝나면 비디오 게임기 전원을 꺼놓는 식으로 말이다. 그리고 지붕에 태양열 전지를 몇 개 설치한다고 생각해보자. 태양열 전지에서 나오는 에너지는 텃밭에서 키우는 채소와 마찬가지다. 필요한 전기를 전부 다 공급하지는 못하겠지만 일부는 공급할 수 있을 것이다. 자, 그 나머지를 지역 에너지시설로 공급하는 일은 이제 덜 어마어마해 보인다.

실제로 2008년에 '지역자립 연구소'는 미국 주의 절반이 자기 주의 에너지를 전적으로 주 경계 안에서 조달할 수 있음을 보여주는 일련의 연구 결과를 발표했다. 그리고 나머지 주도 대다수는 상당 부분을 조달할 수 있었다. 풍력터빈과 지붕 태양열 전지는 뉴욕 주의 전력 81퍼센트를, 오하이오 주의 전력 3분의 2가량을 조달할 수 있는 것으로 나타났다.

그런데 노스다코타 주가 거의 풍력만으로도 에너지 필요량의 1만 4,300퍼센트를 조달할 수 있으므로, 풍력터빈을 노스다코타 주에 집중적으로 짓고 거기서부터 에너지를 오하이오 주의 애크론이나 데이톤으로 실어 나르면 어떻겠냐는 생각이 들 법하다. 오하이오 주에서보다 다코타 주에서 풍차를 돌리는 게 30퍼센트나 더 싸니 말이다.

하지만 이런 계산에는 오류가 있다. 우선 풍력 전기를 동쪽으로 나를 새로운 전송선을 짓는 데에 적어도 1,000억 달러가 든다.[90] 이 연구소의 분석 결과에 따르면, 전송선 짓는 비용을 계산에 넣고 장거리 전송 도중 누수되는 전기를 감안하면, 오하이오 주의 소비자가 내야 하는 비용은 "전송선 업그레이드를 최소화한 상태로 지역에서 자체 조달하는 경우보다

15퍼센트 높다." 800킬로미터 전송선(풍력 전기를 합리적으로 전송할 수 있는 최장 거리)에 들어가는 비용이 상쇄되려면 풍속이 19퍼센트 높아야 한다. 게다가 지역 풍력발전소는 사람들을 두 배쯤 많이 고용할 수 있고, 수익은 거대한 금융 대기업으로 가는 게 아니라 지역 은행으로 가게 될 것이다.[91]

매사추세츠 주 에너지 담당관 이언 보울즈에 따르면, 거대 전송선들을 새로 짓는 데는 마일당 최대 1,000만 달러가 든다. 그는 "그렇게 하는 것보다 대도시들에 전기를 더 싸고 청정하게 공급할 수 있는 방법이 있다"고 말했다. 모든 지역이 청정에너지를 끌어낼 잠재력을 갖고 있기 때문이다. 북서부에는 수력, 동부에는 해안 풍력, 남서부에는 태양열 에너지가 있다. "남동부에서는 숲에서 나오는 바이오매스가 지속가능한 전력의 주요 원천이 될 수 있을 것이다. 각 지역의 입장에서도 지역의 전력 원천을 개발하는 것이 수천 킬로미터 떨어진 곳에서 청정 전력을 끌어오는 것보다 비용이 덜 들 것이다."[92]

2009년 여름 무렵 분산형 전력(자립적 전력)을 방해하는 주요 세력은 독점을 포기하지 않으려는 거대 전력회사들이었다. 기업 관련 저널리스트 아냐 카메네츠는, 전력회사들이 정치적 영향력을 발휘해 "수백만 에이커 면적에 수십억 달러가 들어가는 초대형 태양열 및 풍력발전소와 전송선을 짓는 데에 보조금을 지급하도록 하는 법안을 밀어붙이고 있다"고 언급했다. 집집마다 태양열 전지를 다는 것이 더 빠르고 싸게 재생가능 에너지를 얻는 방법이지만 "거대 전력회사들은 이러한 소규모 프로그램들을 너무나 가차 없이 꺾어놓는다." 이 말은 '책임 있는 에너지 연대' 설립자인 짐 하비의 말이다. 활동가의 말이라 편향되었을 것 같은가? 그럼 업계의 이야기도 들어보자. 미국 전력업계의 주요 로비기관인 에디슨 전기연구소의 에드 레기는 이렇게 말했다. "우리의 사업을 축소시키는 것은 어떤 것이든 지지하지 않을 것입니다. 투자자가 소유한 전력회사들은 중앙발전 모델에 따라 지어졌습니다. 토머스 에디슨이 생각해낸 대로 말입니다. 이미 커다란 발전소가 있는데…… 분산 발전은 이미 있는 대형 발전소들을 논외로 빼놓게 됩니다. 분산 발전은 지역적인 것이니까요."[93]

전력회사들이 아무리 강력하다 해도 물리학과 경제학을 영원히 부정할 수는 없다. 2009년 7월에 T. 분 피켄스는 텍사스 주에 세계 최대 풍력발전소를 지으려던 계획을 철회했다. 전송선이 너무 비싸기 때문이었다. 대신 주요도시 가까운 곳에 작은 규모의 설비를 여러 개 만들기로 했다. 반면, 동부에서는 해안가에 풍력 시설을 세우는 계획이 계속 진행되었다. "바로 근처에 큰 수요지가 있으니까, 여기서는 연안에 시설을 짓는 것이 합당합니다." 케이프 윈즈의 CEO인 짐 고든이 말했다.[94] 엔지니어들은 이것을 분산형 발전이라고 부른다. 전기를 먼 곳에서 끌어오지 않고, 필요한 곳에서 직접 만드는 것이다. 더럽고 공기를 오염시키는 석탄 발전소는 보이지 않는 곳에 지어야 하지만, 분산 자립형 발전소(즉 작은 가스터빈)는 일상에서 쓰는 사무실 건물이나 학교 등에 속속 설치되고 있다. 운송 중 누수되는 전기가 없으니까 매우 효율적이다. 2008년에 설치된 발전 시설의 3분의 1이 분산 자립형이었고 이는 핵이나 석탄보다 훨씬 많은 것이었다.[95]

미들베리 칼리지의 나무 발전소

풍력 시설도 잘 보이는 곳에 설치할 수 있다. 사람들이 그것을 보기 싫다고 생각하지만 않는다면 말이다(사실 미국에서는 사람들이 풍력터빈이 경관을 해친다고 생각해서 인구 밀집지역에 풍력터빈 확산이 더딘 측면이 있었다). 풍차의 바람개비를 아름다운 것으로 여기거나, '눈에 보이는 산들바람'으로 여긴다면, 혹은 실질적인 미래 에너지원으로 여긴다면 우리는 아마도 빠른 진전을 보일 수 있을 것이다. 식품 시스템에서도 그랬듯이, 정부가 화석연료 업계에 보조금을 그만 주고, 그 대신 전력회사를 통해 각 가정의 지붕에서 나오는 전기를 좋은 가격으로 사주는 '발전차액지원제도' 같은 정책을 입안한다면 훨씬 빠르게 진전될 수 있을 것이다. 이미 독일이 그렇게 하고 있는데, 그 결과 황량한 북단에 위치해 있으면서도(베를린은 캘거리보다도 한참 북쪽이다) 130만 광전지 패널을 자랑하는 나라가 되었다. 지구상 어느 나라보다도 많은 것이다.[96]

태양열 전지는 프랑크푸르트나 덴마크나 포틀랜드나 마린에서만 나타나는 것이 아니다. 있을 법하지 않은 곳에서도 나타난다. 나는 얼마 전에 중국 도시 르자오에서 하루를 보냈다. 인구 65만 명(보스턴 정도)의 떠오르고 있는 신흥 도시였다. 이 도시는 분명히 더 커지려고 계획하는 듯했다. 르자오로 들어오는 도로는 예닐곱 대가 앞서거니 뒤서거니 달리기에는 너무 큰 8차선 대로다. 도시 진입 경계에 있는 광고판은 주민들에게 '문명화된 도시와 문명화된 시민'이 되자고 촉구한다. 문명화된다는 것에는 청결해진다는 의미가 담겨 있고, 여기에는 샤워를 자주 하는 것이 포함된다. 그 물을 데우기 위해 당신은 석탄 발전소를 세운 후 그 전기를 각 건물 지하의 온수기까지 실어올 전선을 연결할 수도 있을 것이다. 아니면 지붕마다 태양열 온수기를 설치할 수도 있다.

르자오에서는 1990년대부터 지역 기업가들이 두 번째 안을 밀어붙이기 시작했다. 르자오는 해가 잘 나오는 도시이기 때문에 일은 순조롭게 진행되었다. 지금은 사실상 르자오의 모든 집이 태양으로 물을 데운다. 나는 높은 건물 옥상에 올라가보았다. 내가 볼 수 있는 모든 아파트 블록마다 옥상에 눈에 띄는 긴 유리 튜브가 있었다. "96퍼센트 이상입니다." 나를 안내한 도시공학자 후 야이보가 말했다. "어떤 사람들은 99퍼센트라고 말합니다. 하지만 나는 그렇게 말하기는 부끄럽네요." 우리는 지역 호텔에서 점심을 먹었다. 그러고서 숨차 하는 지배인과 함께 옥상에 올라가보았다. "오늘은 흐린 날인데도 섭씨 38도의 물을 만들 수 있어요. 맑은 날에는 90도까지 만들 수 있지요." 중국은 재생가능 에너지 시설을 설치하는 데에서 세계 리더 역할을 하고 있다. 어떤 것은 큰 풍력 발전소이지만 대부분은 전국 각지의 옥상에서 볼 수 있는 것들이다.

개발도상국 곳곳에서 이런 창의성을 볼 수 있다. 나는 작은 농장의 헛간에 가본 적이 많이 있는데, 안주인이 뜰에 파묻어놓은 바이오가스 다이제스터에서 나오는 연료로 요리하는 것을 자랑스럽게 보여주곤 했다. 콘크리트 탱크와 비슷한데, 소나 물소 한두 마리가 내놓는 분뇨를 삽으로 넣으면 그것이 분해되면서 밥솥에 필요한 가스를 만들어낸다. 혹은 샤워할 물을 데우는 데 필요한 가스를 내놓는다. 이것은 삶을 바꿀 수 있다. 만리장성에서 그리 멀지 않은 곳에서 농학자인 줄스 프리티는 한 마을 규모의 집단 농장이 바이오가스 다이제스터뿐 아니라 소규모의 가스화 공장도 운영하는 것을 보았다. 이것은 옥수수 껍질을 태워서 메탄을 만든다. 이전의 비효율적인 스토브는 하루에 옥수수 껍질 500부셸을 태웠지만, 이 작은 기계에는 20부셸만 넣으면 된다. 마을 지도자는 이렇게 말했다. "전에는 여자들이 밭에서 돌아오면 바로 다시 나가서 나무나 옥수수 껍질을 해다가 짊어지고 와야 했어요. 그리고 비가 오면 집 전체가 연기로 가득 찼죠. 이제는 깨끗하고 손쉬워요."[97]

우리는 손에 닿는 것을 활용해야 한다. 나는 숲과 농장의 경계에 산다.

우리 동네 사람들은 새로운 온도계와 전구를 전파시켰고, 나무하기 모임을 만들어서 모두가 겨울을 더 따뜻하게 날 수 있게 했다. 하지만 내게 가장 흥미로웠던 프로젝트는 언덕 아래에 있는 미들베리 칼리지에서 진행된 나무 보일러다. 미들베리 칼리지는 최근 몇십 년 동안 미국의 엘리트 자유교양대학으로 떠올랐다. '자유교양'이라는 말은 종종 '별로 실용적이지는 않은'이라는 말로 쓰인다. 하지만 미들베리에는 미국에서 가장 역사 깊은 환경학과가 있다. 몇 년 전에 한 환경경제학 강좌는 미들베리 칼리지의 탄소 방출 목록을 만들고 탄소 저감을 위한 108가지 방법이 담긴 작은 책자를 냈다.

대부분은 기발하면서도 소규모였다. 예를 들면, 음료수 자판기에 모션 센서를 달아서 사람이 근처에 없을 때는 불이 꺼지게 했다. 미들베리대학 골프 코스의 골프 카트는 전기모터로 바뀌었다.

하지만 이 분석에 따르면 미들베리 칼리지가 방출하는 탄소의 5분의 4는 기숙사, 식당, 강의실의 냉난방에서 나오는 것이었다(놀랄 일도 아니다). 1990년대의 호황기에 미들베리 칼리지는 건물을 상당히 너른 지역에 증축했다. 이 대학은 매년 '6번 연료유' 200만 갤런을 태워서 400만 달러나 500만 달러 정도를 페르시아 만이나 캐나다 엘버타 주 타르 광으로 보낸다. 대학 당국자들은 버몬트 주에 탄화수소는 별로 없지만 나무는 많다는 점에 착안했다. 마침 지역의 한 기업이 세계에서 가장 첨단이라 할 만한 가스화 장비를 만들고 있었다. 그래서 미들베리 칼리지 이사진은 큰맘 먹고 나무 연료 보일러를 짓는 데에 1,200만 달러를 투자했다. 이 보일러는 필요한 연료의 절반 정도를 제공할 수 있는 정도의 규모였다.

2009년 초에 이 보일러가 가동되기 시작하자, 미들베리 칼리지는 화석 연료 소비를 40퍼센트까지 줄일 수 있었다. 지구온난화를 막기 위해 뭐라도 하려면 이 정도의 절감은 이뤄야 한다. 그리고 화석연료 절감 숫자 만큼이나 중요한 사실은, 나무 보일러를 사용하면서 공급망의 거리가 짧 아졌다는 점이다. 이 나무 보일러에 들어가는 나무 칩은 모두 120킬로미 터 이내에서 온다.

하지만 버몬트 주의 숲도 나무가 충분하지는 않을 것이다. 다른 기관들 도 나무 보일러를 따라 한다면 버몬트 주는 황폐해질 수밖에 없다. 그래 서 농학자들은 15에이커의 실험용 땅에서 버드나무(자라는 속도가 빠르다) 를 '재배'하려 한다. 한때는 소들이 풀을 뜯었지만 우유 가격이 떨어지면 서 지금은 버려진 땅이 된 이곳을 이용해서 말이다. 또 다른 환경경제학 수업은 이번 학기를 그 나무 숲 안에서 보낸다. 나무들은 우리가 바라는 대로 빠르게 자라는 것 같아 보인다. 그리고 2,400에이커이면 이 대학의 냉난방에 필요한 나무를 거의 영원히 제공할 수 있을 것으로 보인다.

이런 일은 자금이 풍부한 자유교양대학들만이 고려할 수 있는 것일까? 꼭 그렇지는 않다. 대학 당국자들이 이 시설을 계획하고 있었을 때 그들은 65킬로미터를 북쪽으로 달려 버몬트 주에서 가장 큰 도시인 벌링턴에 가 보았다. 맥닐 발전소를 견학하기 위해서였다. 이곳은 수십 년간 나무를 태 워서 이 도시의 전력 대부분을 공급해왔다(이 발전소는 인터베일 농장들 위에 솟아 있다. 인터베일 농장들은 총 120에이커 정도 되는데, 벌링턴의 신선식품 8퍼센트 를 공급한다). 맥닐 발전소는 1년에 1,500만 달러어치의 지역 나무를 사용 한다. 그래서 삼림감독관들에게 많은 일자리를 제공한다. 그리고 이 돈은 버몬트 주에 남기 때문에, 한 추정치에 따르면 161개의 또 다른 일자리를 만든다[98](거대 권력자들에게는 1,500만 달러가 덜 가는 셈이므로, 개인용 경비행기 업계에는 안된 일이다). 평균적인 벌링턴 사람은 뉴잉글랜드의 다른 지역 사 람들보다 전기요금을 덜 낸다. 미들베리 칼리지가 5년 이내에 투자금을 뽑을 수 있을 것으로 예측되듯이 말이다.

다시 말하지만, 한 방에 모든 것을 해결하는 명약은 없다. 모든 지역이 나무에서 전기를 만들 수 있는 것은 아니다. 숲이 많은 뉴잉글랜드(이곳에는 이미 거대한 바이오매스 공장에 대한 계획이 등록되어 있다)라고 해도 그렇다. '버몬트 패밀리 포레스트'의 감독관인 데이비드 브린은 이렇게 지적했다. "우리 숲은 매년 새로 자라는 나무 기준으로 버몬트 주 사람 1인당 4묶음이 약간 안 되는 나무를 생산합니다." 그리고 이중 절반이 이미 수확되고 있다. "나무가 마냥 풍부한 것은 아닙니다."[99] 우리는 버드나무를 재배할 수 있는 부지가 더 필요하다. 분뇨 더미에서 메탄을 만드는 '소 전력'도 확장시켜야 한다. 이 모든 변화는 연방정부가 작은 강에 수력발전소를 짓는 데에 서명해주면서, 거대 기업이 아니라 작은 기업들 위주로 정책을 편다면 더 쉬워질 것이다.

하지만 무엇보다도 이런 사례를 많이 볼 수 있게 되어 우리가 '에너지란 먼 곳에서 오는 것'이라는 통념을 버려야 더 쉬워질 것이다. 미들베리 칼리지의 새 나무 발전소에는 12미터 높이의 유리 창문이 있어서 모두가 내부의 컨베이어벨트와 보일러를 볼 수 있다. 대학 견학을 하면 새 도서관뿐 아니라 새 보일러도 보게 될 것이다. 둘 사이에는 공통점이 있다. 둘 다 나무섬유 기반이고 열기와 불빛, 그리고 번뜩임을 낼 수 있으니 말이다.

인터넷의 친환경적 가치

자, 이제 우리는 (어쨌든 이론적으로는) 배부르고 따뜻하다. 그럼, 내가 묘사한 새로운 미래상에 대해 현대인 대부분이 가장 상상하기 어려워할 법한 부분에 대해 생각해보자. 집에서 시간을 많이 보내면서, 정원을 돌보고, 이웃들과 일하고, 그러면 인생이 조금…… 지루하지 않을까?

결론부터 말하면, 자연과의 관계를 되살려서 계절의 변화에 맞춰 살면 우리는 더 행복하고 건강해질 것이다. 인간이란 공동체 안에서 살도록 되어 있으며, 따라서 지난 몇 세대간 우리가 자기침잠적이 된 것은 큰 실수다. 주변 사람들에게 다시 한 번 의지할 수만 있다면 많은 이들의 마음이 놓일 것이다. 특정한 장소에 뿌리를 박고 살아가는 삶은 텔레비전에 나오는 전형적인 남부 캘리포니아 어느 중상층 지역에 사는 삶보다 달콤하다. 이것이 내가 내리려는 결론이고, 실제로 나는 그렇게 믿고 있다.

나는 인생의 상당 부분을 촘촘한 공동체 안에서 살았고, 이웃들과 함께 무언가를 하고 교회 사람들과 함께 무언가를 해나가는 것에서 즐거움을 느꼈다. 우리는 사회적인 동물이다. 하루 종일 서로를 그루밍해주는 저 훌륭한 원숭이들로부터 그리 멀지 않은 후손이다. 나는 집을 너무 오래 떠나 있으면 방향을 잃는다. 나는 사람들이 일상생활 속에서 깊은 만족을 발견할 수 있는 존재임을 알고 있다. 나는 소로를 읽었고, 로라 잉걸스 와일더를 읽었고, 〈월튼네 사람들(*The Waltons*)〉을 보면서 자랐다.

하지만 다른 한편으로 우리는 다음과 같은 현실을 직시해야 한다. 지난 50년 사이에 나고 자란 우리는 '새로운 것'에 중독되어 있다. 느린 삶, 성장과 변화와 속도에 집착하지 않는 삶, 안정성과 안전에 더 무게를 두는 삶이 편안하게 느껴지려면 앞으로 한두 세대는 더 걸릴 것이다. 우리의 유전자는 그것을 원하는지 모르지만 우리는 그와 다르게 양육되었으니 말이다. 그 전환이 너무나 갑작스럽게 일어난다면 힘겨울 것이다. 나 역시 교회에서 지난 10년간 했던 똑같은 대화를 하는 것이 끔찍하게 느껴지는 일요일이 있다.

우리가 기대할 것이 그것뿐이라면 갇혀 있는 것처럼 느껴질 것이다. 이웃의 압력에 숨이 막힐 테고, 너무나 지루하면서도 너무나 혼자 있고 싶을 것이다. 그 점에서 우리는 운이 좋다. 인터넷은 어쩌면 우리가 필요로 하는 바로 그 도구인지 모른다. 절묘한 시점에 딱 맞춰 등장하는 영화 속 영웅처럼, 우리가 겪고 만들어야 할 변화를 견딜 만한 것으로 만들어주기 위해 딱 제 시간에 도래한 도구 말이다.

나는 1960년에 태어났다. 그때 이래로 놀라울 만치 기술적으로는 별로 달라진 것이 없다. 컬러텔레비전이 있긴 하지만, 1960년대에도 이미 미국에는 자동차, 항생제, 비행기, 로켓선, 전화, 세탁기가 있었다. 20세기의 전반부를 특징짓는 미친 듯한 변화 이후에 기술은 안정적으로 유지되었다. 그런데 예외가 있었다. 개인용 컴퓨터, 그 다음에는 인터넷, 그 다음에는 구글이었다. 이것들은 우리의 일상을 정말로 바꾸어놓았다. 내 핵심 일과에 속하는 '이메일에 답하기'는 20년 전에는 존재하지도 않았던 일이다. 주말에는 쏟아져 들어오는 이메일이 줄기 때문에 내 생활 리듬이 아주 달라진다. 인터넷은 분명히 좋은 점도, 나쁜 점도 있다. 하지만 그 좋은 점은 지금, 바로 지금, 꼭 필요한 점이다.

잠시 계산을 해보자. 컴퓨터에 전원을 꽂아야 하는데 여기에는 에너지가 든다. 하지만 아주 조금밖에 안 든다. 2009년에 수행된 하버드의 연구에 따르면 "웹사이트 하나를 방문하는 데에 1초에 평균 이산화탄소 20밀리그램이 든다."[100] 전 세계 에너지 공급의 1퍼센트 정도가 데이터 네트워크를 운영하는 데에 들어간다.[101] 평균적인 구글 검색에는 서버 시간이 1,000분의 1이나 2,000분의 1초 정도가 든다. 자동차로 1킬로미터를 달리는 데 들어가는 화석연료로 검색을 1,000건이나 할 수 있다. 이 점은 매우 중요하다. 인터넷 검색은 자동차를 타고 나가는 것과 같은 목적을 수행하곤 하기 때문이다. 세계와 접촉하는 것, 새로운 것을 찾는 것, 모험을 하며 내달리는 것.

인터넷의 친환경적 가치를 전적으로 기능적인 측면에서만 이야기할 수도 있다. 컴퓨터가 있으면 차량 공유 시스템을 운영해서 출퇴근길에 카풀을 하거나 장보러 갈 때 모르는 사람을 태워줄 수도 있다. 프리사이클 네트워크에 접속해서 무언가를 구매하지 않고도 구하는 방법을 알아볼 수 있다. 인터넷은 조수석의 빈자리, 낡은 탁구대 등이 낭비되지 않고 유용하게 쓰일 수 있게 도와준다.

하지만 나는 이보다 덜 기능적이고 더 눈에 보이지 않는 측면을 생각하고 있다. 시내에 가는 차편을 구하는 것이 아니라 전혀 다른 어딘가로, 인터넷이 제공하는 수백만 곳의 신기한 목적지들로 가는 것을 생각하고 있다. 인터넷 초창기에 사람들은 인터넷도 소수의 거대 기업이 장악하면서 단순히 또 다른 텔레비전이 될지 모른다고 우려했다. 미디어 개혁가인 로버트 맥체스니와 존 니콜스는 이렇게 예측했다. "인터넷은 미디어 기업의 전반적인 규모를 키우면서, 동시에 미디어 기업 간 집중화를 촉진할 것이다. ……누구라도 거대 미디어 기업과 제휴하지 않으면 상업용 웹사이트를 여는 것이 불가능해질 것이다."[102] 이 예측은 틀린 것으로 판명됐다. 부분적으로는 "인터넷 중립성"을 지키기 위한 맥체스니와 니콜스의 노력 덕분이다.

거대한 사이트(페이스북, 마이스페이스)가 갑자기 생겨나고, 때로는 루퍼트 머독에 인수되기도 하며, 때로는 사라지기도 한다. 그러거나 말거나, 그동안 사람들은 이전의 어느 매체보다도 유연하고 다루기 쉬운 이 인터넷이라는 매체를 활용하는 여러 가지 방법들을 알아나간다. 무엇보다도 인터넷은 비용이 적게 든다. 적은 돈을 들여서도 읽을 만한 가치가 있는 것을 웹에 게시할 수 있다. 게다가 신기하게도 인터넷은 품질 중심이라서 좋은 글이 빨리 퍼진다.

더 중요한 점은 인터넷이 탈중앙집중적이고 분산적이라는 사실이다. 그래서 나는 인터넷을 좋아한다. 이제까지는 식품이 중서부에서 오고 석유가 중동에서 오듯이 '미디어 콘텐츠'는 뉴욕이나 할리우드에서 오는 게 일반적이었다(그리고 미디어 콘텐츠는 매우 작은 집단에 속한 사람들이 만드는 게 일반적이었다. 나는 대학 때 〈하버드 크림슨〉에 있었기 때문에 〈뉴욕타임스〉 1면에 등장한 기자들이 전부 케임브리지 술집에서 밤에 나랑 술 마시던 사람들인 날이 꽤 된다). 갑자기 문화적 농민시장이라 할 만한 것이 생겨날 수 있게 되었다. 모든 장소에서, 그리고 어떤 장소에서든 콘텐츠, 아이디어, 열광이 생겨나고 있다. 유튜브는 재래시장이다. 〈허핑턴포스트〉도 그렇다. 거기 있는 어떤 것은 역겹지만 어떤 것은 경이롭다.

탈중앙집중적이라는 점이야말로 앞으로 결정적인 중요성을 갖게 될 것이다. 우리는 갑자기 막대한 양의 정보가 필요해질 텐데, 그런 정보 중 〈뉴욕타임스〉나 〈LA타임스〉에서 실질적으로 얻을 수 있는 것은 얼마 안 될 것이니 말이다. 예를 들면, 앞으로는 훨씬 더 많은 사람들이 식품을 직접 재배할 필요가 생길 것이다. 흔히 농부를 떠올리면 그리 명석하다는 느낌으로 떠올리진 않지만, 사실 농민들은 한 사람 한 사람이 투자은행가 군단보다 하루에 더 많은 의사 결정을 내려야 하는 사람이다. 그들의 의사 결정이 잘못되면 작물이 많이 자라지 못한다. 그래서 농사 지식을 전파하는 연결망이 부서진 것은 큰 문제다.

2002년에 평균적인 미국인 농민의 나이는 54세였고, 계속 많아지고 있다. 그 농민의 자녀들은 농업 말고 다른 직업에 종사한다. 거대한 토지공여대학들에는 농업학교가 있지만 대부분은 카길이나 몬산토의 계열사 노룻을 하면서 기업형 농경을 가르친다. 자, 그러니 구글에서 '퇴비화하는 법' 동영상을 검색할 때 170만 건이나 검색 결과가 나오는 건 매우 좋은 일이다. 수천 건의 동영상이 있는데 대부분은 아주 훌륭하다(지루한 것도 많지만, 그래도 성의 있게 만들어져 있다). 나는 '키친가드너' 사이트(kitchengardeners.org)의 '우리 친구 박테리아' 프로그램을 좋아한다. 방명록과 덧글 남기는 곳에 누군가가 이렇게 적었다. "아주 좋은 정보입니다. 저도 이렇게 해봐야겠어요." 이것이야말로 정보를 제공하는 사람이라면 누구나 원하는 반응이다.

오랫동안 사람들은 텔레비전이 어떻게든 교육용 기기로 진화하기를 기대했다. 물론 그렇게 되지 않았다. 퇴비화에 대한 텔레비전 프로그램을 만든다 해도 어쩌다가 그 시간대에 우연히 그 채널을 켠 사람들만 볼 수 있다. 그리고 TV 프로그램을 만드는 데는 비용이 아주 많이 들기 때문에 방송사로서는 더 광범위한 시청자 층을 공략해야 한다. 그 광범위한 시청자 층 중에서 오지 오스본보다 퇴비화에 더 관심 있는 사람은 그리 많지 않을 것이다. 그리고 프로그램을 값싸게 만들려고 한다면(공동체 텔레비전!) 프로그램의 질이 너무 형편없어서 보고 있을 수가 없을 것이다.

하지만 인터넷에서는 199달러짜리 카메라 한 대만 있으면 누구나 볼 수 있는 유튜브 동영상을 만들 수 있다. 보는 사람은 퇴비화에 숙달될 때까지 몇 번이고 그것을 다시 볼 수 있다. 노트북을 들고 나가서 퇴비화통 옆에 두고 동영상을 보면서 따라해볼 수도 있다. 궁금한 것이 있으면 1,000명에게 물어볼 수 있다. 물론 인터넷으로 **모든 것**을 배울 수는 없다. 정말로 농민이 되려면 농민이 많은 곳에서 농민들 사이에 둘러싸여 있는 편이 훨씬 나은 방법이다. 도구를 빌려줄 수 있고 그것의 사용법을 알려줄 수 있는 사람들 말이다. 하지만 농사일을 보고 배울 엄마나 삼촌이 없으므로,

하우투닷컴에 물어보는 것은 매우 합당한 차선책이다.

인터넷으로 이웃 되는 법

《성장의 한계》저자들은 생태계와 경제가 하강하기 시작하면서 '서비스 공급'도 자동적으로 내리막을 탈 것이라고 예상했다. 가령, 산아제한 정보를 제공하는 등의 서비스 말이다. 앞서 말했듯이 뎅기열에 대처하는 비용 때문에 가족계획 보건소를 운영할 자금은 이미 부족해졌는지도 모른다. 하지만 이 점과 관련해서 우리는 약간 더 낙관적이 되어도 좋을 것이다. 컴퓨터와 인터넷의 확산은 수많은 사람에게(심지어 글을 모르는 사람도) 정보에 접할 기회를 준다. 줄스 프리티에 따르면, 인도네시아에서는 쌀 재배농 수만 명이 CD로 정보를 나누는 네트워크를 구성했다. 나 또한 아시아의 외진 마을들에 가본 적이 있다. 그곳 농민들은 GATT와 그것이 미칠 영향에 대해, 아마도 〈워싱턴포스트〉를 구독하는 평균적인 독자보다 더 많이 알고 있었다. 또 휴대전화가 있다면 작물 가격을 파악할 수 있어서 중간 거래인에게 의존할 필요가 없게 된다. 이 모든 것이 도움이 된다.

논이나 퇴비더미에서 고된 하루를 보낸 후 오지 오스본을 보고 싶다면? 이 또한 인터넷이 제공해줄 수 있다. 사실상 20세기에 방송이나 영화로 선보인 모든 순간은 쉽게 접근할 수 있는 인터넷 아카이브에 다 저장되어 있다. 인터넷에서 수만 건의 영화를 감상할 수 있고, 지구상의 어딘가에서 나오는, 조금이라도 음악적인 소리는 몇 초 만에 내려 받을 수 있다. 모든 시트콤과 드라마, 코미디와 광고, 모든 일본 게임, 맨체스터 유나이티드의 우승 장면, 〈뉴욕타임스〉의 모든 과거 기사, 구글어스에 등록된 지구상의 모든 도로를 볼 수 있다. 우리가 지나온 시기의 모든 흔적들이 담겨 있다. 이는 그치지 않는 광맥이다. 인터넷은 우리가 이제껏 알던 세계를 단번에 끊어버리지 않아도 되도록, 이전의 세계에서 차츰차츰 멀어지게 우리를 도와주는 도구가 될 수 있을 것이다.

뿐만 아니라 우리를 다음 세계로 차츰차츰 데려다주는 도구가 되어줄 수도 있을 것이다. 인터넷이 가르쳐줄 수 있는 가장 희한한 노하우 중 하나는 바로 '이웃이 되는 법'이다. 마이클 우드 루이스는 아내 발레리와 함께 2000년에 벌링턴의 남쪽 끝으로 이사를 왔다. 그때에 대해 그는 이렇게 회상했다. "꿈꾸던 동네에 왔다고 생각했어요. 걸어 다닐 수 있고, 호수 근처이고, 나무가 많고요. 하지만 우리는 이웃을 사귀는 데에 어려움을 겪었어요. 어느 날 밤, 아내와 나는 저녁을 먹으면서 그 이야기를 했지요. 우리가 자란 중서부에서는 이웃에 쿠키를 돌리곤 했다는 생각이 났어요. 이사 온 지 1년 되도록 우리는 쿠키를 돌리지 않았거든요."[103]

그래서 첫 번째 계획으로, 그들은 초콜릿칩 쿠키를 한 판 구워서 이웃에 돌렸다. "도자기 그릇에 담아갔어요. 그러면 그들이 그걸 돌려주러 올 테고, 그러면 또 대화할 기회가 생길 거라고 생각한거죠." 우드 루이스가 설명했다. "하지만 아무도 그릇을 돌려주러 오지 않았어요. 나는 어리둥절했죠. 하지만 사람들이 무례해서라고 생각하지는 않아요. 사람들이 50년 전과는 다른 문화에서 살고 있기 때문이라고 생각해요."

전보다 더 바쁘고 어느 때보다도 신경 쓸 일이 많은 문화에서, 버몬트 주에서조차 무언가가 달라졌던 것이다. 그래서 우드 루이스는 두 번째 계획을 세웠다. 이것은 인터넷을 매우 혁신적으로(거짓말처럼 명백하게) 사용한 사례로 남을 것이다. 우드 루이스에게 인터넷은 지구 절반 너머에 사는 먼 사람들이 아니라, 동네 안의 반 블록 떨어진 사람들을 만나는 방법이 되어주었다.

"복사 가게에서 15달러를 들여서 전단지 400장을 출력했어요. 그것을 우리 동네 집집마다 붙였죠. 그저 이런 내용이었어요. 잃어버린 고양이나 동네잔치 등 그러한 소식을 우리 서로 전해요!" 그래서 '파이브시스터스 네이버후드 포럼'이 생겨났다. 그는 6년째 자원봉사로 파이브시스터스를 운영하고 있다. "하루에 5분 정도 걸립니다. 나는 어쨌든 컴퓨터 앞에 앉아 있으니 시간 내는 것은 문제가 아니에요." 저녁마다 그날 메일함에 들어온 대여섯 개의 소식을 묶어서 하나의 이메일 뉴스레터로도 발송했다. 그게 다.

어떤 사람은 이런 메시지를 보냈다. "이웃 여러분, 참조하세요. 지난밤에 커다란 포섬이 우리 집 앞뜰을 어슬렁거리는 것을 보았어요. 스컹크만큼 나쁘지는 않지만 포섬이 정원을 망치고 잔디를 파헤칠 수 있다고 생각해요." 24시간 후에 다른 이웃이 이에 대해 메시지를 보냈다. "포섬은 아주 순한 발을 갖고 있기 때문에 땅을 잘 파지 못해요. 그래서 잔디에 해를 주지는 않을 것 같아요. 포섬은 아주 깨끗한 동물이에요. 서로를 그루밍 해주는 데 하루의 대부분을 쓰는 걸요." 한편, 또 다른 사람은 사과나무를 가지치기 했다며 불쏘시개가 필요한 사람은 뒤뜰에 와서 가져가라고 메시지를 보냈다. 길 아래쪽에서는 도둑이 어떤 마을 사람의 자동차 문을 열고 물건을 훔쳐갔다. 잃어버린 것은 "신발, 땀에 전 운동복, 〈뉴요커〉 몇 호가 들어 있는 운동가방"이었다. "어느 덤불에서 그게 버려진 것을 발견하시거든 제게 알려주세요."

'월드와이드' 웹은 잊어라. 파이브시스터스는 네 블록을 커버할 뿐이다. 동영상도 없고, 등급 시스템도 없고, 유명인도 없고, 하이퍼링크도 없다. 그저 이웃들이 살아가는 일상의 흐름이 있을 뿐이다. 우드 루이스는 이렇게 설명했다. "꾸준히 성장했어요. 처음에는 10~20퍼센트의 이웃이 회원 가입을 했는데 2006년에는 90퍼센트가 가입을 했어요." 이때 〈카티지 리빙〉 매거진이 선정한 미국에서 가장 좋은 동네 열 곳의 목록에 우드 루이스의 마을이 올랐다. "기자가 전화를 해서 이렇게 말했어요. 다른 마을 사람들은 자신의 동네를 잘 돌아가게 만드는 이유로 저마다 다른 것을 꼽았는데, 여기에서는 거의 모든 사람이 우리의 이메일 네트워크를 꼽았다고요. 그래서 나는 이 일에 확신을 가지게 되었어요."

그 확신으로 우드 루이스는 직장을 그만두고 버몬트 주에서 가장 큰 치턴던 카운티 전역에 이 서비스를 제공하기 시작했다. 2년 안에 '프론트포치포럼닷컴(FrontPorchForum.com)'은 1만 3,000가구를 회원으로 두게 되었다. 100개도 넘는 동네 포럼이 참여했는데 그중에는 도시빈민 지역도 있었다. 이 마을의 주된 화제는 그래피티 문제를 해결하는 법과 마약 거래인들을 몰아내는 방법이었다. 한편, 농촌 마을에서는 이런 메시지가 오기도 했다. "우리 집에는 집오리 수컷 네 마리가 있어요. 예쁘고 둥근 알을 낳을 암컷인 줄 알았는데요, 여자친구를 정말로 필요로 하는 남자녀석들이지 뭐예요!!"

'독자의 소리'나 슈퍼마켓의 게시판에서 보게 되는 내용들 같다. 그리고 사실 그렇다. 하지만 이메일 포럼을 통한 네트워크는 쉽게 사용할 수 있고 날마다 업데이트되기 때문에 이웃 간의 장벽이 확 낮아졌다. "저는 이러한 방식의 이웃 맺기 기술이 사라져왔다는 생각이 들었어요." 하버드 교수 로버트 퍼트넘의 《나 홀로 볼링(Bowling Alone)》 같은 책을 인용하며 우드 루이스가 말했다. "동네에서 사회적 자본을 늘릴 수 있다면, 즉 아는 사람, 잘 아는 사람의 네트워크를 늘릴 수 있다면 참여가 증가합니다. 온통 낯선 사람들만 있다면 아무도 걸스카우트에서 자원봉사하려고 하지 않겠죠."

니무 이론적으로 들리는가? 첫 포럼을 열고 얼마 지나지 않아 우드 루이스의 이웃 중 한 명이 아파트에서 길 옆의 주택으로 이사를 하게 되었다. "그들은 스스로 알아서 할 수 있을 거라고 생각했는데, 마지막 순간에 보니 몇 개의 큰 물건들이 있어서 도와줄 사람이 필요했어요. 그래서 '일요일 2시에 오실 수 있는 분'이라는 메시지를 보냈죠. 그랬더니 서른여섯 명이 나타났어요. 이 사람들은 서랍장과 침대만 옮겨준 것이 아니에요. 팀을 짜서 모든 물건을 상자에 담고, 그것을 길 건너로 옮기고, 짐을 푸는 일을 90분 만에 다 끝냈어요. 옛 집의 액자용 못까지 다 빼서 그 구멍을 땜질하는 것까지 마치는 데 말이에요. 상자는 다 납작하게 펴서 재활용될 태세가 되었고요."

버몬트 주의 지역 신문들이 기자들을 정리해고하고 기사를 줄이는 상황에서, 버몬트 주 사람들에게는 프론트포치포럼닷컴이 이미 가장 중요한 정보원천 역할을 하고 있는지도 모른다. 에릭 필콘은 지난해 어느 오후에, 버몬트 주가 안전 문제로 주요 다리 하나를 폐쇄하기로 한 날을 회상했다. "나는 시청에서 일하는데, (이 소식을 듣고) 마이클 우드 루이스에게 호외를 날렸어요. 그리고 그는 바로 이 정보를 전했지요. 다음 날 출근길을 돌아가야 한다는 소식을 기존 매체를 통해 알게 된 사람보다 우드 루이스를 통해 알게 된 사람이 더 많을 거라고 생각해요." 응급 상황에서 이런 네트워크가 효력을 발하는 이유는 사람들이 이것을 매일매일 사용하기 때문이다. 잃어버린 고양이라든가, 10대 자녀가 할 만한 여름 아르바이트 자리 등에 대한 문의와 정보를 일상적으로 꾸준히 주고받는 이들은, 결정적인 순간에 서로 의존할 수 있는 상대가 된다.

이와 동일한 현상이 미국 전역에서 퍼지고 있다. 사회학자들의 말을 빌리면, 경제가 하강하면서 "이웃 역할이 약간 증가"했다는 것이다. 펜실베이니아대학에서 케이스 햄튼은 5만 명 이상의 회원이 있는 커뮤니티 그룹들의 웹사이트를 운영하고 있다. 유통되는 소식의 양은 2008년에서 2009년 사이에 25퍼센트나 늘었다. "나는 사람들이 어려운 시기에 방공호를 파고 그 안에 숨어 있으리라고 생각하지 않아요. 사람들은 서로서로에게 의지하며 문제들을 해결할 거예요. 그렇게 이웃이 될 거예요."[104]

우드 루이스는 이런 이야기도 떠올렸다. "한 어머니가 우리 근처에 살고 있었는데, 10대인 딸의 생일파티를 준비하고 있었어요. 딸애는 친구들과 카누를 타러 가고 싶어 했지만 어머니가 알아보니 카누 임대 가격이 너무 높았다는 거예요. 딸애는 '뒷마당에 카누가 있는 집들이 이렇게 많은데?'라고 물었어요. 하지만 어머니는 말했죠. '모르는 사람한테 다짜고짜 배를 빌려달라고 할 수는 없어.' 그래도 어쨌든 포럼에 문의를 내보았어요. 카누 여섯 대가 필요하다고요. 그날이 다 지나기 전에 사람들이 찾아왔대요. 그러니까, 그 집 앞마당에 카누가 쌓이게 된 거죠. 나중에 그녀는 내게 메시지를 보내왔어요. '정말 기분이 좋았어요. 공동체라는 것이 무엇인지에 대해 제대로 상기시켜준 일이었어요. 이 사람들을 내가 왜 10년 더 일찍 알지 못했을까요?'"

인터넷, 해방을 위한 문화

이 책 전반에 걸쳐, 나는 우리가 만들어낸 새로운 지구우에 대처하기 위해서는 변화가 필요하다고 주장했다. 무엇보다도, 더 작아지고, 덜 중앙집중화 되고, 성장이 아니라 유지보수에 초점을 맞추고, 우리가 올라온 위험한 높은 곳에서부터 살살 조심스럽게 내려가는 것에 초점을 맞춰야 한다고 말이다.

그런데 여기에는 걱정스러운 점이 하나 있다. 나쁜 것뿐 아니라 좋은 것까지 버려야 할지 모른다는 점이다. 나는 지역 공동체를 좋아하지만, 전국적이거나 전 지구적인 프로젝트라고 해서 꼭 축적이나 팽창만을, 자동차나 공장만을 의미한 것은 아니었다. 전 국가적이고 전 지구적인 프로젝트는 해방을 의미하는 것이기도 했다. 점점 더 많은 사람들의 가치를 인정한, 느리지만 꾸준한 과정이었던 것이다. 남성과 여성, 그리고 전 세계에서 서로 다르게 생각하고 다르게 사랑하고 다르게 보이는 사람들의 가치를 인정하는 과정이었다. 개방적인 자유시장, 쉬운 통신, 증가하는 이동성은 어디에서나 작용하는 용매가 되어 벽을 하나씩 무너뜨렸고 많은 사람들을 전통과 문화와 성별이 자동적으로 부여했을 삶으로부터 자유롭게 해주었다. 우리를 익명이 되게 한 바로 그 과정이, 동시에 우리에게 정말로 큰 이득을 주기도 한 과정이었던 것이다.

축소되는 세계에서는 이러한 과정이 멈추거나 심지어 역행할 수 있으리라고 쉽게 예상할 수 있다. '새로운 지구에서 살아남기'에 충분할 정도로 견고한 공동체와 지역경제를 추구하다가 안 좋은 의미에서의 '전통적인' 사회로 뒷걸음질칠지도 모른다. 우리는 이제 이웃 없이 사는 것의 비용을 감당할 수 없다. 이웃은 우리 생존의 핵심이다. 이미 대가족이 다시 증가하고 있다. 노인 요양소나 독신자용 아파트를 구할 여력이 안 되는 사람들이 많아졌기 때문이다. 가족 간의 유대도, 약간 주춤하던 시기를 지나서 이제 전통적인 역할을 되찾았다. 이는 대체로 좋은 일이다.

버락 오바마 대통령이 장모를 백악관에 함께 모시고 사는 것은 분명 좋아 보인다. 현재로서는 잘하는 일 같다. 하지만 시어머니나 사돈에 대해

떠도는 농담이 그렇게 많은 것에는 다 이유가 있다. 그리고 작은 마을에 사는 사람들은 이웃의 존재가 골칫거리가 된다는 점도 알고 있다. 새로운 아이디어가 들어오고 낡은 아이디어가 나가는 것이 어렵다는 것을 알고 있다. 커크패트릭 세일은, 그런 공동체들은 일반적으로 순응을 원하고 튀는 행동은 벌한다고 언급했다. 그들은 고정된 방식과 패턴에 익숙해져 있기 때문에, 새로움이 주는 흥분에는 여지를 별로 남겨주지 않는다.[105] 숨막힐 듯하다는 게 바로 이럴 때 쓰는 말일 것이다.

그래서 나는 다른 것은 다 전원을 끄게 되더라도 인터넷에서만은 전기가 계속 흐르게 하고 싶다. 우리는 '우리의 생존에 적합하도록 잘 작동하는 문화'가 필요하다. 즉 다시 노인들에게 관심을 기울이고, 한계에 대해 진지하게 생각하고, 인간의 여러 과잉을 억제해야 한다. 하지만 '모든 사람에게 잘 작동하는 문화'도 필요하다. 이를테면, 여성이 다시 남성의 종이나 2등 시민이 되지 않게 해야 한다. 인터넷은 우리가 여전히 비용을 감당할 수 있는 용매다. 비행기로 여행하는 것은 기후 충격의 시대에, 그리고 줄어드는 석유의 시대에 우리의 구원이 되지 못하겠지만, 마우스 클릭으로 할 수 있는 여행은 그것을 대체할 것이다.

새로운 아이디어가 불려 들어오고 낡은 편견이 불려 나가려면 창문이 열려 있어야 한다. 전에는, 태어난 곳에 제약과 구속들을 모두 감수하면서 남아 있거나, 모든 것을 스스로 만들어내기 위해 세상으로 나가거나, 둘 중의 하나를 선택해야 했다. 우리 사회(무자비하고, 이동성이 크고, 낭비적이고, 흥분되고, 위험에 처한)는 그 역동성의 산물이다. 우리는 그러한 역동을 더 이상 감당할 수 없다. 하지만 그렇다고 우리가 갇혀 있어야 한다는 의미는 아니다. 이에 대한 작은 사례로, 지난 1, 2년 동안 내가 해온 일을 소개할까 한다.

20년 전에 나는 일반 독자를 대상으로 지구온난화에 대해 첫 책을 썼다. 《자연의 종말》이라는 책이었다. 그 이래로 나는 계속해서 기후에 대해 글을 쓰고 이야기를 했다. 게재해야 할 모든 곳에 기사를 게재했다. 〈뉴요커〉, 〈애틀랜틱〉, 〈하퍼스〉, 〈뉴욕 리뷰 오브 북스〉, 〈내셔널 지오그래픽〉. 하지만 어느 시점엔가 나는 이것으로 충분치 않다는 생각이 들었다. 방글라데시를 갔다 온 이후였던 것 같다. 그곳에서 나는 뎅기열에 걸렸고 너무 많은 사람들이 죽어가는 것을 보았다. 정신이 번쩍 들었다. 내가 한 일이나 다른 사람들이 한 일로 인해 무언가 구체적으로 달라진 것은 하나도 없었다. 워싱턴은 기후 온난화를 늦추는 데에 절대적으로 아무것도 한 게 없었다. 나는 정치적으로 무언가 변화가 일어날 수 있게 하려고 노력해왔다. 그런데 무엇을?

나는 버몬트 주의 숲에 사는 작가다. 나는 몇몇 작가 친구들에게 전화를 해서 벌링턴에 가서 연방정부 건물 계단에 앉아 있자고 했다. 그러면 우리는 연행될 것이고, 틀림없이 신문에 이 이야기가 실릴 것이라고 말이다. 그들은 "좋은 생각이야"라고 말했다. 나만큼이나 멍청이들이었다. 하지만 한 명이 벌링턴의 경찰서에 전화를 해서, 우리가 그러한 행동을 하면 무슨 일이 일어날지 물어봤다. 경찰이 대답했다. 아무 일도 일어나지 않을 거라고. "거기 원하시는 만큼 오래 앉아 계세요. 저희가 한번 들러볼게요."

계획이 어그러진 나는 내 주소록에 있는 사람들에게 이메일을 보내기 시작했다. "걷기 순례를 합시다." 식품부터 구급용품까지 모든 것을 준비한 친구들의 도움으로 이 일은 빠르게 성사되었다. 우리는 3주 후에 닷새간의 여정을 시작했다. 산과 계곡을 따라 걸으면서 농민들의 밭에서 잠을 자고, 가는 길에 맞닥뜨린 교회에서 저녁 프로그램을 열었다. 벌링턴에 왔을 때, 걷고 있는 우리 일행은 1,000명이었다. 이 숫자는 출마를 생각하고 있는 정치인들이 우리가 마지막 날 벌인 시위에 관심을 갖게 만들기에 충분했다. 그 정치인들은 말만 한 것이 아니라 우리가 들고 있던 큰 종이에 서명도 했다. 금세기 중반까지 탄소 방출을 80퍼센트 줄이기 위해 노력하겠다는 맹세였다.

민주당만이 아니었다. 공화당 의원직에 출마를 준비하고 있던(거의 이길 뻔했다) 한 여성 정치인은, 바로 몇 달 전만 해도 출마 선언 연설에서 지구온난화가 사실인지 확신할 수 없다며 "더 많은 연구가 필요하다"는 상투적인 회피의 발언을 했다. 그런데 그 여성 정치인이 알아야 했던 '더 많은 연구'는 물리나 화학적인 연구만이 아니었던 것으로 판명됐다. 정작 그가 지구온난화가 사실인지 아닌지 확신하기에 필요했던 정보는 "얼마나 많은 사람들이 나와서 걷기에 동참하면서 나에게 생각을 바꾸라고 말할 것인가"였던 것이다. 그리고 실험 결과 1,000명이면 충분한 것으로 밝혀졌다. 그 여성 정치인도 그날 서명을 했으니 말이다.

이 행사와 관련해서 유일하게 기운 빠진 일은, 다음 날 신문이 1,000명이 모인 그 집회를 "미국에서 지구온난화 사안 하나만을 위해 모인 가장 큰 정치집회"라고 보도했다는 점이었다. 1,000명이 가장 큰 규모였다니, 지구온난화에 대처하는 싸움에서 우리가 지고 있었던 게 이상한 일이 아니었다.

1,400개의 감동

그래서 우리는 버몬트 주 이외의 지역에서도 무언가를 할 수 있을지 알아보고 싶었다. 여기서 '우리'는 나와 미들베리 칼리지의 4학년생 여섯 명이었다. 우리는 돈도 없고 조직도 없었다. 이메일리스트도 없었고 자금을 조달할 방법도 없었다. 하지만 그 여섯 명은 스물두 살이라는 나이답게 인터넷에 대해 직관적으로 잘 알고 있었다. 우리는 대학 식당에 앉아서 어떤 것이 가능할지에 대해 오랫동안 이야기했다.

우리에게 조언을 해준 사람들도 도움이 되었다. 하지만 그들은 대부분 사회운동 초창기 세대에 잔뼈가 굵은 사람들이라서, 워싱턴에서 시위를 해야 한다는 등의 이야기만 계속해서 반복했다. 하지만 나는 이러한 방법이 별로 옳아 보이지 않았다. 그럴 만한 필요한 자금이 없어서이기도 했지만, 미국 전역을 자동차로 다니면서 지구온난화를 막자고 이야기하는 것은 앞뒤가 맞지 않아 보였다.

하지만 미국에는 물리적 도로 이외에 또 다른 도로도 깔려 있었다. 새로운 가능성을 여는 방식으로 말이다. 2007년 1월 중순에 우리는 다시 한 번 친구들에게 이메일을 보내기 시작했다. 4월 14일(약 3개월 후)에 '80퍼센트 저감'이라는 동일한 목표를 가지고 각자가 시위를 하자고 제안하면서, 이 이메일을 친구들에게도 포워딩 해달라고 했다. 결과가 어떻게 되어갈지에 대해서는 감도 잡을 수 없었다. 우리의 희망은 100명 정도를 조직하는 것이었다. 그러면 적어도 이제까지보다 100명이 더 많아지는 것이니 말이다. 하지만 아무도 입 밖으로 이야기하지는 않았다. 이 숫자가 너무 크고 비현실적으로 보였기 때문이다.

하지만 이 아이디어는 도약했다. 각지에서 사람들이 메시지를 보내오기 시작했다. 사람들은 기다리고 있었다는 듯 이 이메일을 기회로 잡았다. 이들은 이미 전구는 바꾸었고, 뭔가를 더 하고 싶었는데 뭘 어떻게 해야 할지 모르는 사람들이었다. 지구온난화는 아주 거대한, 전 지구적인 일이다. 한 개인이 어떻게 그것을 막을 수 있는가? 그런데 이제 지구온난화를 막기 위한 행동의 아이디어와 수단을 갖게 된 것이다.

메시지를 보내온 사람 중에는 큰 환경단체(시에라클럽, 전국야생생물연맹, 자연자원 보호위원회 등)에서 일하는 사람들도 있었다. 하지만 '그냥 주부' '그냥 학생' '그냥 목사'인 사람들이 훨씬 더 많았다. 마치 포트럭 파티에 사람들을 초대한 것 같았다. 사람들은 기후변화에 대해 각자 자신의 동네에서 일굴 수 있는 일이 어떤 것인지 연구하기 시작했다. 우리는 모임을 조직하고, 물자를 조달하고, 홍보를 하고, 협력을 하는 일에 최선을 다했는데, 이 모든 것을 이메일로 했다. 우리는 사람들에게 각자 자신의 방법대로 시위를 하고서 그 사진을 우리 웹사이트에 올려달라고 했다. 그리고 워싱턴에 있는 회관 하나를 임대해서 이 결과를 보러 올 정치인들을 모두 초대했다. 결과는, 우리가 하룻동안에 이런 시위 1,400건을 "조직한" 것으로 나타났다. '지구의 날'이 처음 선포된 이래 풀뿌리 환경운동 역사상 가장 대대적인 날이었을 것이다. 우리도 워싱턴에서 시위를 했는데, 이는 시위가 열린 1,400개 지역 중 하나였다.

1,400건이라는 숫자만 인상적인 것이 아니다. 중요한 것은 창의성이었다. 키웨스트 사람들은 미대륙의 유일한 산호초 근처의 바다 속에서 시위를 했다. 지구온난화에 제동이 걸리지 않는다면 이 바다의 아름다움이 파괴될 것이라는 점을 알리기 위해 스쿠버다이버들과 물고기들이 협력한 것이다. 잭슨빌 사람들은 요트를 공중으로 6미터나 들어올렸다. 그린란드의 얼음이 대양으로 미끄러져 들어가면 해수면이 올라오게 될 위치였다. 로어맨해튼에서는 해수면이 상승하면 미국에서 제일 비싼 부동산이 어떻게 될지를 보여주기 위해 수천 명이 파란 셔츠를 입고 팔과 팔을 걸어 인간 해안선을 그렸다. 사람들은 얼음이 있는 산 정상에서(곧 얼음이 없어질 것이다), 밭에서, 교회에서, 대학 캠퍼스에서, 집에서 참여했다. 이런 사진들

이 들어오는 것을 보면서 감동하지 않을 수 없었다. 이것은 분산된 정치적 행동이었다. 농민시장이 식품 생산을 분산시키고, 태양열이 전력 생산을 분산시키듯이 말이다. 그리고 웹이 가진 '연결의 힘' 덕분에 분산된 정치적 행동은 부분들의 합을 넘어서는 전체가 되었다.

실제로 일주일 후에 힐러리 클린턴과 버락 오바마가 명시적으로 에너지와 환경 플랫폼을 변경했다. 80퍼센트 탄소 방출 저감을 자신들이 꼭 이룰 핵심목표로 삼은 것이다. 물론 우리의 시위만으로 이런 결과를 가져온 것은 아니다. 예를 들면, 앨 고어는 《불편한 진실》로 사람들의 태도를 바꾸어놓으면서 이 일의 기초를 마련했다. 하지만 10만 달러 정도와 거의 무한한 이메일로 우리도 일조했다. 무척 뿌듯했다. 아니, 의기양양했다.

그런데 약 6주쯤 지나서 북극이 녹기 시작했다. 우리 모두가 온난화의 진행 속도와 규모를 과소평가하고 있었다는 사실이 분명해졌다. 미 항공우주국의 제임스 핸슨은 문명과 생명이 유지될 수 있는 지구상의 최대 이산화탄소 허용치는 350이라는 충격적인 연구 결과를 발표했다. 이를 계기로, 우리의 작은 그룹(내가 이 책 첫 페이지에 헌사를 바친 젊은이들)이 탄생했다. 우리는 전에 사용했던 동일한 전술(분산된 정치적 행동)을, 미국을 넘어 이제 전 세계적으로 할 수 있을지 알아보기로 했다.

지구는 크고 사람들은 각기 다른 언어로 이야기한다. 골든아치나 코카콜라 병이 전 지구적인 상징 노릇을 도맡아 한 데는 이유가 있다. 하지만 우리는 이 세 자리 숫자 350을 가지고 무언가를 해볼 참이었다. 탄소 방출에 대한 국제협약의 내용이 곧 나올 무렵이었는데, 우리는 지구온난화를 막으려면 강한 목표(350)에 모든 국가가 동의해야 한다는 사실을 알고 있었다. 그래서 단순히 이 숫자를 전 세계 사람들의 마음과 머리에 각인시키는 것을 목표로 삼았다. 외국어를 할 줄 아는 대학생들을 찾아내서 이 메시지를 십여 개의 언어로 번역했고, 이메일을 쓰기 시작했다.

전에 그랬던 것처럼 사람들이 이에 반응하기 시작했다. 사실 이번에는 더 빨리 퍼졌다. 이를테면 갑자기 카메룬의 농민에게서도 메시지가 오기 시작했다. 그는 이 운동에 대해 휴대전화 문자 메시지로 알게 되었다고 했다(인터넷은 서구의 것인지 모르지만, 휴대전화는 아주 오지가 아니면 개발도상국 농촌에서도 다 가지고 있다. 그리고 사람들은 각종 정보를 전파하는 데에 다양한 방법으로 휴대전화를 사용한다. 우리의 90초짜리 대사 없는 애니메이션은 휴대전화 스크린에서 아주 멋지게 보였다). 그와 그의 이웃들은 우리가 하려는 일을 이해하고 있었다. 그들은 마을 가장자리에 350그루의 나무를 심고 작은 표지판을 걸고서 사진을 찍었다.

이 사진을 보고 나는 거의 울 뻔했다. 카메룬 사람들은 지구온난화에 기여한 바가 거의 없지만, 언젠가는 온난화가 유발하는 결과들에 난타당할 것이다. 하지만 이제 그들은 맞서 싸우는 작은 방법을 갖게 되었다고 생각한다. 이 외에도 1,500명의 불교 승려들이 라다크의 히말라야를 배경으로 거대한 인간 350을 만들었다. NFL 스타들, 스키 챔피언, 투르드프랑스 경주자 등 뛰어난 선수들은 '350팀'을 만들었다. 거대한 350 배너를 들고 남극의 가장 높은 산을 등반한 사람에게서도 사진이 도착했다. 다시 말하면 지구 곳곳에 우리의 '지부'가 생긴 것이다. 주디트는 헝가리에서, 와엘은 베이루트에서, 사만다는 요하네스버그에서, 엘리는 콩고에서, 고빈드는 델리에서, 에이브는 말레이시아에서, 아론은 뉴질랜드에서, 파울로는 키토에서 참여했다.

2009년 여름에 유엔의 수석 기후과학자인 라젠드라 파차우리(기후변화에 관한 정부 간 패널을 이끈 공로로 앨 고어와 함께 노벨상을 받은 사람이다)도 우리의 목표에 동의했다. "지금 벌어지고 있는 일, 그리고 벌어질 법한 일을 보면, 나는 이 세상이 350의 목표로 가기 위해 아주 적극적이고 단호하게 나서야 한다고 확신한다."[106]

우리는 2009년 10월 어느 날에 전 지구적인 행동을 하는 대대적인 하루를 만들기로 했다. 가장 높은 산에서부터 호주 그레이트 배리어 리프의 해수면 아래까지 모든 지역에서 행동을 벌이는 것이었다. 카누들의 함대가 있었고 줄지은 자전거가 있었다. 사람들은 해변에서 거대한 인간 사슬을 만들었다. 수백 곳의 교회와 성당은 종을 350번 울렸다. CNN은 "지구 역사상 가장 널리 퍼진 정치적 행동의 날"이라고 보도했다. 누구도 자신의 도시나 마을을 떠날 필요가 없었다. 누구도 워싱턴이나 파리나 카이로에 가서 시위를 할 필요가 없었다. 사람들은 그저 자신들이 있는 곳에서 마음과 영혼과 창조성을 보여주고 새로운 도구인 인터넷을 사용해서 부분의 합보다 더 큰 전체가 되었을 뿐이다.

우리는 방송국을 소유할 필요가 없었다. 위성이 이날의 가장 큰 시위를 사진으로 찍고 있었던 것이다. 다른 은하에서 외계인이 우리를 보았다면, 어느 날 오후에 지구인들이 자신들이 살고 있는 지구의 한계라는 것에 대해 무언가를 깨달았음을 알아주었을 것이다.

어떤 기준으로 보면 우리가 너무 늦게 시작한 것은 사실이다. 지구는 이미 바뀌기 시작했고 더 바뀔 것이다. 몰디브 대통령은 '350 결의안'을 통과시키기 위해 바다 속에서 각료회의를 했지만, (앞에서 언급한 이런저런 이유들 때문에) 그런다고 미국 대통령이 갑자기 열정적인 지지자로 바뀌지는 않았다. 온난화를 추동한 힘, 온난화에 불을 지핀 경제를 추동한 힘은 끔찍한 피해들을 막을 수 있을 만큼 빨리 꺼지지 않을 것이다.

하지만 우리는 피해를 줄일 수 있다는 희망을 가지고 계속 싸울 것이다. 그러는 과정에서, 비슷한 싸움을 하는 다른 많은 사람들과 함께 우리는 다음에 올 세상의 구조를 일구는 데에 일조할 것이다. 피해를 막을 수 없더라도 피해에서 살아남을 수는 있는, 분산화되고 지역적인 사회들의 구조 말이다.

지구우는 인간이 저지른 가장 심각한 실패들을 대표한다. 하지만 그래도 우리는 우리가 만든 이 세상에서 계속 살아가야 한다. 가볍게, 조심스럽게, 그리고 품위 있게.

후
기

"우리는 나서기 시작했는데, 당신은?"

이 책의 초판이 나오고 몇 달 동안 지구상에서 가장 심각한 환경 재앙이라 꼽을 만한 일들이 발생했다. (지구에 벌어지고 있는 변화에 대해) 내가 이 책에서 설명한 내용에 대해 예를 보여주기라도 하는 듯했다.

우선 미국을 보면, 멕시코 만에서 BP 석유 누출사건이 발생했다. 2010년 4월 20일에 일어난 이 누출사고는 아마도 가장 강렬한 영상들을 제공한 사건이지 싶다. 수중 카메라가 누출 현장을 가까이서 잡아 보여주었으니 말이다(가만, '누출'이라고? 사실 이건 원유가 '새어 나온' 게 아니었다. BP가 대양 바닥에 저지른 일은 칼로 푹 찔러서, 말 그대로 구멍을 뺑 뚫어놓은 것이었다. 과연 피크오일에 도달할 것인지에 대해 의심이 간다면, 석유 회사들이 조금이라도 원유를 더 찾기 위해 감당해야 하는 압력과 그런 극단적인 장소들을 한 번만 보라. 그렇다면 그런 의심이 없어질 것이다. BP가 시추하고 있던 유정은 사고가 없었다면 미국 석유소비의 나흘치 정도를 댈 수 있었다).

누출 현장 영상들은 50년 전 레이첼 카슨이 《침묵의 봄》을 출간한 이래로 우리가 잊으려고 애써온 사실 하나를 상기시켜 준다. 진보와 성장에는 어두운 면이 있다는 사실 말이다. BP사건은 말 그대로 검고 어두운 면을 잘 보여주었다. 이 사건이 나기 몇 주 전에 오바마 대통령은 "오늘날의 해저유전 굴착장치는 일반적으로 누출을 발생시키지 않는 것으로 판명되었다. 그런 시설들은 기술적으로 매우 향상되었다"며, 멕시코 만 연안 상당 지역에서 석유 시추를 허용했다. 여름이 중반쯤 됐을 때 창피해진 대통령은 "절대적으로 안전하다는 확신 하에" 시추 활동을 허용했을 뿐이라고 말했다.

하지만 이게 문제다. 우리가 모든 한계를 밀어붙이고 있는 상황에서는 더 이상 '절대적으로 안전한' 것이란 없다. 심지어 '비교적' 안전한 것도 없다. 우리는 주변의 모든 시스템을 과부하시키고 있다. 우리의 시스템들은 망가지게 두기에는 너무 크거나, 너무 복잡하거나, 너무 깊다. 그런데 망가지고 있다.

그나마 BP 석유 누출은 그즈음 벌어진 일 중 가장 심각한 것도 아니었다. 2010년 봄과 여름에 자연 세계에서 벌어진 깜짝 놀랄 일들 몇 가지를 들어보자면 다음과 같다.

- 19개국에서 사상 최고의 기온을 기록했다. 19개국이나 그랬다는 것 자체도 기록이다. 어떤 국가는 해당 대륙에서 기록을 세웠다. 미얀마

는 48도로 동남아시아 최고 기록을 세웠고, 파키스탄은 54도로 아시아 전체에서 최고를 기록했다.

- 과학자들에 따르면, 우리 지구는 존재하는 시기를 통틀어 가장 더운 6개월, 가장 더운 1년, 가장 더운 10년을 최근에 막 기록했다. 2010년은 기록이 존재하는 시기 동안 가장 더운 해가 될 것으로 보인다.

- 러시아에서는 최근 1,000년 동안 벌어진 중에서 가장 극단적이고 오래 지속된 혹서(모스크바가 화씨 100도(약 37.8도)를 넘긴 일은 없었다)가 닥쳤다. 이 때문에 토탄에 불이 붙어 모스크바는 끔찍하고 유령 같은 화염에 휩싸였다. 그리고 이때의 혹서로 러시아의 곡물 수확이 너무나 크게 줄어서 당국은 모든 곡물 수출을 중단해야만 했다. 그 결과 세계 곡물 가격이 급등했다.

- 더운 공기가 차가운 공기보다 습기를 더 많이 머금기 때문에(1장에서 설명했다) 홍수가 꾸준히 증가하는 것에 대해 이제 과학자들은 놀라지 않는다. 하지만 2010년 봄과 여름에 발생한 폭풍은 그 정도가 과학자들을 놀라게 만들 만했다. 지구 전역에서 '슈퍼 폭풍'이 발생한 것이다. 미국에서도 내슈빌, 아칸소 주의 산맥, 오클라호마시티 등에 슈퍼 폭풍이 닥쳤고 모두 끔찍한 피해를 낳았다. 하지만 이것도 파키스탄에 비하면 아무것도 아니다. 파키스탄에서는 인더스 강이 범람해서 1,300만 명이 터전을 잃었으며, 막대한 인프라가 파괴됐다.

- 그러는 동안 북극 그린란드의 피터만 빙하에서는 맨해튼의 4배만 한

크기의 빙하가 갈라져 나갔다.

• 아마 가장 끔찍한 소식은 과학저널 〈네이처〉에 실린 연구 내용일 것이다. 지구의 해양 생산성에 대한 연구였는데, 바닷물이 따뜻해져서 대양에 일종의 막을 씌운 격이 되면서 영양가가 많은 아래쪽 차가운 물의 용승이 줄었다. 그 결과, 식물성 플랑크톤의 양이 지난 60년 사이 절반이 되었다. 식물성 플랑크톤은 최대의 유기물질 원천이기 때문에 이는 매우 걱정스런 소식이다.

정말로 이 모든 일들이 다 걱정스럽다. 어느 정도는 예상 가능한 일이기도 했다. 이 일들은 지구가 지구우로 변모해가고 있음을 보여주는 깊고 심각한 징후들이다. 그리고 그 징후들은 직접 겪은 사람들이라면 그 의미를 부인하지 못할 수준에 도달했다. 러시아 대통령 드미트리 메드베데프는 불길이 여기저기서 치솟아 모스크바가 몇 주간이나 마비 상태가 되는 것을 보고 이렇게 말했다(자국 경제가 끝없이 석유와 천연가스를 생산하는 데 달려 있는 나라의 대통령에게서 나온 말이다).

"이제 모두가 기후변화를 이야기하고 있다. 불행히도, 지금 러시아의 중심지에서 일어나고 있는 일이 이 지구적 기후변화의 증거다. 우리 역사상 이런 기후 조건에 직면해본 적이 과거에는 없었으니 말이다."

〈뉴욕타임스〉의 2010년 여름 보도도 눈여겨볼 만하다. 〈뉴욕타임스〉는 '온난화가 실제로 진행되고 있느냐의 문제에 대해서는 양측의 의견이 있다'는 입장을 기사 보도에 오래도록 반영해온 신문이다. 그런데 2010년 8월 중순에 일요일판 신문의 접힌 부분 위쪽에는 홍수, 빙하 해빙, 화재 사진 세 개를 크게 싣고, 그 아래쪽에 다음과 같은 기사를 게재했다. "널리 퍼진 이런 재앙들은 지구온난화가 더 극단적인 기후를 유발하느냐는 질문을 다시금 제기한다. 과학계가 내놓는 답변을 한 마디로 종합하면 '아마도 그렇다'일 것이다." 물론 '아마도'는 무책임한 말일 수 있다. 하지만 〈뉴욕 타임스〉가 그렇게 보도했다는 것은 획기적인 일이다. "온난화는 이어졌다 멈췄다 하면서 진행돼왔다. 계속 누적되고 있는 이 증가는 온건하게 들릴지도 모른다. 하지만 이것은 지구 전체의 평균이며, 이는 어마어마한 양의 열기가 지구에 더해졌음을 보여준다. 게다가 이는 겨우 시작일 뿐이며 대부분의 전문가들은 이 추세가 앞으로 상당히 악화될 것으로 내다본다."

'거봐, 내가 그럴 거라고 했잖아'라는 말은 백 번 해봐야 기쁘지 않다. 나는 《자연의 종말》을 출간한 이후로 20년 동안 그렇게 말해왔는데, 내 말대로 되었다는 것이 하나도 즐겁지 않았다. 차라리 내가 전에 이야기한 것이 틀린 말이었으면 좋겠다.

하지만 무엇보다도 걱정스러운 경향을 하나만 꼽으라면 바로 정치다. 2010년 여름에 미국 의회가 기후변화에 대해 조치를 취하자는 법안을 발로 차버린 것이다. 물론 부시 행정부 시절에는 아무 조치도 취하지 않는 것이 기정사실이었다. 하지만 민주당이 다수당이 되고 버락 오바마가 대통령으로 당선되면서 미국이 기후변화에 대처하는 행동에 나설 것이라는 기대가 생겼다. 하지만 극적이거나 결정적인 조치는 취해지지 않았다.

2009년 6월에 하원은 관련 법안을 통과시켰다. 결정적으로 중요한 시기가 될 향후 1, 2년 내에 온실가스 방출을 별로 줄이지 못할 미약한 법안이긴 했지만, 그래도 무언가를 한 것이긴 했다. 적어도 국제적인 기후 협상들을 제 궤도에 올려놓는 데에 일조할 상징적인 의미를 가질 수 있었다(6개월 후에 코펜하겐 협상은 재앙으로 끝나고 말았지만 말이다). 하지만 이 법안은 상원에서 1년도 넘게 교착 상태에 빠졌다. 거대 석탄과 석유기업들은 이 법안을 좋아하지 않았고, 그래서 로비 군단들을 동원했다. 매사추세츠 상원의원 존 케리는 이 법안을 통과시키기 위한 싸움에서 핵심 인물이었는데, 싸우지는 않고 계속, 계속, 계속 후퇴만 했다. 마지막 싸움 전날 그는 이렇게 말했다. "우리는 상당히 양보했다고 생각한다. 더 양보할 준비가 되어 있다." 지도부의 입장이 이래서야 뭔들 제대로 되겠는가?

그러는 동안 백악관은 법안 통과를 위한 압력을 넣을 수 있는 일을 전혀 하지 않았다. 끔찍한 BP 누출사건을 가지고 기후변화에 조치를 취할 계기로 삼기는커녕, 오바마 대통령은 둘 사이에 명백한 연결 관계를 끌어내지 못했다. 멕시코 만의 망가진 유정에서 새어 나오건, 우리의 자동차에서 대기 중으로 방출돼 나오건 간에 화석연료는 더러운 것이라는 사실 말이다. 행정부로부터 아무 도움도 받지 못한 상태에서, 상원은 이 법안을 표결에 부치지조차 않았다. '세계에서 가장 위대한 숙고 민주주의 기관' 구성원들은 그냥 손 놓고 떠나버렸다. 정치평론가들에 따르면, 공화당이 중간 선거에서 압승했으니 다시 의회에서 기회가 생기려면 2013년까지는 기다려야 할 것으로 보인다.

독자들도 알겠지만, 나는 워싱턴에서 발의된 정도의 법안이나 코펜하겐에서 고려되는 정도의 협약들이 지켜진다고 해도 비중 있는 변화를 만들어낼 수는 없을 것이라고 생각한다. 지도자들은 우리가 직면한 문제의 실제 규모를 제대로 인식하지 못하고 있다. 지금 우리가 처한 문제는, 350ppm 수준으로 돌아가기 위해 맹렬하게 총력을 기울이지 않으면 무시무시한 결과가 닥치리라는 것이다(2010년 여름에 벌어진 무시무시한 일들 중 가장 무시무시한 사실은, 그 모든 것이 세계 평균기온이 겨우 1도 높아져서 생긴 일이라는 사실이다. 화석연료에서 벗어나기 위해 비상조치에 준하는 강력한 조치를 취하지 않는다면, 이번 세기에 기온이 5, 6도 더 오를 것으로 보인다). 그러니 어떻게 생각하면 기후변화 법안이 의회를 통과하지 못한 것은 힘 빠지는 일이긴 해도 결정적인 일은 아니다.

어느 면에서 그것은 운동의 방향을 명확히 해주는 효과가 있다. 이제껏 미국에서 기후변화에 대해 무언가를 하려는 노력들은 이런 약한 법안들 때문에 오히려 힘을 얻지 못했다. 배너가 흐느적거린 채 걸려 있으면 그 아래로 사람들을 모으기가 어렵다. 향후 1, 2년 내에 (당국 차원에서) 본격적인 조치가 진행될 가능성이 없으므로, 진짜 가능성은 미국과 전 세계에서 강력하고 성난 운동들을 벌이는 것에 있다. 문제의 심각성과 중요성에 걸맞은 규모로 진정한 변화를 밀어붙일 수 있는 운동 말이다. 전 지구적

규모의 예술 프로젝트부터, 상호 연결된 시민 불복종 운동에 이르기까지 다양한 전략들을 탐색하는 것이다. '350.org' 같은 단체들이 바로 이런 일을 하려고 한다.

동시에, 기후변화의 몇몇 재앙은 미연에 방지하지 못할 것으로 보이므로 공동체들이 그에 대해 더 잘 견디도록 만들어야 할 필요도 커지고 있다. 때로는 이 두 가지가 결합될 수 있다. 2010년 10월 10일에 350.org는 188개국에서 7,400건의 서로 다른 행동을 조직했다. '글로벌 행동 잔치'라는 행사였다. 지구 곳곳에서 사람들은 태양열 전지를 설치하고, 공동체 정원을 꾸리고, 자전거 길을 만들었다. 이러한 일들은 더 뜨거운 세계에서 해당 지역이 더 잘 견딜 수 있게 도와줄 것이다. 그러면서 참가자들은 지도자들에게 강한 정치적 메시지를 보내는 용도로도 이 행사를 활용했다. 하루를 마무리하면서, 그들은 삽을 내려놓고 휴대전화를 들고서 동일한 메시지를 당국자들에게 보냈다. "우리는 나서기 시작했는데, 당신은 어떻습니까?"

다시 말하면, 우리는 두 가지 줄기로 일을 진행해야 한다. 지금으로서는 피할 수 없어 보이는 1, 2도의 온난화에 견딜 수 있도록 공동체들을 강화해야 한다. 그와 동시에 '어려운 세기'를 '불가능한 세기'로 만들어버리지 않도록, 즉 온난화가 4, 5도까지 진전되지 않도록 관련 조치들을 법제화하기 위해 국제적으로 협력해야 한다. 이러한 운동들을 얼마나 효과적으로 일궈나가느냐에 많은 것이 달려 있다.

2010년 여름에 신문 지면 대부분을 장식하긴 했지만 BP 석유 누출은 환경 위기의 징후로 삼기에는 상대적으로 덜 중요한 사건이었다고 할 수 있다. 사건의 영향이, 이를테면 파키스탄의 홍수보다 적었기 때문만은 아니다. BP 누출이 '사고'였기 때문이다. 이것은 1회적인 일이었다. 그에 대한 적절한 대처는 모든 유정을 가능한 안전하게 만들고, BP의 탐욕 때문에 피해를 본 사람들에게 보상을 해주고, 더 확실한 기술과 방법을 알아내기 전까지 심해의 시추를 금지하는 것이다. 이런 1회적인 문제의 경우에는 '오염'이라는 개념이 잘 들어맞는다. 즉 뭔가가 정상적이지 않고 잘못되어 생기는 일인 것이다.

하지만 우리가 직면한 가장 큰 위험인 기후변화는 1회적인 문제가 아니다. 모든 것이 제 갈 길을 잘 가고 있을 때 발생하는 문제다. 나쁜 테크놀로지 때문이 아니라 나쁜 비즈니스 모델 때문에 생기는 문제다. 엑손 모빌, BP, 피바디 석탄이 대기를 공짜 폐기물 처리장으로 여기기 때문에 생기는 문제다. 막대한 이윤을 내어주기 때문에 그들은 그 비즈니스 모델을 끝까지 지키려고 할 것이다. 돈으로 싸워서는 그들을 이길 수 없다. 그들에 맞서려면 돈이 아닌 다른 수단이 필요하다. 우리의 신체, 정신, 창조성이 필요한 것이다. 운동이란 그런 모습이어야 한다. 너무 늦지 않게 그런 것들을 일굴 수 있다는 희망을 갖자.

감
사
의

글

이 책을 쓰는 데에 많은 사람들에게 다양한 종류의 도움을 받았다. 우선 미들베리 칼리지의 친구와 동료들에게 감사를 전한다. 론 리보위츠, 낸 젠크스, 존 이샴, 캐시 모스, 베키 골드, 재닛 와이즈먼, 크리스 클리자, 존 엘더, 스티브 트롬불락, 피트 라이언, 마이크 매케나, 제프 먼로, 다이안 먼로, 크리스 쇼, 수 캐버너. 그리고 미들베리 칼리지와 '헌트 얼터너티브스 펀드'의 든든한 지원자들을 연결해준 스와니 헌트, 아드리아 굿슨, 캐이틀린 와그너에게도 감사를 전한다. 또한 리커트와 블루베리 힐의 친구들이 제공해준 정신적 지원이 없었더라면 이 책을 쓰지 못했을 것이다.

타임스 북스의 신중하고 열정적인 편집자 폴 골로브, 그의 비서 키라 페이코프에게 큰 도움을 받았다. 또 매기 리처드와 같은 옛 친구, 매기 사이번이나 니콜 듀이와 같은 새 친구, 그리고 데니스 크로닌, 크리스 오코넬, 비키 헤어, 도나 홀스테인, 애쉴리 패티슨, 제이슨 리브먼, 리사 파이페,

댄 팔리 등 뛰어난 동료들에게도 감사를 전한다.

나는 이제까지 뛰어난 에이전트인 글로리아 루미스와 줄곧 일해왔다. 늘 그랬듯이 글로리아는 이 프로젝트의 처음부터 끝까지 정말 현명하게 일을 진행해주었다. 글로리아의 비서인 줄리아 매스닉에게도 감사를 전한다. 또한 이 책의 초고를 읽고 뛰어한 조언을 해준 사람들에게도 감사를 전한다. 특히 레베카 솔니트, 앨런 와이즈먼, 팀 플래너리, 바버라 킹솔버는 우정으로 해줄 수 있는 것 이상을 보여주었다.

《자연의 종말》을 쓴 이래로 20년 동안 지구온난화에 대한 논의는 작은 물방울에서 큰 소용돌이가 되었다. 내가 이 책에 소개한 많은 사람들의 노력이 없었다면 불가능했을 것이다. 특히 조 롬과 그가 운영하는 'ClimateProgress.org', 데이비드 로버츠와 'Grist.org', 그리고 〈핫하우스 리스트서브〉 참가자들에게 감사를 전한다. 물론 짐 핸슨은 이 책의 영웅 중 한 명이며, 우리 행성(지구든 지구우든 간에)의 영웅 중 한 명이기도 하다.

이 책을 쓰던 시기에 나는 350.org의 일에도 풀타임 이상의 시간을 썼다. 여러 재단들의 도움과 미래를 염려하는 전 세계 사람들의 열정이 이 일을 가능하게 해주었다. 세계 각지에서 사람들이 자발적으로 참여해주어 2009년 10월 24일에 우리는 매우 특별한 날을 만들 수 있었고, 기존의 통념을 바꾸는 어려운 일을 진전시킬 수 있었다. 나는 350.org의 핵심 일꾼 일곱 명에게 이 책의 헌사를 바쳤다. 그들이 내게 얼마나 큰 의미를 차지하는지가 조금이나마 전해지길 바란다.

가족, 친척, 친구들은 언제나 나에게 이루 말할 수 없는 힘이 된다. 페기 매키번, 톰과 크리스티와 엘리, 버로벡 씨 가족, 콘시다인 씨 가족, 윌슨 씨 가족, 아비논 씨 가족, 앨든 스미스와 미시 스미스, 워런 킹과 배리 킹에게 감사를 전한다. 또 앤드류 가드너와 캐롤라인 데이먼은 수많은 방식으로 내 삶을 더 나아지게 해주었다. 우리 마을 립톤에 사는 많은 사람들이 이 책 작업을 더 수월하게 해주었다. 특히 노스브랜치 학교 지원을 도와준 탈 버드세이, 에릭 워런, 로스 메스너 등에게 감사를 전한다. 또한 미들베리유니언 고등학교, 마운튼 학교, 워싱턴 DC의 SEGL 학교에도 감사를 전한다.

물론 무엇보다도, 프랜스키, 소피 크레인, 수에게 감사를 전한다. 나는 그들을, 그리고 그들과 함께 하는 삶을 사랑한다.

그래도 우리는 계속 살아가야 한다

거두절미하고, 저자의 첫 번째 주장은 명확하다. "이곳은 이제 지구(Earth)가 아니라 지구우(Eaarth)다."

신석기 시대 이래로 인류가 알아왔던 모습의 지구는 사라졌다. 저자는, 인류가 번성할 수 있었던 기후와 환경을 가진 지구는 이제 존재하지 않고, 우리가 살고 있는 곳은 훨씬, 훨씬, 훨씬 척박한 새 행성이라고 말한다. 인간이 지난 200년간, 특히 그중에서도 최근 몇십 년간 대기 중에 막대한 양의 탄소를 쏟아놓은 탓이다. 1만 년 이상 인류에게 삶의 터전을 제공했던 기후를 망가뜨리는 데에 겨우 몇십 년, 길게 잡아도 한두 세기밖에 안 걸린 것이다. 수억 년 뒤에 이 행성을 지배하고 있을 어느 신생종이 자연사 대사전을 만든다면, 공룡 항목에는 '운석의 충돌로 멸종한 종'이라는 설명이, 인류 항목에는 '제 손으로 제 터전을 끝장내서 멸종한 종'이라는 설명이 달릴 것이다.

멸종 운운까지는 과장이지만, 이대로 나가다간 그게 과장이 아닌 상황이 올지도 모른다. 이 책 1장에 상세히 나오는 그 숱한 재해들은 세계 평균 기온이 약 1도 올라서 발생한 일이었다. 그런데 지난해(2012년) 말 카타르 도하에서 열린 세계 기후변화 회의에서 각국 대표자들이 목표로 잡은 수치는 추가적인 기온 상승을 최대 2도에서 막는다는 것이었다. 그나마 이는 각국이 획기적인 조치를 당장 취하기 시작해야 가능할까 말까 한 수치인데, 각국이 그렇게 나서줄지도 의심스럽다.

　기후변화가 국제적인 의제가 된 지는 20년 정도 되었고 교토 의정서가 나온 지도 15년이나 되었지만, 그동안 세계 각국이 대기에 방출하는 탄소의 총량은 줄어들기는커녕 급증했다. 따지고 보면, 다들 그럴만한 자국의 경제 사정이 있었다. 〈허핑턴포스트〉는 도하 기후변화 회의를 다룬 최근 기사에서 이렇게 요약했다. "가난한 나라들은 (청정한 경로의) 개발을 위한 돈과 기술을 원하고, 부유한 나라들은 그것들을 별로 제공하고 싶어 하지 않는다(제공한다 해도, 그 돈이 기후변화를 악화시키지 않는 방향으로 쓰이리라는 보장도 없는 게 사실이다). 그리고 석유와 천연가스가 풍부한 운 좋은 나라들은, 자신들을 가난한 나라 쪽이 아니라 부유한 나라 쪽에 속하게 해준 그 자원들을 계속 퍼올리고 싶어 한다."

　극심한 빈곤에 시달리는 가난한 나라들이야 그렇다 치더라도, 부유한 나라들은 성장을 조금 희생하더라도 탄소 방출을 획기적으로 줄일 수 있지 않겠느냐는 생각이 들 법도 하다. 하지만 부유한 나라에서도 '성장을 희생' 하자고 제안하는 것은 정치인들에게 정치적 자살이나 다름없다. 지난해 11월 허리케인 샌디가 미 동부를 강타한 뒤, 오바마 대통령은 기후 변화에 대해 장기적 시각의 대처가 필요함을 여러 차례 언급했다. 하지만 도하 기후변화 회의에서 미국의 입장은 기존의 미지근한 입장에서 하나도 달라진 것이 없었다. 그리고, 저자도 지적했듯이, 부유한 나라의 에너지 기업들은 화석연료에서 나오는 이윤을 포기할 생각이 전혀 없다. 화석연료를 기반으로 하는 다른 산업들도 마찬가지인데, 현대 경제에서 화석연료를 기반으로 하지 않는 산업은 없다고 보면 된다.

다시 말하면, '이대로 나가다간' 정말 큰일날 텐데, '이대로 나갈' 가능성이 매우 커 보인다.

게다가, 저자의 설명에 따르면, '이대로 나가지' 않고 세계 각국이 합심해서 탄소 방출을 제로로 줄인다 하더라도 온난화는 당분간, 아니 상당 기간 동안 계속 진행될 것으로 보인다. 이미 더워진 기후가 토탄 지대의 습기를 말리고 대양 깊은 곳에 메탄을 가둬둔 얼음 결정을 녹이면서 연쇄 작용을 일으킬 것이기 때문이다.

그러니, 우리는 큰일났다. 그런데 도망갈 곳이 없다. 기후변화의 문제가 말 그대로 '전 지구적인' 문제이기 때문이다. 따라서 저자의 두 번째 주장도 명확하다. "우리는 이 험난한 행성에서 계속 살아가야 한다."

너무도 당연한 이 주장은, 우리가 당연히 여기는 수많은 개념들을 근본적으로 뒤집어야 한다는 사실을 내포한다. 그 첫 번째는 성장지상주의다.

저자가 2010년에 캘리포니아 주에서 강연을 했을 때, 청중 중 한 명이 이렇게 질문했다. "(대기 중 이산화탄소 농도) 350ppm으로 돌아가면 미국의 국내총생산(GDP)은 어떻게 될 것으로 보십니까?" 350은 인류 문명을 지탱할 만한 기후를 유지하기 위해 지구가 감당할 수 있는 최대한의 이산화탄소 농도인데, 현재 대기 중 이산화탄소는 거의 390도다. 저자는 이렇게 대답했다. "우선, 우리는 향후 한 세기 안에 350으로 돌아갈 수 없을 것입니다. 그리고 350으로 돌아가(기 위해 성장의 희생을 감수하)는 쪽이 그러한 노력을 하지 않았을 때 발생할 기후변화의 결과들을 감당하는 쪽보다 비용이 덜할 것입니다. 후자는 기본적으로 감당이 불가능한 비용일 테니까요. 하지만 그 질문에 대한 진짜 답변은, GDP 중심으로 생각하는 한 우리는 영영 350으로 돌아가지 못하리라는 것입니다."

성장을 어느 정도는 희생해야 하는 것이 기정사실이라면, 우리가 해야 할 일은 절약이다. 저자는 인류가 대기에 탄소를 마구 뿜어댄 시기는 인류 역사상 유례없이 지구의 자원을 흥청망청 써댄 시기였다고 지적한다. 어떤 사람이 흥청망청하다가 가진 재산을 모조리 써버렸다면, 우리는 당연히 그 사람이 더 이상 흥청망청하면 안 된다고 생각할 것이다. 아니, 흥청망청이 더 이상 불가능하다고 생각할 것이다. 마찬가지로, 서구 국가들은 지난 두 세기간 이룬 속도의 성장과 지난 반 세기간 누린 생활 수준을 지속할 수 없고, 한국도 지난 반 세기간 이룬 속도의 성장과 지난 20년간 누린 생활 수준을 지속할 수 없다. 현재와 같은 방식으로 경제를 돌리는 데에 들어가는 에너지는 실로 막대해서, 이를 그대로 유지한 채 다만 에너지원만 '청정한' 쪽으로 바꾼다고 해결될 일이 아닌 것이다. 원자력이 화석연료를 청정한 방식으로 대체할 수 있는 에너지원이라고 주장하는 사람들이 있지만(실제로 최근에 국제원자력기구(IAEA)는 원자력이 풍력이나 수력, 태양열 에너지와 마찬가지로 청정한 에너지원이라며, 기후변화의 시대에 탄소를 방출하지 않으면서도 전 지구적인 에너지 수요량에 부응할 수 있게 해줄 것이라고 언급했다), 이는 매우 미심쩍다. 저자도 설명하듯이, 현재의 화석연료를 대체할 만큼 생산하기에는 원자력 에너지 시설을 짓는 데에 비용이 너무나 막대하게 들어간다. 또한, 후쿠시마 원전 사례에서도 보았듯이, 아무리 안전하게 지은 원전이라도 자연재해가 오면 매우 취약할 수 있는데, 기후변화가 심화되면 자연재해는 더 많이, 그리고 더 심하게 벌어질 것이다.

성장을 희생할 때 겪어야 할 것들을 감수하는 것은 물론 힘겹다. 하지만 저자는 지금 우리가 이야기하는 것은 '번영하는 법'이 아니라 '생존하는 법'이라고 말한다. 우리 앞에 있는 것은 사소한 어려움이 아니라 아주 커다란 위기다. 이런 상황에서 우리가 목표로 삼아야 할 것은 '쭉쭉 뻗어나가는 것'이 아니라 '인간의 존엄을 잃지 않으면서 최대한 적응해 나가는 것'이다. 저자의 말대로, 우리의 목표는 "비교적 우아한 하강"이고, "역동"이 아니라 "안정"인 것이다.

생존에 가장 중요한 것은 안전망이다. 그리고 안전망은 먼 곳이 아니라 가까운 데 있어야 한다. 지구 절반 떨어진 곳에서 오는 에너지와 식품은 우리에게 안전망이 되어줄 수 없다. 어느 면에서 이는 좋은 일이다. 전에 없이 거대한 위기에 직면했지만, 그에 대한 해결책의 상당 부분은 바로 우리 근처에서 지역적인 경제를 일구는 데에 달려 있다는 얘기니 말이다. 저자가 4장에서 제시한 미국의 사례들도 흥미롭고 희망적이지만, 기본적으로 면적이 훨씬 더 작은 나라인 한국은 전 지구적 경제 시스템에 대한 의존도를 줄이고 자립적 안전망을 확보해 나가는 일이 어쩌면 더 쉬울 수도 있다. 그것을 '국가의 목표'로 삼을 수도 있을 테니 말이다. 한국이 짧은 기간 안에 세계 10대 무역 강국이 된 것은 자랑스런 일이지만, 우리는 고유가나 자연재해 등의 외부 요인으로 무역이 휘청거리게 될 경우에 대해서도 대비해야 한다. '안전망'이란 일이 잘 안 돌아갈 때를 대비하기 위해 필요한 것이고, 기후변화의 양상을 보건대 앞으로는 일이 잘 안 돌아갈 경우가 더 많아질 듯하니 말이다.

　마지막으로, '지역'에 집중한다는 말은 '지구상의 불균형'에 눈 감는다는 말이 아니다. 저자의 말처럼, 기후변화에 가장 심하게 난타당하는 가난한 나라들은 현재의 기후변화를 일으키는 데에 거의 영향을 미치지 않은 나라들이다. 물론, 부유한 나라들로서는 자국의 성장도 늦춰야 하는 마당에 가난한 나라를 지원하기까지 해야 한다는 생각이 정치적으로 인기를 끌기 어려울 것이다. 하지만 이는 선택이 아니라 필수다. 이런 인식이 조금씩이나마 높아지면서, 도하 기후변화 회의에서는 처음으로 가난한 나라들의 "손실과 피해(loss and damage)"에 대해 부유한 나라들이 원조를 제공해야 한다는 내용이 공식적으로 논의됐다. 아직은 충분하기에는 턱 없이 모자랄 정도의 미미한 합의에밖에 도달하지 못했지만, 기후변화에 대해 무엇이라도 하려면 이 문제는 절대로 피해갈 수 없다. 한국도 마찬가지다. 국제 관계에서 한국은 반만 년 역사 통틀어 대체로 '당하는 쪽'에 있었던 터라, 우리에게는 우리가 다른 나라들에 심각한 피해를 끼치고 있다는 생각이 그리 익숙하지 못하다. 하지만 적어도 현재의 기후변화에 대해서라면, 우리는 일으키지도 않은 문제 때문에 피해를 입는 '가난한 나라' 쪽이라기보다는 문제를 일으킨 '부유한 나라' 쪽에 가깝다. '눈부신 경제 성장'을 자랑스러워하면서, 그 성장을 통해 누리게 된 것들을 그 성장이 일으킨 문제로 고통받는 사람들과 나누려 하지 않는다면 너무 무책임한 일일 것이다.

분명 저자는 '희망'을 이야기한다. 하지만 이 희망은 기후변화가 사실이 아닐 것이라는 희망도 아니고 조금만 땜질하듯 고치면 기후변화 이전의 기후로 금방 돌아갈 것이라는 희망도 아니다. 저자가 이야기하는 희망은, 닥친 상황은 끔찍하지만 그래도 우리는 인간다움을 잃지 않으면서 생존해낼 방법을 찾을 수 있을 것이며 그마저도 불가능할 정도로 최악의 끔찍한 상황은 막을 수 있으리라는 희망이다.

그런 점에서, 저자의 맺음말은 울림이 크다. "지구우는 인간이 저지른 가장 심각한 실패들을 대표한다. 하지만 그래도 우리는 우리가 만든 이 세상에서 계속 살아가야 한다. 가볍게, 조심스럽게, 그리고 품위 있게."

서문

1. U. S. Climate Change Science Program, "Weather and Climate Extremes in a Changing Climate; Synthesis and Assessment Product 3.3," June 2008, p.4.

2. "Deluge, Blizzard—These Are Wetter Times," *Foster's Daily Journal* (New Hampshire), January 26, 2009.

3. Richard Ingham, "Act Now on Floods, Drought, Says Forum," *Age* (Australia), March 18, 2009.

4. Pavel Y. Groisman, Richard W. Knight, and Thomas R. Karl, "Heavy Precipitation and High Streamflow in the Contiguous United States: Trends in the Twentieth Century," *Bulletin of the American Meteorological Society* 82, no.2 (February 2001) : 219.

5. "Suffering the Science: Climate Change, People, and Poverty," Oxfam Briefing Paper 130, July 6, 2009, p.1.

1장. 새로운 세계

1. Andrew Revkin, "Puberty on the Scale of a Planet," *New York Times*, August 7, 2009.

2. Robert Poole, "For the Apollo Astronauts, A Small World," *Los Angeles Times*, July 19, 2009.

3. Rosslyn Beeby, "Warming Fuels Rise in Tropical Storms," *Canberra Times*, December 27, 2008.

4. "NASA Study Links Severe Storm Increases, Global Warming," *Pasadena Star News*, January 23, 2009.

5. Brian K. Sullivan, "California Fire Season Now Year Round in Era of Mega Blazes," Bloomberg.com, November 18, 2008.

6. Jonathan Leake, "Arctic Ice Melting Even in Winter," *Times* online, October 26, 2008.

7. "First Commercial Ship Sails through Northwest Passage," *Climate Progress*, November 30, 2008.

8. Lisa Jarvis, "Kindling for Climate Change," *Chemical and Engineering News*, August 17, 2009.

9. Mason Inman, "Arctic Ice in 'Death Spiral,'" *National Geographic News*, September 17, 2008.

10. Joseph Romm, "Loss Cause," Grist.org, December 19, 2008.

11. "The Curse of Carbon," *Economist*, December 31, 2008.

12. Steve Connor, "Expanding Tropics a Threat to Millions," *Independent*, December 3, 2007.

13. Rachel Kleinman, "No More Drought: It's a 'Permanent Dry,'" *Age*, September 7, 2007.

14. David Pallister, "Brushfires and Global Warming, Is There a Link?" *Guardian*, February 8, 2009.

15. David Pallister, "Australian Brushfire Toll Its Worst Ever," *Guardian*, February 8, 2009.

16. Patty Henetz, "Drought Deepens Strain on a Dwindling Colorado," *Salt Lake Tribune*, November 29, 2008.

17. Mike Stark, "Climate Change, Drought to Strain Colorado River," Associated Press, December 5, 2008.

18. Abraham Lustganta, "How West's Energy Boom Could Threaten Drinking Water," *San Diego Tribune*, December 21, 2008.

19. World Wildlife Fund, "Climate Change: Faster, Stronger, Sooner," October 20, 2008.

20. Tania Banigan, "Drought Threatens China Wheat Crop," *Guardian*, February 4, 2009

21. Michael Klare, "The Second Shockwave," *Foreign Policy in Focus*, March 18, 2009.

22. Suzanne Goldenberg, "Climate Change Threatens Ganges, Niger and Other Mighty Rivers," *Guardian*, April 22, 2009.

23. Kyangjin Gompa, "Himalayan Villages on Global Warming Frontline," Agence France-Presse, December 26, 2008.

24. "On Thinner Ice: Melting Glaciers on the Roof of the World," Asia Society, http://www.asiasociety.org/onthinnerice.

25. Raju Gusain, "Climate Change Leads to Early Flowering," *India Today*, February 4, 2009.

26. Tim Rippel, "Slippery Slope," *Hemispheres*, April 2009, p. 63.

27. John Enders, "Bolivia's Chacaltaya Glacier Is Gone," *Miami Herald*, May 5, 2009.

28. Doug Struck, "On the Roof of Peru, Omens in the Ice," *Washington Post*, July 29, 2006.

29. Rick Jervis, "Data Show U.S. Riding Out Worst Storms on Record," *USA Today*, October 22, 2008.

30. NTS Asia-Secretariat, "Climate Refugees, A Crisis in the Making," October 2008.

31. Charles M. Blow, "Farewell, Fair Weather," *New York Times*, May 31, 2008.

32. Julian Siddle, "Marine Life Faces 'Acid Threat,'" BBC, November 30, 2008.

33. Robert Lee Hotz, "A Look into Future Oceans for Shellfish Reasons," *Wall Street Journal*, April 4, 2009.

34. "The Curse of Carbon," *Economist*, December 31, 2008.

35. Craig Welch, "Oysters in Deep Trouble," *Seattle Times*, June 14, 2009.

36. John Aglionby, "Scientists Fear for Seas at Climate Talks," FT.com, May 14, 2009.

37. Douglas Fischer, "The Ocean's Acid Test," DailyClimate.com. November 12, 2008.

38. "Transcript: John McCain's Foreign Policy Speech," *New York Times*, March 26, 2008.

39. Paul Roberts, *The End of Oil* (Boston: Houghton Mifflin Harcourt, 2004), p. 125.

40. Connor, "Expanding Tropics,"

41. John Rockstrom et al., "A Safe Operating Space for Humanity," *Nature* 461 (September 27, 2009): 472-475.

42. A. Tripathi et al., "Coupling of CO_2 and Ice Sheet Stability," *Science*, October 8, 2009.

43. Zoological Society of London, "Coral Reefs Exposed to Imminent Destruction from Climate Change," news release, July 6, 2009.

44. William Branigin, "Obama Plans to Overhaul Environmental Policies," *Washington Post*, January 26, 2009.

45. Richard Harris, "Global Warming Is Irreversible, Study Says," *All Things Considered*, January 26, 2009.

46. David Adam, "Too Late," *Guardian*, December 9, 2008.

47. "U.S. CO_2 Emissions Are Falling," Reuters, August 11, 2009.

48. Jonathan Weisner, "Climate Declaration to Get Global Boost," *Wall Street Journal*, July 3, 2009.

49. Steve Connor, "Exclusive: Methane Time Bomb," *Independent*, September 23, 2008.

50. Volker Mrasek, "A Storehouse of Greenhouse Gases Is Opening in Siberia," *Spiegel* online, April 17, 2008.

51. Melissa Block, "Scientist Measures an Overlooked Greenhouse Gas," *All Things Considered*, September 10, 2007.

52. Fred Pearce, "Arctic Meltdown Is a Threat to Humanity," *New Scientist*, March 25, 2009.

53. Joe Romm, "For Peat's Sake: A Point of No Return as Alarming as the Tundra Feedback," ClimateProgress.org, October 13, 2008.

54. "Sinking Feeling: Hot Year Damages Carbon Uptake by Plants," Agence France-Presse, September 17, 2008.

55. David Adam, "Sea Absorbing Less CO2, Scientists Discover," *Guardian*, January 12, 2009.

56. Global Carbon Project 2008, "Carbon Budget and Trends 2007," September 26, 2008.

57. http://www.climatemediapartnership.org/spip.php?article709.

58. Lester Brown, "Could Food Shortages Bring Down Civilization," *Earth Policy News*, September 29, 2009.

59. Martin Mittelstaedt, "Unprecedented Heat Will Trigger Global Food Crisis," *Toronto Globe and Mail*, January 9, 2009.

60. Lewis Smith, "Billion People Face Famine by Mid-Century, Says Top US Scientist," *Times* (London), March 23, 2009.

61. Maggie Fox, "Climate Warming Means Food Shortage, Study Warns," Reuters, January 9, 2009.

62. "Death Bloom of Plankton a Warning," *San Francisco Chronicle*, November 21, 2008.

63. Ker Than, "3/4 of Big Antarctic Penguin Colonies to Disappear?" *National Geographic News*, December 1. 2008.

64. Catherine Brahic, "Honey, Climate Change Is Shrinking the Species," *New Scientist*, September 11, 2008.

65. Alex Morales, "Sheep Shrinking Each Generation Amid Global Warming," Bloomberg.com, July 3, 2009.

66. Zoe Cormeir, "It's Attack of the Slime," *Toronto Globe and Mail*, December 27, 2008.

67. Silvia Aloisi, "Ocean Noise on Increase," Reuters, December 3, 2008.
68. Christine Dell'Amore, "Giant Mucus-like Sea Blobs on the Rise," *National Geographic News*, October 8, 2009.
69. Doyle Rice, "Global Warming May Be Twice as Bad as Previously Expected," *USA Today*, May 21, 2009.
70. Nate Hagens, interviewed by Marianne Lavelle, in "Beyond the Barrel," January 7, 2008, *US News and World Report* online.
71. Richard Heinberg, "George W. Bush and Peak Oil: Beyond Incompetence," *Energy Bulletin*, March 21, 2006.
72. Neil King Jr. and Spencer Swartz, "Oil Supplies Will Tighten, IEA Warns," *Wall Street Journal*, November 7, 2008.
73. Joe Romm, "Merrill: Non-OPEC Production Has Likely Peaked," ClimateProgress.org, February 2, 2009.
74. http://www.energybulletin.net/node/46556.
75. Travis Bradford, *Solar Revolution* (Cambridge, Mass.: MIT Press, 2006), p. 40.
76. Richard Heinberg, *The Oil Depletion Protocol* (Gabriola Island, British Columbia: New Society, 2006), p. 7.
77. Roberts, *The End of Oil*, p. 153.
78. Ibid., p. 28.
79. Kurt Cobb, "The Net Energy Cliff," *Energy Bulletin*, September 14, 2008.
80. Rob Hopkins, *The Transition Handbook* (White River Junction, Vt.: Chelsea Green, 2008), p. 51.
81. Phil Hart, theOilDrum.com, October 23, 2008.
82. Nate Silver, "The End of Car Culture," *Esquire*, May 14, 2009.
83. "Did the Oil Price Boom of 2008 Cause Crisis?" *Wall Street Journal*, WSJ.com, April 3, 2009.
84. George Soros, "The Perilous Price of Oil," *New York Review of Books*, September 25, 2008.
85. "Fears for Landmark Bridge," *Independent Television News*, August 31, 2008.
86. "Widespread Flooding Forces State of Emergency in Marshall Islands," Agence France-Presse, December 25, 2008.
87. http://healthvermont.gov/news/2008/060508lyme.aspx.
88. Alyssa Abkowitz, "Beating Back the Ocean Proves an Enduring Riddle," *Wall Street*

Journal, September 12, 2008.

89. Natural Resources Defense Council, "The Consequences of Global Warming," September 21, 2007.

90. "New Report—Climate Change Threatens Ohio," environmentohio.org, December 17, 2008.

91. Tom Henry, "Climate Change Called Certain and Most Predictions Are Bad," *Toledo Blade*, October 13, 2008.

92. Ibid.

93. John Vidal, "Wetter and Wilder: The Signs of Warming Everywhere," *Guardian*, December 10, 2008.

94. Eliza Barclay, "Peru's Potato Farmers Adapt to Climate Change," *Miami Herald*, September 15, 2008.

95. Ben Simon, "Lifestyle Melts Away with Uganda Peak Snow Cap," Agence France-Presse, June 15, 2009.

96. Marc Lacey, "Meager Living of Haitians Is Wiped Out by Storms," *New York Times*, September 11, 2008.

97. Jack Healy, "A Luxury Cruise in Harm's Way," *New York Times*, December 3, 2008.

98. http://www.findingdulcinea.com/news/international/2008/November /Maldives-May-Relocate-Due-to-Global-Warming.html.

99. Subramian Sharma, "Kiribati Islanders Seek Land to Buy as Rising Seas Threaten," Bloomberg.com, February 9, 2009.

100. http://www.oceaniacruises.com/T_MainContentPage.aspx?PageUID=dc6fb51a-8819-465a-93b5-30aec64cde17.

101. Tom Phillips, "Brazil: Deforestation Rises Sharply as Farmers Push into Amazon," *Guardian*, September 1, 2008.

102. Anna Armstrong, "Fiery Forecast," Nature Reports Climate Change, November 27, 2008.

103. Peter Bunyard, "Climate Change and the Amazon," in Herbert Girardet, *Surviving the Century* (London: Earthscan, 2007), p. 85.

104. Ibid., p. 91.

105. Peter Bunyard, "Gaia, Climate and the Amazon," July 15, 2005, http://www.indsp.org/SWPeterBunyard.php.

106. Tom Knudson, "Sierra Warming, Later Snow, Earlier Melt," *Sacramento Bee*,

December 26, 2008.

107. Doug Bartholomew, "Experts Planning for a Flood of Noah's Ark Proportions," Dailybulletin.com, July 27, 2009.

108. Knudson, "Sierra Warming."

109. Matthew Daly, "House Approves Special Spending to Fight Wildfires," Associated Press, March 26, 2009.

110. Tom Knudson, "Sierra Nevada Climate Changes Feed Monster, Forest-Devouring Fires," *Sacramento Bee*, November 30, 2008.

111. Matt Walker, "Yosemite's Giant Trees Disappear," BBC News, May 30, 2009.

112. Mireya Navarro, "Environment Blamed in Western Tree Deaths," *New York Times*, January 23, 2009.

113. Ed Stoddard, "Forests Fall to Beetle Outbreak," Reuters, August 4, 2009.

114. Jim Robbins, "Bark Beetles Kill Millions of Acres of Trees in the West," *New York Times*, November 18, 2008.

115. Scott LaFee, "Pining Away," San Diego.com, December 21, 2008.

116. http://dl.klima2008.net/ccsl/ccf_report_oct_06.pdf.

117. Eric Newhouse, "Climate Change Affecting Mountains Most," *Great Falls Tribune*, February 9, 2009.

118. Stephen Speckman, "Bark Beetles Are Feasting on Utah Forests," *Desert News*, September 8, 2008.

119. W. A. Kurz, "Mountain Pine Beetle and Forest Carbon Feedback," *Nature* 452 (April 24, 2008): 987-990.

120. Howard Witt, "Canada's Forests, Once Huge Help on Greenhouse Gases, Now Contribute to Climate Change," *Chicago Tribune*, January 2, 2009.

121. Scott Streater, "Climate Change, Water Shortages Conspire to Create 21st Century Dust Bowl," *New York Times*, May 14, 2009.

122. Juliet Eilperin, "Dust Storms Escalate, Prompting Environmental Fears," *Washington Post*, April 23, 2009.

123. Streater, "Climate Change."

124. Eilperin, "Dust Storms Escalate."

125. "Climate Change Threatens Lebanon's Legendary Cedars," Agence France-Presse, February 5, 2009.

126. James Kantner, "Global Tourism and a Chilled Beach in Dubai," *New York Times*,

January 2, 2009.

127. Peter Ker, "Water Plant to Guzzle Energy," *Age*, August 30, 2008.

128. Moslem Uddin Ahmed, "Water Everywhere, But Not a Drop to Drink," *New Nation* (Dhaka), October 27, 2008.

2장. 하강하는 지구

1. Robert M. Collins, *More: The Politics of Economic Growth in Postwar America* (New York: Oxford University Press, 2000), p. 8.

2. Kevin G. Hall "CBO: Obama's Budget Would Double National Debt," *San Jose Mercury News*, March 20, 2009.

3. Michael Scherer, "Will Deficits Force Obama to Sacrifice His Agenda," *Time*, March 23, 2009.

4. Transcript, White House press conference, March 24, 2009.

5. Kevin Hall, "Rosy Predictions Underlie Obama's Budget," *Bellingham Herald*, February 26, 2009.

6. Ban Ki-moon and Al Gore, "Green Growth Is Essential to Any Stimulus," *Financial Times*, February 16, 2009.

7. "Green Growth: Korea's New Strategy," *Korea Herald*, March 24, 2009.

8. Thomas L. Friedman, *Hot, Flat, and Crowded* (New York: Farrar, Straus and Giroux, 2008), p. 24.

9. Ibid., p. 25.

10. Thomas L. Friedman, "Time to Reboot America," *New York Times*, December 23, 2008.

11. http://www.un.org/partnerships/Docs/Press%20release_Google_17Jan08.pdf

12. Friedman, *Hot, Flat, and Crowded*, p. 231.

13. Ibid., p. 176.

14. "EIA Projects Wind at Five Percent of United States Electricity in 2012," Democratic Underground.com, May 26, 2009.

15. Vaclav Smil, "Moore's Curse and the Great Energy Delusion," *American*, November 19, 2008.

16. http://www.hybridcars.com/2009-hybrid-cars.

17. Jerome Guillet, "Official Energy Reports (2)," Eurotrib.com, November 12, 2008.

18. Daniel J. Weiss and Alexandra Kougentakis, "Big Oil Misers," Center for American

Progress, March 31, 2009, http://www.americanprogress.org/issues/2009/03/big _oil_misers.html.

19. Smil, "Moore's Curse," p. 9.

20. Ibid., p. 10.

21. Paul Roberts, *The End of Oil* (Boston: Houghton Mifflin Harcourt, 2004), p. 132.

22. Ibid., p. 266-267.

23. "Forty-four Percent Say Global Warming Due to Planetary Trends," Rasmussenre ports.com, January 19, 2009.

24. Jad Mouawad, "Green Is for Sissies," *New York Times*, November 16, 2008.

25. Marianne Lavelle, "The Climate Change Lobby Explosion," Center for Public Integrity, February 24, 2009.

26. Scott Malone, "Pickens' Downgraded Plans May Reflect Shift in Wind," Reuters, July 8, 2009.

27. Joe Romm, "Exclusive Analysis, Part 1: The Staggering Cost of New Nuclear Power," ClimateProgress.org, January 5, 2009.

28. Craig A. Severance, "Business Risks and Costs of New Nuclear Power," ClimateProgress.org, January 2, 2009.

29. Mariah Blake, "Bad Reactors," *Washington Monthly*, January-February 2009, p. 31.

30. Joe Romm, "Warning to Taxpayers, Investors, Part 2," ClimateProgress.org, January 7, 2009.

31. Romm, "Staggering Cost of New Nuclear Power."

32. Joe Romm, "How the World Can and Will Stabilize," ClimateProgress.org, March 26, 2009.

33. Brittany Schell, "Nukenomics No Longer Add Up—Expert," OneWorld.com, October 31, 2008.

34. Romm, "How the World Can and Will Stabilize."

35. Joann Loviglio, "Report: United States Bridges Falling Down," Associated Press, August 27, 2008.

36. Scott Hadly, "United States Infrastructure Shaky, Official Says," *Ventura County Star*, November 29, 2008.

37. "America's Crumbling Infrastructure Requires a Bold Look Ahead," *Economist*, July 3, 2008.

38. Bob Kinzel, "Road Repair Cost Projection Higher than Anticipated," Vermont Public

Radio, September 18, 2007.

39. Larry Wheeler and Grant Smith, "Pipeline of Trouble," *USA Today*, August 27, 2008.

40. Mike DeSouza, "Cities Threatened by Global Warming," *Calgary Herald*, December 16, 2008.

41. NoLa.com, "Protecting Southest Louisiana Will Be Extraordinarily Expensive," December 15, 2008.

42. Angela Ellis, "Future Storms Could Devastate Louisiana Coast," ABC News, August 28, 2008.

43. "One Million Bangladesh Cyclone Survivors Await Homes—Oxfam," Reuters, November 12, 2008.

44. Pacific Disaster Center, "World's Smallest Island Nation Faces Uncertain Future," *PDC Analysis* 1, no. 2 (January 2004): 3.

45. Rory Carroll, "We Are Going to Disappear One Day," *Guardian*, November 8, 2008.

46. "Cuba Readies for Another Hurricane," Reuters, November 8, 2008.

47. "Historic Center of Venice Flooded," *International Herald Tribune*, December 1, 2008.

48. Juan A. Lozano, "Texas Mulls Massive 'Ike Dike,'" Associated Press, July 15, 2009.

49. Alix Rijckaert, "Dutch Government Warned Against Rising Sea Levels," Agence France-Presse, September 3, 2008.

50. Liz Mitchell, "Are Rising Sea Levels a Bigger Threat Here than Hurricanes," *Island Packet*, October 31, 2008.

51. Tom Ramstack, "Warming Scenario Sees Flooded Airport," *Washington Times*, July 8, 2008.

52. Ron Friedman, "Israel Urged to Act Now," *Jerusalem Post*, July 6, 2007.

53. Cornelia Dean, "United States Infrastructure at Risk from Rising Seas," *International Herald Tribune*, March 13, 2008.

54. Marlow Hood, "Wall Street Underwater," *Australian Age*, March 16, 2009.

55. William Yardley, "Study Sees Climate Change Impact on Alaska," *New York Times*, June 28, 2007.

56. Alex DeMarban, "Military to Help Eroding Village Move," *Fort Mill Times*, November 1, 2008.

57. Evan Lehmann, "Washington Is Stimulating 'Underwater' Projects," *ClimateWire*,

March 27, 2009.

58. Ben Cubby, "Coal Group Coy about Port Exposure to Rising Seas," *Sydney Morning Herald*, June 15, 2009.

59. Anne Moore Odell, "Risking the Weather," http://www.socialfunds.com/news/ article.cgi/2398.html, October 24, 2007.

60. "Bush Tells Gulf Coast Residents to Flee 'Dangerous Storm,'" CNN.com, August 31, 2008.

61. Rie Jerichow, "Insurance Premiums Will Rise Due to Climate Change," *Times*, March 23, 2009.

62. http://thinkprogress.org/2007/04/04/insurance-losses-to-skyrocket-with-global-warming/.

63. Paul R. Epstein and Evan Mills, eds., *Climate Change Futures* (Boston: Harvard Medical School, 2005), pp. 8-9.

64. Evan Lehmann, "Texas Insurers Suffers Record Losses," *New York Times*, March 25, 2009.

65. Jerichow, "Insurance Premiums Will Rise."

66. Ibid., p. 110.

67. Jim Giles, "Climate Change to Stifle Developing Nations' Growth," *New Scientist*, January 17, 2009.

68. http://www.ramsar.org/info/values_shoreline_e.htm.

69. "Extreme Events Claims Mounting," Australian, November 8, 2008.

70. Lehmann, "Texas Insurers Suffer Record Losses."

71. Epstein and Mills, *Climate Change Futures*, p. 8.

72. Ron Scherer, "Beyond Gasoline," *Christian Science Monitor*, June 5, 2008.

73. John Bonfatti, "Paving Work Delayed," *Buffalo News*, August 25, 2008.

74. Christian Sanchez, "Asphalt Prices Put Damper on Road Work," *Tennessean*, December 1, 2008.

75. Rob Taylor, "Analysis—Financial Crisis Takes Toll on Australia Carbon Scheme," Reuters, October 16, 2008.

76. Danny Hakim, "Paterson Draws Fire in Shift on Emissions," *New York Times*, March 5, 2009.

77. Ariane Eunjung Cha, "China's Environmental Retreat," *Washington Post*, November 19, 2008.

78. Ralph Jennings, "Asia Construction Frenzy Needs Green Injection," Reuters, May 5, 2009.

79. Robert Collier, "Can China Go Green?" ClimateProgress.org, December 16, 2008.

80. Joe Romm, "China Announces Plan to Single-Handedly Finish Off the Climate," ClimateProgress.org, January 9, 2009.

81. Dr. Manjur Chowdury, Aedes Larval Survey Report, November 2000, http://www.geocities.com/prevent_dengue/survey.html.

82. "Dengue Fever in Latin America," Economist, April 19, 2007.

83. "Brazilian Military Joins Battle against Dengue Epidemic," CNN.com, April 5, 2008.

84. John Enders, "South America Hit by Dengue Fever Epidemic," Miami Herald, May 17, 2009.

85. "Global Warming Would Foster Spread of Dengue Fever into Some Temperate Regions," Science Daily, March 10, 1998.

86. Jose A. Suoya et al., "Cost of Dengue Care in Eight Countries," American Journal of Tropical Medicine and Hygiene, May 2009.

87. "Cost of Dengue Challenges National Economies," Medical News Today, July 8, 2003.

88. "Malaysia's Dengue Deaths Mount," CNN.com, August 3, 2007.

89. Kari Lydersen, "Risk of Disease Rises with Water Temperatures," Washington Post, October 20, 2008.

90. Barbara Fraser, "The Andes Triple Bottom Line," dailyclimate.org, May 11, 2009.

91. "Suffering the Science," Oxfam Briefing Paper, July 6, 2009, p. 23.

92. Crystal Gammon, "Changing Climate Increases West Nile Threat in U.S.," dailyclimate.org, March 20, 2009.

93. Charles Mangwiro, "Floods Wash Landmines into Mozambique's Agricultural Fields," African Eye News Service, March 3, 1999.

94. Emily Anthes, "Climate Change Takes Mental Toll," Boston Globe, February 9, 2009.

95. "An Even Poorer World," New York Times, September 2, 2008.

96. "No End to Food Shortages," Scotsman (Edinburgh), September 3, 2008.

97. Vera Kwakofi, "Powering Africa's Future," BBC World Service, December 7, 2008.

98. Roberts, The End of Oil, p. 198.

99. "A Growing Global Power Crisis," EnergyTechStocks.com, September 2, 2008.

100. Tom Athanasiou and Pal Baer, Dead Heat (New York: Open Media, 2002), p. 70.

101. "Bush: Kyoto Treaty Would Have Hurt Economy," Associated Press, June 30, 2005.

102. "Climate Change Affecting China," BBC News, February 6, 2007.

103. "Temperature for Beijing Hits Record for February," FinFacts.com, February 6, 2007.

104. Collier, "Can China Go Green?"

105. "Climate Change Affecting China."

106. Arthur Max, "Ex-Bad Boy China Praised at Climate Talks," Associated Press, December 2, 2008.

107. Jeffrey Ball, "The War on Carbon Heats Up Globally," *Wall Street Journal*, December 2, 2008.

108. Nita Bhalla, "Financial Crisis Sparks Concern—U.N.," Reuters, February 19, 2009.

109. James Kanter, "The Cost of Adapting to Climate Change," *New York Times*, August 28, 2009.

110. F. James Sensenbrenner, "Technology Is the Answer to Climate Change," *Wall Street Journal*, April 3, 2009.

111. Brian Faier, "Obama Urges Congress to Complete Stimulus Package," Bloomberg.com, February 4, 2009.

112. Oliver Willis, "President Obama Won't Let 'The Perfect Be the Enemy of the Good,'" oliverwillis.com, July 20, 2009.

113. Leslie Kaufman, "Disillusioned Environmentalists Turn on Obama as Compromiser," *New York Times*, July 10, 2009.

114. Josh Braun, "A Hostile Climate," *Seed*, August 2, 2006.

115. Alex Perry, "How to Prevent the Next Darfur," *Time*, April 26, 2007.

116. "A Region in Crisis," *World Ark*, September–October 2008.

117. Talal El-Atrache, "160 Syrian Villages Deserted 'Due to Climate Change,'" Agence France-Presse, June 1, 2009.

118. A. Kitoh et al., "First super-high-resolution model projection…," *Hydrological Research Letters* 2 (2008): 1–4.

119. Jack Shenker, "Nile Delta: 'We Are Going Underwater,'" *Guardian*, August 21, 2009.

120. Priyanka Bhardwaj, "Destroying the Glacier to Save It," *Asia Sentinel*, March 26, 2009.

121. Perry, "How to Prevent the Next Darfur."

122. Scott Canon, "Climate Change May Lead to Violence, Experts Warn," *Houston Chronicle*, November 16, 2008.

123. Charles, J. Hanley, "Mass Migration and War," Associated Press, February 21, 2009.

124. Julianne Smith and Alexander T. J. Lennon, "Climate Change Increases the Risk of Terrorism," *International Herald Tribune*, December 3, 2007.

125. "A New (Under) Class of Travelers," *Economist*, June 27, 2009.

126. Lisa Friedman, "Climate Migrants Flock to City in Bangladesh," *New York Times*, March 16, 2009.

127. Lisa Friedman, "Bangladesh: Migrant or Refugee?" *New York Times*, March 23, 2009.

128. Dean Nelson, "India Fences Off Bangladesh to Keep Out Muslim Terror," *Sunday Times* (London), November 13, 2005.

129. Canon, "Climate Change May Lead to Violence."

130. Sujoy Dhar, "Rising Sea Salinates Ganges," Reuters, February 2, 2009.

131. Kelly Hearn, "United States Military Worries About Climate Change," *Washington Times*, November 13, 2008.

132. John Broder, "Climate Change Seen as Threat," *New York Times*, August 8, 2009.

133. David Stipp, "Pentagon Says Global Warming Is a Critical National Security Issue," *Fortune*, January 26, 2004.

134. Bruce Watson, "Are We Headed for Our Own Lost Decade," WalletPop.com, February 25, 2009.

135. Michelle Higgins, "Airlines Brace for More Woes," *New York Times*, July 14, 2009.

136. Bradford Plumer, "End of Aviation," *New Republic*, August 27, 2008.

137. Richard Heinberg, "Aviation," richardheinberg.com, May 14, 2008.

138. "Colombo Express," November 4, 2005, 138. http://www.hapaglloyd.com/en/pr/21748/html.

139. "World's Largest Container Ship Launched," gizmag.com, July 11, 2006.

140. Emma Maersk, Wikipedia, http://en.wikipedia.org/wiki/Emma_Maersk.

141. "Shipping Containers Recycled as Houses," Pristineplanet.com, November 2006.

142. Moises Naim, "The Free Trade Paradox," *Foreign Policy*, September–October 2007.

143. David J. Lynch, "Transport Costs Could Alter World Trade," *USA Today*, August 12, 2008.

144. Jeff Rubin, "The New Inflation," *Economics and Strategy*, May 27, 2008.

145. Justin Fox, "The End of the Affair," *Time*, July 6, 2009.

146. Keith Bradsher, "Trade Talks Broke Down Over Chinese Shift on Food," *New York Times*, July 31, 2008.

147. Stephen Castle, "After Seven Years, Talks on Trade Collapse," *New York Times*, July 30, 2008.

148. "The End of Free Trade," *Wall Street Journal*, August 31, 2008.

149. "Shipping: Holed Beneath the Waterline," *Independent* (London), November 6, 2008.

150. Leo Lewis, "Merchant Fleet Left Becalmed," *Times* (London), November 13, 2008.

151. "Economy Has Boat Owners Abandoning Ship," Associated Press, November 13, 2008.

152. Michael Patterson, "Biggest Bubble of Them All," Bloomberg.com, October 24, 2008.

153. "Iran to Barter Oil for Thai Rice," nakedcapitalism.com, October 27, 2008.

154. Scott Nyquist and Jaeson Rosenfeld, "Why Energy Demand Will Rebound," forbes.com, May 27, 2009.

155. Donella H. Meadows et al., *Beyond the Limits* (White River Junction, Vt.: Chelsea Green, 1992), p. xv.

156. Ibid., p. xvi.

157. Harvey Simmons, in H. D. S. Cole et al., *Models of Doom* (New York: Universe, 1973), p. 207.

158. E. F. Schumacher, *Small Is Beautiful* (New York: Harper Perennial, 1989), p. 21.

159. Robert M. Collins, *More: The Politics of Economic Growth in the Postwar World* (New York: Oxford University Press, 2000).

160. Bill McKibben, "Crashing," *Harvard Crimson*, November 13, 1980.

161. Roberts, *The End of Oil*, p. 218–219.

162. Richard Douthwaite, *The Growth Illusion* (Totnes, U.K.: Green Books, 1999), p. 211.

163. Donella H. Meadows et al., *The Limits to Growth: The 30-Year Update* (White River Junction, Vt.: Chelsea Green, 2004) p. 204.

164. Bill McKibben, "Hello, I Must Be Going," *Outside*, December 1997.

165. Meadows et al., *Beyond the Limits*, p. xiv.

166. Graham Turner, "A Comparison of Limits to Growth with Thirty Years of Reality," *Global Environmental Change* 18 (2008): 397-411.

167. Peter Newcomb, "Thomas Friedman's World Is Flat Broke," VanityFair.com, November 12, 2008. General Growth Partners filed for bankruptcy on April 16, 2009.

168. Rory Carroll, "Could Climate Change?" *Guardian*, October 28, 2008.

169. Jared Diamond, *Collapse* (New York: Viking, 2005), p. 504.

170. Steven Stoll, *The Great Delusion* (New York: Hill and Wang, 2008), p. 19.

171. Robert Samuelson, "A Darker Future for United States," *Newsweek*, November 10, 2008.

172. Richard Black, "Setback for Climate Technical Fix," BBC News Web site, March 23, 2009.

173. James Hansen et al., "Target CO_2," *Open Atmospheric Science Journal* 2 (2008): 217-231.

174. Kuching Unb, "30M People in Bangladesh Need Preferential Treatment," *Daily Star* (Malaysia), October 22, 2008.

175. Richard Heinberg, "Surviving a Reduction in Social Complexity," Post Carbon Institute, December 17, 2008, http://www.postcarbon.org/surviving_reduction.

3장. 작은 것이 아름답다

1. Stacy Mitchell, "Sharp Rise in Shopping Center Vacancies," *Hometown Advantage*, newrules.org, July 19, 2008, p. xv.

2. Sue Kirchoff, "Heated Day of Testimony Exposes His Idea as 'Flawed,'" *USA Today*, October 23, 2008.

3. Alex Blumberg, "Giant Pool of Money," *This American Life*, May 2, 2008.

4. Katie Zezima, "Vermont Bank Thrives While Others Cut Back," *New York Times*, November 7, 2008.

5. Philip Longman and T. A. Frank, "Too Small to Fail," *Washington Monthly*, January 2009.

6. Douglas S. Robertson et al., "Survival in the First Hours of the Cenozoic," *Geological Society of America Bulletin* 116, no. 5/6 (May-June 2004): 760.

7. Rebecca Solnit, "The Icelandic Volcano Erupts," Tomdispatch.com, February 8, 2009.

8. "No Crisis in Rural Iceland," *Iceland Review*, October 2008.

9. George Bailey Loring, *An Oration, Delivered at Lexington on April 19, 1871* (Boston, 1871).

10. John K. Robertson, "A Brief Profile of the Continental Army," http://www. revwar75.com/ob/intro.htm.

11. Merrill Jensen, *The Articles of Confederation* (Madison: University of Wisconsin Press, 1940), pp. 240–241.

12. Ibid.

13. John Fiske, *The Critical Period of American History* (Boston: Houghton, Mifflin, 1888), p. 146.

14. Ibid., p. 105.

15. Peter Onuf, *The Origins of the Federal Republic* (Philadelphia: University of Pennsylvania Press, 1983), p. 182.

16. James Madison, "The Federalist No. 10."

17. James Madison, "The Federalist No. 14," "Objections to the Proposed Constitution From Extent of Territory Answered."

18. Fiske, *The Critical Period of American History*, pp. 63–64.

19. Forrest McDonald, *States' Rights and the Union* (Lawrence: University of Kansas Press, 2000), p. 69.

20. Ibid., p. 93.

21. Ibid., p. 73.

22. Richard Parker, "Government Beyond Obama," *New York Review of Books*, March 12, 2009.

23. Kenneth Stampp, *The Causes of the Civil War* (New York: Touchstone, 1992), p. 242.

24. Richard Weingroff, "The Man Who Changed America," *Public Roads*, March–April 2003.

25. "Cowlossus of Roads," RoadsideAmerica.com

26. Paul Light, *A Government Ill-Executed* (Cambridge: Harvard University Press, 2008), p. 15.

27. Ibid., p. 115.

28. Ouida A. Girard, *Griffin, Ghost Town in the Adirondacks and Other Tales* (self-published, 1980), p. 24.

29. William Leete Stone, *Life of Joseph Brant—Thayendanegea*, vol. 2 (New York:

George Dearborn and Co., 1838), appendix, p. iv.

30. Charles Walter Brown, *Ethan Allen* (Chicago: M. A. Donohue, 1902), p. 43.

31. Onuf, *The Origins of the Federal Republic*, p. 145.

32. Ibid., p. 142.

33. "Zogby Poll Finds Nationwide Support for Secession," VermontRepublic.org, July 24, 2008.

34. Eric Kleefeld, "Rick Perry: I Have Never Advocated," Talking Points Memo, May 18, 2009.

35. Jeff Vail, "A Resilient Suburbia 4," http://www.jeffvail.net/2008/12/resilient-suburbia-4-accounting.for.html.

36. Christopher Maag, "Hints of Comeback for Nation's First Superhighway," *New York Times*, November 2, 2008.

37. David Ricardo, *On the Principles of Political Economy and Taxation*, 3rd ed. (London: John Murray, 1821), p. 143.

38. Woody Tasch, interview with the author, no date.

39. Brian Halwail, *Eat Here* (New York: W. W. Norton, 2004), p. 73.

40. Glenn Rifkin, "Making a Product and a Difference," *New York Times*, October 5, 2006.

41. Ben Block, "Local Currencies Grow During Economic Recession," Worldwatch Institute, January 6, 2009.

42. Fiona Leney, "Noted for Trust," *Financial Times*, February 28, 2009.

43. Michael Shuman, *Going Local* (New York: Routledge, 2000), p. 49.

44. Kirkpatrick Sale, *Human Scale* (New York: Perigee, 1982), p. 413.

45. Tommy Linstroth and Ryan Bell, *Local Action* (Lebanon, N. H.: University of Vermont Press, 2007), p. 26.

46. The Center for Arms Control and Non-Proliferation, "FY 2009 Military Spending Request," February 22, 2008, http://www.armscontrolcenter.org/policy/securityspending/articles/fy09_dod_request_global.

47. National Priorities Project, "The Hidden Costs of Petroleum," October 2008.

48. Miryam Ehrlich Williamson, "Your Tax Dollars at War," www.ruralvotes.com/the-backforty/?p=196.

49. Eric Louie, "Solar Panels Are Hot for the Stealing," *Valley Times*, August 30, 2008.

50. "Game Beware," *Independent*, November 17, 2007.

51. Witold Rybcyznski, *City Life* (New York: Scribner, 1996), p. 220.

52. Rebecca Solnit, *A Paradise Built in Hell* (New York: Viking, 2009), p. 372.

53. Shuman, *Going Local*, p. 21.

54. Sharon Astyk and Aaron Newton, *A Nation of Farmers* (Gabriola Island, British Columbia: New Society, 2009), p. 70.

55. "Multiscreen Mad Men," *New York Times Magazine*, November 23, 2008.

56. Adam Gopnik, "The Fifth Blade," *New Yorker*, May 11, 2009.

4장. 가볍게, 신중하게, 품위 있게

1. Jason Jenkins, "Soybean Celebrity," *Rural Missouri*, September 2008, p. 8.

2. Bill Donahue, "King of Bionic Ag Uses Turbocharged Seeds, Precision Chemistry, and a Little TLC," *Wired*, December 2008.

3. Ibid., p. 44.

4. Steven Stoll, The Great Delusion (New York: Hill and Wang, 2008), p. 175.

5. Brian Halweil, "Grain Harvests Set Records, But Supplies Still Tight," Worldwatch.org, December 12, 2007.

6. James Randerson, "Food Crisis Will Take Hold Before Climate Change, Chief Scientist Warns," *Guardian*, March 7, 2008.

7. "World Failing to Reduce Hunger," BBC, October 15, 2002.

8. Sharon Begley, "Heat Your Vegetable," *Newsweek*, May 5, 2008, p. 33.

9. Bryan Walsh, "Why Global Warming Portends a Food Crisis," *Time*, January 13, 2009.

10. Nora Schultz, "Wheat Gets Worse as CO_2, Rises," *New Scientist*, August 17, 2009.

11. Ibid.

12. Jasmin Melvin, "Climate Change Threatens African Farmland—Study," Reuters, June 2, 2009.

13. "Climate-induced Food Crisis Seen by 2010," world-science.net, January 10, 2009.

14. "Suffering the Science," Oxfam Briefing Paper, July 6, 2009, p. 36.

15. Joe Romm, "Why the 'Never Seen Before' Fargo Flooding Is Just What You'd Expect," ClimateProgress.org, March 27, 2009.

16. Begley, "Heat Your Vegetable," p. 34.

17. "Suffering the Science," p. 18.

18. John Blake, "Drought Parches Much of the U.S.," CNN.com, December 15, 2008.

eaarth 우주의 오아시스, 지구

19. Joe Romm, "Australia Faces the Permanent Dry," ClimateProgress.org, September 6, 2007.

20. Malia Wollan, "Hundreds Protest Cuts in Water in California," *New York Times*, April 17, 2009.

21. Alana Semuels, "Despair Flows as Fields Go Dry," *Los Angeles Times*, July 6, 2009.

22. "Chu: Economic Disaster from Warming," *Los Angeles Times*, February 7, 2009.

23. "Study: Global Warming Could Boost Crop Pests," *Chicago Tribune*, December 16, 2008.

24. Richard Heinberg, *Blackout* (Gabriola Island, British Columbia: New Society, 2009), p. 52.

25. Michael Pollan, "Farmer in Chief," *New York Time Magazine*, October 9, 2008.

26. "Starving and Penniless, Ethiopian Farmers Rue Biofuel Choice," Agence France-Presse, November 5, 2008.

27. Simon Cox, "U.S. Food Supply 'Vulnerable to Attack,'" BBC, August 22, 2006.

28. Michael Moss, "Peanut Case Shows Hole in Safety Net," *New York Times*, February 9, 2009.

29. Michael Moss, "Food Companies Try, But Can't Guarantee Safety," *New York Times*, May 15, 2009.

30. Tom Gilbert, interview by author, September 2008.

31. Nancy Humphrey Case, "Where Imagination Meets Farming," *Christian Science Monitor*, February 4, 2009.

32. Andrew Meyer, interview by author, no date.

33. Jeffrey Sachs, *The End of Poverty* (New York: Penguin, 2006), p. 36.

34. Ibid., p. 37.

35. A. Duncan Brown, *Feed or Feedback: Agriculture, Population Dynamics and the State of the Planet* (Utrecht: International Books, 2003), p. 187.

36. Ibid., p. 193.

37. Dennis Avery, "Keynote Alliance Gives Credit to Farmers," *Capitol Hill Coffeehouse*, February 16, 2009.

38. Rob Hopkins, *The Transition Handbook* (White River Junction, Vt.: Chelsea Green, 2008), p. 64.

39. Vandana Shiva, "Poverty and Globalization," BBC Reith Lectures 2000, no. 5, April 27, 2000.

40. Peter Rosset, "Small Is Bountiful," *Ecologist* 29, no. 8 (December 1999): 63.

41. Edward Goldsmith, "How to Feed People Under a Regime of Climate Change," *World Affairs Journal* (Winter 2003): 26.

42. Brian Halweil, *Eat Here* (New York: W. W. Norton, 2004), p. 54.

43. Jules Pretty, interview by author, October 2008.

44. "Organic Practices Could Feed Africa," *Independent*, October 22, 2008.

45. Jules Pretty, *Agri-Culture* (London: Earthscan, 2002), p. 90.

46. Ibid., p. 96.

47. Klaas Martens, interview by author, October 2008.

48. "Census Shows Number of Vermont Farms Is Increasing," *Addison Independent*, February 19, 2009.

49. Rick Callahan, "More Americans Growing Food on Small Hobby Farms," Associated Press, October 5, 2009.

50. Hopkins, *The Transition Handbook*, p. 123.

51. Peter Bunyard, in Ouida A. Girard, *Griffin, Ghost Town in the Adirondacks and Other Tales* (self-published, 1980), p. 85.

52. Food First Institute, "On the Benefits of Small Farms," February 8, 1999.

53. CSA in NYC, justfood.org/csa/press.

54. Pretty, *Agri-Culture*, p. 122.

55. Jennifer Wolcott, "In Search of the Ripe Stuff," *Christian Science Monitor*, May 14, 2003.

56. Michael Shuman, *Going Local* (New York: Routledge, 2000), p. 59.

57. Pat Murphy, *Plan C: Community Survival Strategies for Peak Oil* (Gabriola Island, British Columbia: New Society, 2008), p. 195.

58. James Maroney, letter to Senate and House Agriculture Committee, Vermont, April 15, 2009.

59. Jeff Vail, "A Resilient Suburbia," theOilDrum.com, November 24, 2008.

60. Mary MacVean, "Victory Gardens Sprout Up Again," *Los Angeles Times*, January 10, 2009.

61. Sharon Astyk and Aaron Newton, *A Nation of Farmers* (Gabriola Island, British Columbia: New Society, 2009), p. 193.

62. Ibid.

63. Herbert Girard, in Girard, *Griffin*, p. 95.

64. Oliver Schwaner–Albright, "Brooklyn's New Culinary Movement," *New York Times*, February 25, 2009.

65. Indrani Sen, "The Local Food Movement Reaches into the Breadbasket," *New York Times*, September 9, 2008.

66. Pretty, *Agri–Culture*, p. 106.

67. Shuman, *Going Local*, p. 54.

68. Felicity Lawrence, "Global Banquet Runs Out of Control," *New Agriculturist* online, May 1, 2005.

69. Shuman, *Going Local*, p. 63.

70. Dan Barber, "You Say Tomato, I Say Agricultural Disaster," *New York Times*, August 9, 2009.

71. Edward Goldsmith, "Feeding the People in an Age of Climate Change," in Girard, *Griffin*, p. 57.

72. Rosset, "Small Is Bountiful."

73. Wikipedia entry, "Hurricane Mitch."

74. Annie Shattuck, "Small Farmers Key to Combating Climate Change," commondreams.org, December 2, 2008.

75. Pretty, *Agri–Culture*, p. 186.

76. Sharon Astyk, *Depletion and Abundance: Life on the New Home Front* (Gabriola Island, British Columbia: New Society, 2008), p. 239.

77. Brian Feagans, "Drivers Follow Tanker Trucks Like Groupies," *Atlanta Journal Constitution*, September 29, 2008.

78. Shuman, Going Local, p. 53.

79. Carl Etnier, "Douglas Leading State Down Wrong Track," *Rutland Herald*, October 26, 2008.

80. Mayer Hillman et al., *The Suicidal Planet* (New York: Thomas Dunne Books, 2007), pp. 58–59.

81. Ibid., p. 225.

82. Hopkins, *The Transition Handbook*, p. 36.

83. Luis de Sousa, "What Is a Human Being Worth?" theOilDrum.com, July 20, 2008.

84. Michael Grunwald, "America's Untapped Energy Resource: Boosting Efficiency," *Time*, December 31, 2008.

85. Amory Lovins on Energy, CNN.com, October 16, 2008.

86. Alan S. Brown, "Amory Lovins Rethinks Our Cheaper Energy Future," Stevens Institute of Technology press release, March 11, 2009, http://www.stevens.edu/press/cgi-bin/wordpress/?p=346.

87. Nicholas Kristof, "A Liveable Shade of Green," *New York Times*, July 3, 2005.

88. John McPhee, "Coal Train," *New Yorker*, October 3, 2005.

89. Greg Pahl, *Citizen-Powered Energy Handbook* (White River Junction, Vt.: Chelsea Green, 2007), p. 283.

90. Rebecca Smith, "New Grid for Renewable Energy Could Be Costly," *Wall Street Journal*, February 6, 2009.

91. David Morris and John Farrell, "Rural Power: Community-Scaled Renewable Energy and Rural Economic Development," Institute for Local Self-Reliance, August 2008, newrules.org.

92. Ian Bowles, "Home Grown Power," *New York Times*, March 6, 2009.

93. Anya Kamenetz, "Why the Microgrid Could Be the Answer to Our Energy Crisis," *Fast Company*, July 1, 2009.

94. Scott Malone, "Pickens's Pullback Could Signal Shift in the Wind," Reuters, July 8, 2009.

95. Brown, "Amory Lovins Rethinks Our Cheaper Energy Future."

96. World Future Council, "Power to the People," November 2007.

97. Pretty, *Agri-Culture*, pp. 98-99.

98. Burlington Electric Commission, "Performance Measures Report," March 2008.

99. Pahl, *Citizen-Powered Energy Handbook*, p. 173.

100. Joe Romm, "Harvard Physicist Says Never Mind on Google Energy Use," ClimateProgress.org, January 13, 2009.

101. Martin Mittelstaedt, "Forget the Lights," (Toronto) *Globe and Mail*, March 28, 2009.

102. Robert W. McChesney and John Nichols, *Our Media, Not Theirs* (New York: Open Media, 2003), p. 76.

103. Michael Wood-Lewis, interview by author, August 2008.

104. Annie Gowen, "In Recession, Some See Burst of Neighboring," *Washington Post*, May 4, 2009.

105. Kirkpatrick Sale, *Human Scale* (New York: Perigee, 1982), p. 509.

106. Marlowe Hood, "Top UN Climate Scientist Backs Ambitious CO2 Cuts," Agence France—Presse, August 25, 2009.

eaarth 우주의 오아시스, 지구